Rosemarie Withee

Microsoft Teams pour les nuls

FIRST INTERACTIVE

Microsoft Teams pour les Nuls

Titre de l'édition originale : *Microsoft Teams For Dummies®*

Edition française publiée en accord avec John Wiley & Sons, Inc.
© Éditions First, un département d'Édi8, 2021
92 avenue de France
75013 Paris
Tél. : 01 44 16 09 00
Fax : 01 44 16 09 01
E-mail : firstinfo@efirst.com
Web : pourlesnuls.fr
ISBN : 978-2-412-06498-6
Dépôt légal : janvier 2021

Imprimé en France en janvier 2022
par l'Imprimerie Maury S.A.S. à Millau (12) – N° d'imp. : A22/70600N
Traduction de l'anglais : Philip Escartin
Mise en page : Enredos e Legendas Unip. Lda

Microsoft Teams

Sommaire

Introduction

Est-ce juste une impression ou bien le rythme de la technologie s'accélère-t-il vraiment ? Il me semble que le rachat de Skype par Microsoft date d'hier, au même titre que la transformation de son produit Lync en Skype Entreprise. À peine mon esprit a-t-il réussi à intégrer cette mutation que Microsoft a frappé à nouveau un grand coup en 2017 avec son outil Microsoft Teams. Ce produit est celui qui a connu la plus forte croissance dans l'histoire de cette entreprise.

Microsoft Teams est un outil de communication et de collaboration qui permet de converser, téléphoner, se réunir (en visioconférence), et de collaborer avec d'autres personnes en temps réel. Il est disponible soit sous la forme d'une application autonome gratuite, que vous pouvez télécharger sur Internet, soit comme élément d'un ensemble de logiciels, comme Microsoft 365 et Office 365. Avec tout le battage médiatique qui a précédé et suivi la sortie de Microsoft Teams, en ajoutant à cela la crise sanitaire actuelle qui en a accéléré le développement dans les entreprises, ce livre va vous faire découvrir les tenants et les aboutissants d'un logiciel qui tient toutes ses promesses.

À propos de ce livre

Ce livre a été conçu pour délivrer toutes les informations nécessaires à l'utilisation rapide et efficace de Microsoft Teams. Il ne vous faudra pas plus de quelques minutes pour l'installer. Vous verrez ensuite comment ajouter des utilisateurs, créer des équipes, communiquer, et collaborer avec vos équipes en temps réel. Bien entendu, nous aborderons ensemble les bases du fonctionnement de Microsoft Teams, tout en vous prodiguant de nombreux conseils et astuces permettant de tirer le meilleur parti du produit. En avançant dans votre lecture, vous ferez le tour du Centre d'administration de Teams, et vous constaterez qu'il n'est pas nécessaire d'être un professionnel de l'informatique pour devenir l'administrateur de Teams. Enfin, vous apprendrez à installer des modules supplémentaires, et verrez comment les connecter avec d'autres logiciels que vous utilisez dans votre entreprise.

Vous découvrirez aussi comment Teams peut remplacer votre téléphone de bureau et votre système de conférence, et comment vous pouvez utiliser les réunions instantanées pour rester en contact avec vos collaborateurs, qu'ils fassent partie ou non de votre société. Enfin, vous apprendrez à implémenter Teams dans une petite ou moyenne entreprise, ou bien encore dans une gigantesque multinationale.

Par tradition, j'applique dans cet ouvrage les conventions techniques standard des livres de la collection « Pour les Nuls ». Par conséquent, si vous avez l'habitude de ces livres, vous ne serez pas dépaysé. Sinon, voici quelques considérations qui vous seront utiles :

» Le texte **en gras** indique que vous devez le saisir exactement comme il apparaît dans le livre, sauf quand il s'agit des étapes d'une procédure qui sont historiquement en gras dans les livres de la collection « Pour les Nuls ».

» Les adresses Web sont écrites sous la forme `www.pourlesnuls.com`. Si vous lisez la version numérique de ce livre et que vous soyez connecté à Internet, vous aurez la possibilité de cliquer sur ce lien pour y accéder *via* votre navigateur Web.

Prérequis

Je commence par supposer que vous avez au moins entendu parler de Microsoft Teams, et que vous avez un intérêt particulier à tirer le meilleur parti du produit. Je suppose aussi que vous avez accès à un ordinateur. Dans le chapitre consacré à l'utilisation de Teams sur un appareil mobile, je suppose que vous utilisez Teams sur votre smartphone, ou bien encore sur votre tablette iOS ou Android. Microsoft a porté ses efforts sur une utilisation intuitive de Teams. Vous avez accès à un ordinateur ? Alors, vous être paré pour Teams !

Organisation de ce livre

Ce livre est composé de six parties, chacune étant organisée en fonction de votre utilisation de Teams. Par exemple, dans la deuxième partie, vous apprendrez à communiquer par chats, avec des canaux, et en réunion. Dans la cinquième partie, vous en saurez davantage dans l'administration de Teams. Vous aurez peut-être besoin de passer directement à la phase d'administration de Teams en tant qu'« administrateur accidentel ». Ou bien, vous aurez besoin de commencer par la lecture du tout début de l'ouvrage et d'enrichir progressivement vos connaissances. Le livre est conçu pour un apprentissage non linéaire de Microsoft Teams. Par conséquent, lisez les chapitres dont vous avez immédiatement besoin.

Première partie : Bien démarrer avec Microsoft Teams

Dans cette partie, vous allez apprendre à vous procurer, exécuter, et utiliser Teams. Vous verrez comment souscrire à la version d'essai de Microsoft 365 ou Office 365, comment naviguer dans Teams, et comment apprendre à démarrer votre première équipe.

Deuxième partie : Conversation, équipes, canaux et applications

Dans cette partie, vous découvrirez certaines des principales caractéristiques de Teams. Vous apprendrez comment envoyer des messages à d'autres collaborateurs et groupes en utilisant les chats et les canaux. Vous découvrirez également les applications tierces qui ajoutent des fonctionnalités dans Teams. Vous apprendrez aussi à trouver et à installer des modules complémentaires et à utiliser certains d'entre eux.

Cette partie explique également comment utiliser Teams sur des périphériques mobiles afin de rester connecter avec vos équipes où que vous soyez et quoi que vous fassiez. Et si vous avez la désagréable impression d'être corvéable à souhait, vous apprendrez à désactiver le son de Teams afin de n'être joignable que lorsque vous le décidez. Vous verrez comment rester informé sur les choses les plus importantes, et à mettre à l'écart celles dont vous prendrez connaissance ultérieurement.

Enfin, vous apprendrez à rester en contact avec des personnes extérieures à votre organisation.

Troisième partie : Rester synchronisé avec des réunions et des conférences

Cette partie s'intéresse en détail au monde des réunions et des conférences. Vous apprendrez à créer de nouvelles réunions dans votre calendrier, à utiliser Teams avec votre client de messagerie, votre calendrier Outlook, et à vous réunir instantanément avec d'autres personnes.

Vous découvrirez aussi l'existence de matériels spécialement conçus pour Teams comme des webcams, des systèmes téléphoniques, des micros-casques, et des haut-parleurs. Ces appareils permettent de faire la différence en matière de communication et de collaboration *via* Internet ou des personnes réunies dans une salle. Cette partie vous guide à travers certains des dispositifs certifiés mis à votre disposition.

Quatrième partie : Les communications vocales avec Teams

Vous découvrirez dans cette partie comment Teams remplacera efficacement votre téléphone de bureau voire tout le système de communication téléphonique de votre structure. Vous verrez comment obtenir un numéro de téléphone de manière à pouvoir appeler et être appelé *via* Teams avec ce numéro. Vous apprendrez à transformer Teams en véritable opérateur personnel pour gérer vos appels.

Cinquième partie : Devenir un administrateur Microsoft Teams

La cinquième partie détaille le monde de l'administration. Microsoft a créé un site Web, connu sous le nom de centre d'administration Microsoft Teams, où vous pouvez gérer et administrer des équipes. Cette partie vous permet de vous familiariser avec le Centre d'administration Microsoft Teams, et vous présente certaines des tâches courantes que vous devrez effectuer pour gérer Teams au sein de votre organisation.

Sixième partie : Adapter Teams à votre entreprise

Dans cette sixième partie, vous apprendrez à ajuster Teams à la taille de votre entreprise et à son secteur d'activité. Que vous soyez un consultant isolé ou employé dans une grande structure, et que vous travailliez dans le secteur de la santé, de l'administration, ou dans un service de consultation privé, Teams s'adapte à vos besoins. Cette partie est un guide qui vous montrera comment asservir Teams à vos besoins spécifiques.

Les icônes utilisées dans ce livre

Cette icône identifie une astuce qui permet d'exécuter certaines tâches plus facilement.

Cette icône insiste sur une information qu'il est préférable de garder en mémoire. Pour extraire les informations les plus importantes de chaque chapitre, il suffit de vous concentrer sur ces icônes.

Cette icône identifie des informations de nature technique que vous n'êtes pas obligé de lire, sauf pour briller en société.

Cette icône parle d'elle-même. Elle souligne d'importantes informations qui pourront vous épargner bien des soucis et accéléreront votre travail dans Teams.

Et maintenant ?

Maintenant que vous en savez un peu plus sur ce livre, il est temps de passer à l'action. Si vous débutez avec Microsoft Teams, lisez le Chapitre 1 qui vous permet d'être opérationnel en quelques minutes. Si vous avez déjà testé Teams, consultez immédiatement la section du livre qui contient les informations dont vous avez besoin. Si vous devez exécuter des tâches administratives, passez directement à la cinquième partie. En fait, rendez-vous là où votre intuition vous mène. Lancez-vous, et commencez à utiliser Teams pour communiquer avec les autres !

Première partie

Bien démarrer avec Microsoft Teams

Dans cette partie

Découvrez ce qui distingue Teams des autres applications, et pourquoi il a évolué bien plus vite que SharePoint en son temps.

Trouvez Teams en ligne et découvrez rapidement son interface.

Apprenez la terminologie de base de Teams.

Découvrez la structure de Teams et comment l'utiliser sur plusieurs appareils.

Créez une nouvelle équipe et invitez d'autres personnes à en faire partie.

Découvrez comment gérer l'équipe que vous avez créée, et comment définir des paramètres personnalisés pour chaque équipe constituée.

Chapitre 1

Obtenir et exécuter Microsoft Teams

DANS CE CHAPITRE

Trouver Microsoft Teams sur Internet

•

Comprendre où et comment se connecter

•

Avoir une vision globale de Teams

•

Se familiariser avec la terminologie de base de Teams

J'avoue ne pas avoir été impressionné la première fois que j'ai entendu parler de Microsoft Teams. En effet, le marché regorgeait déjà de nombreuses applications de Chat, Microsoft ayant même racheté Skype. Je me suis alors posé la question de savoir pourquoi Microsoft lançait sur le marché un logiciel de plus. Mais ces considérations datent de quelques années. Depuis, j'ai compris la vision adoptée par Microsoft pour le développement de Teams. J'ai constaté ce que cette application est devenue, et compris pourquoi elle a dépassé SharePoint en matière de croissance dans l'histoire des produits Microsoft.

Dans ce chapitre, vous verrez ce qui singularise Teams et pourquoi ce produit a connu une telle croissance. Vous commencerez par vous procurer Teams, puis à l'exécuter *via* des explications simples qui vous aideront à localiser Teams en ligne. Vous verrez ensuite comment vous inscrire et vous connecter à l'application. Ensuite, vous ferez rapidement le tour de l'interface de Teams, et vous apprendrez la terminologie de base de ce programme.

Bien commencer avec l'application Teams

Microsoft Teams est une application autonome gratuite que vous pouvez télécharger depuis Internet, ou qui est fournie avec Microsoft 365 et Office 365. La version gratuite et sans engagement et offre des fonctionnalités telles que des messages et des capacités de recherche illimitées, 10 Go de stockage partagé dans l'application, ainsi que des appels audio et vidéo entre les membres. La version la plus complète de Teams est disponible *via* un abonnement à Microsoft 365 ou Office 365, et propose des fonctionnalités supplémentaires. Votre entreprise profitera d'une capacité de stockage de 1 To, un hébergeur de courrier électronique, l'accès à OneDrive, SharePoint, et d'autres services 365, une sécurité renforcée, et un support téléphonique 24h/24 et 7 jours sur 7. Pour plus de détails sur les différences qui existent entre les versions de Teams, rendez-vous à `https://www.microsoft.com/fr-fr/microsoft-365/microsoft-teams/compare-microsoft-teams-options` (voir la Figure 1.1).

Figure 1.1

Les différentes versions de Microsoft Teams.

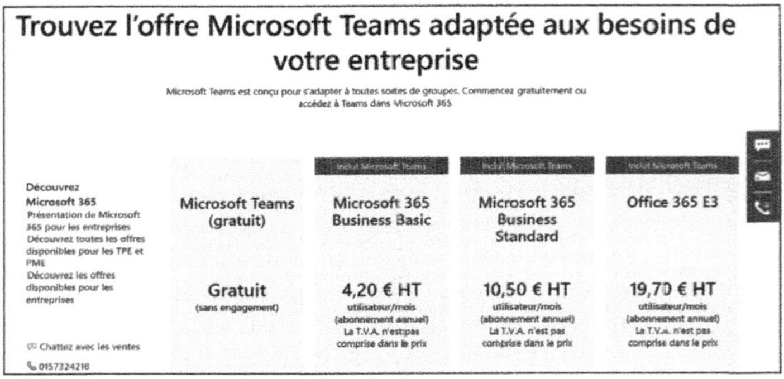

Microsoft 365 et Office 365 sont des termes de marketing généraux similaires pour identifier un ensemble de services d'abonnement.

Office 365 se concentre sur les produits Office, tandis que Microsoft 365 comprend des abonnements supplémentaires tels que Windows et Microsoft Intune, un service cloud qui se concentre sur la gestion des appareils mobiles (MDM) et la gestion des applications mobiles (GAM). L'abonnement à Office 365 comprend des services tels que SharePoint, Word, Excel, Teams et bien d'autres. L'abonnement Microsoft 365 est une formule plus large qui inclut ces produits Office 365 et d'autres produits comme Windows, Intune, et plus encore.

Se procurer Teams gratuitement

Vous pouvez souscrire gratuitement à Teams sans être contraint d'acheter Microsoft 365 ou Office 365.

Voici comment vous procurer Microsoft Teams :

1. **Ouvrez votre navigateur Web et rendez-vous à `https://products.office.com/microsoft-teams`.**
2. **Cliquez sur le bouton Inscrivez-vous gratuitement.**
3. **Tapez votre adresse e-mail, et souscrivez soit avec un compte Microsoft existant, soit en en créant un.**

   Il vous est alors demandé comment vous souhaitez utiliser Teams, c'est-à-dire pour des cours, pour les amis et la famille, ou pour le travail et les organisations.
4. **Indiquez l'utilisation que vous ferez de Teams, puis cliquez sur Suivant.**
5. **Si la sécurité Windows vérifie votre identité, indiquez les informations qui vous sont demandées.**
6. **Remplissez la fiche d'identification en précisant vos nom et prénom, le nom de votre société, le pays de résidence, puis cliquez sur le bouton Configurer Teams.**

   Patientez le temps de cette configuration.

Une fois la vérification effectuée, on vous proposera de télécharger la version locale de Teams, c'est-à-dire une version disponible directement sur votre ordinateur, ou d'utiliser la version Web de l'application, comme le montre la Figure 1.2. Pour cet exemple, nous avons choisi la version Web.

Figure 1.2

Choisissez Utiliser l'application web à la place.

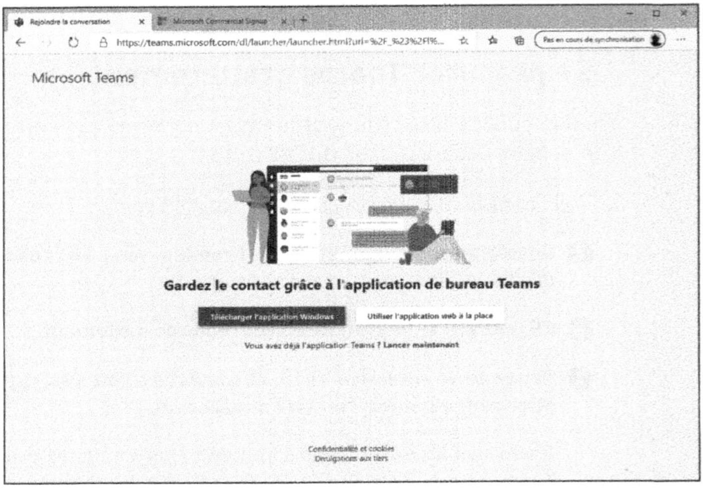

❼ **Cliquez sur le bouton Utiliser l'application web à la place.**

La page Web se rafraîchit, et il vous est proposé d'activer les notifications de Teams afin de rester informé. Cliquez sur Activer.

Un message s'affichera pour vous permettre d'inviter des personnes à rejoindre votre équipe, comme sur la Figure 1.3.

❽ **Cliquez sur OK pour vous transporter dans votre espace de travail Teams basé sur le Web, comme sur la Figure 1.4.**

Félicitations ! Vous utilisez désormais Teams gratuitement.

Figure 1.3

Première ouverture de la version de Teams basée sur le Web après vérification de votre adresse mail.

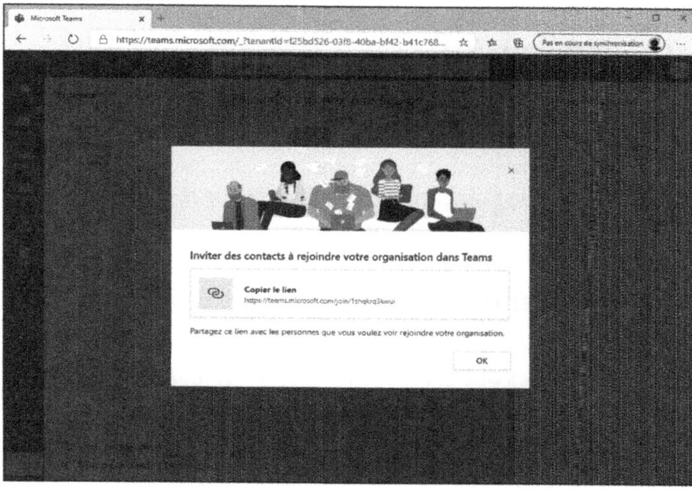

Figure 1.4

L'application Teams dans sa version basée sur le Web.

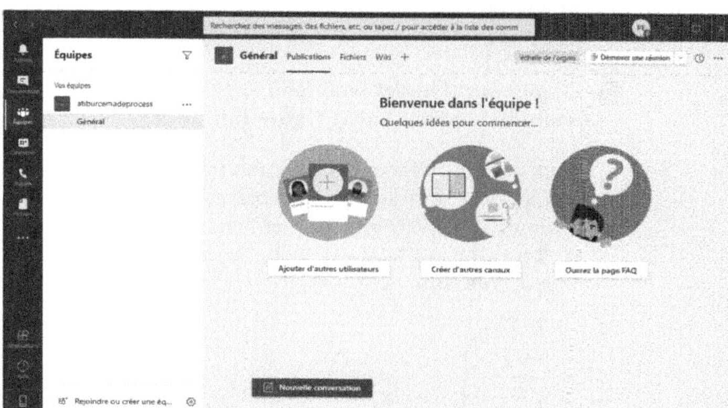

Les utilisateurs que vous inviterez suivront une procédure similaire à celle que vous avez suivie pour vous inscrire à Microsoft Teams. La différence est qu'ils seront avertis par mail. L'accès externe est un sujet très populaire que je traite en profondeur au Chapitre 7.

J'ai compris le grand intérêt de Teams quand j'ai compris de quelle manière Teams s'intégrait et fonctionnait avec d'autres logiciels Microsoft. Pour cette raison, je conseille d'utiliser Teams avec Microsoft 365 ou Office 365 plutôt que sous forme d'une application de conversation autonome gratuite. Dans la prochaine section, je parle de l'obtention de Teams *via* une souscription à un de ces services.

Obtenir Teams avec Office 365

Vous pouvez vous inscrire à Teams en vous inscrivant à Office 365. Ce service peut être testé sans être obligé de payer un abonnement. Voici comment procéder :

1. **Ouvrez votre navigateur Web et rendez-vous sur `www.office.com`.**

2. **Cliquez sur Téléchargez Office, comme sur la Figure 1.5.**

   Pour obtenir Teams, vous devez souscrire un abonnement Business. En effet, les abonnements pour particuliers ne proposent pas Teams.

3. **Cliquez sur l'onglet Pour les TPE/PME pour accéder aux offres Business, comme sur la Figure 1.6.**

   Vous avez le choix entre Business Basic, Standard, et Premium. Ces services proposent les dernières versions de Word, Excel, Outlook, et PowerPoint et plus pour les abonnements Standard et Premium. Pour cet exemple, j'ai opté pour Microsoft 365 Business Premium.

Figure 1.5

La page d'accueil office.com.

Figure 1.6

Pour accéder aux offres destinées aux entreprises.

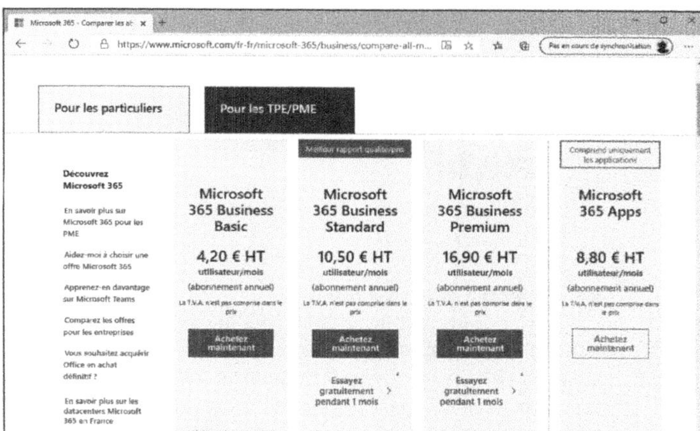

4. **Dans la colonne Microsoft 365 Business Premium, cliquez sur le lien « Essayez gratuitement pendant un mois ».**

5. **Fournissez les informations demandées en suivant les étapes de l'assistant.**

   Vous pouvez utiliser votre nom personnel comme nom de votre entreprise. Indiquez que la taille de votre entreprise est de 1 personne. Il vous est ensuite demandé de choisir un nom de domaine. Il s'agira de votre domaine Office 365. Dans cet exemple j'ai choisi teamsfd.onmicrosoft.com comme nom de domaine. Vous pourrez toujours ajouter un nom personnalisé plus tard. Une fois la procédure terminée, cliquez sur le bouton S'inscrire. Précisez le nombre d'utilisateurs pendant l'essai, et cliquez sur Suivant. Vous devez indiquer vos informations de carte bancaire. Vous ne serez débité qu'au bout de la période d'essai d'un mois si vous ne dénoncez pas votre abonnement. Enfin, cliquez sur le bouton Démarrer l'évaluation, comme sur la Figure 1.7.

Figure 1.7

Démarrez l'évaluation.

6. **Patientez quelques minutes.**

Vous pourrez toujours revenir sur votre tableau de bord Office 365 en ouvrant votre navigateur Web et en vous rendant de nouveau sur `www.office.com`. Connectez-vous avec votre nom d'utilisateur et votre mot de passe.

Présentation de Microsoft Teams

Microsoft Teams est un nouveau venu dans le monde du logiciel de la communication d'entreprise. Annoncé en 2017, j'avoue avoir été très sceptique sur son utilité. Personnellement, j'utilisais Skype pour communiquer avec mes amis et ma famille depuis de nombreuses années. Pour mes communications professionnelles, j'utilisais Lync, renommé plus tard Skype Entreprise. Teams a été intégré dans les offres de produits Microsoft, et a regroupé toutes les fonctionnalités de Skype Entreprise. Vous pouvez passer des appels téléphoniques, participer à des chats, organiser des réunions, partager votre écran, et faire des visioconférences, parmi les nombreuses fonctions offertes par Teams.

En tant que plateforme de communication, Microsoft Teams remplace avantageusement Skype Entreprise. Pourtant, ce n'est pas cela qui a fait de Teams le produit Microsoft ayant connu la plus grande croissance de son histoire. Cela tient au fait que Microsoft a investi lourdement pour en faire un point d'entrée à presque tous les autres services d'Office. Teams intègre d'autres applications, comme Microsoft OneNote illustré sur la Figure 1.8.

Figure 1.8

OneNote dans Teams.

Il existe aussi d'autres applications tierces disponibles dans Teams.

Pour être complet, sachez que le grand concurrent de Teams s'appelle Slack (https://slack.com/intl/fr-fr/) et intègre également d'autres logiciels qui en font le principal outil commercial à utiliser pour les communications et la productivité. Slack a pris une longueur d'avance – en arrivant sur le marché en 2013 – et est devenu populaire très rapidement. Toutefois, Microsoft a un gros avantage car de nombreuses personnes utilisent les produits Office. Intégrer Teams à Office a permis de pousser de nombreux utilisateurs à s'intéresser à cette application de communication. Un fait est là ! En 2020, Teams avait dépassé Slack en nombre d'utilisateurs actifs.

Ne vous méprenez pas. Je n'ai pas abandonné Slack. Je l'utilise toujours pour mon activité de consulting car certains de mes clients ne sont pas passés à Teams. J'utilise aussi d'autres apps comme Google Hangouts (https://hangouts.google.com) et Zoom (https://zoom.us). Mon expertise en consulting m'a permis de comparer tous ces outils.

Microsoft Teams est devenue l'une des applications phares de l'univers Microsoft. Elle est le point d'entrée des applications Office ainsi que d'autres logiciels que ceux développés par Microsoft. Cela explique pourquoi Teams s'est développé aussi rapidement. Que vous utilisiez Microsoft 365 ou Office 365, vous solliciterez leurs services intégrés bien plus souvent par l'intermédiaire de Teams que de manière autonome.

Se familiariser avec la terminologie de Teams

Ce livre traite en détail des concepts de Teams. Pour cela, il est indispensable de bien comprendre la terminologie spécifique de ce logiciel. Par exemple, vous inviterez un de vos collaborateurs à rejoindre votre équipe Teams. Vous pouvez aussi demander de quelle équipe votre collègue parle. Une fois habitué, la terminologie de Microsoft Teams vous semblera tout à fait normale.

Voici quelques définitions rapides :

- **Teams :** employez ce terme pour identifier le produit lui-même.
- **Équipe :** une équipe désigne un groupe d'utilisateurs. Vous pouvez spécifier les paramètres des équipes et disposer de plusieurs équipes au sein de Microsoft Teams. Par exemple, vous pouvez créer une équipe pour la comptabilité, une pour l'aspect juridique, et une autre pour les contacts externes.
- **Canal :** un canal est un groupe de conversations (chat) au sein d'une équipe. Une équipe peut elle aussi avoir plusieurs groupes de conversations chacun traitant de sujets différents.
- **Billet :** un billet (ou *thread*) est un sujet de conversation bien particulier. Par exemple, une personne peut démarrer un nouveau billet dans un canal et d'autres pourront y répondre. Un canal peut comporter plusieurs billets à la fois.
- **Utilisateur externe/invité :** un utilisateur externe ou invité est une personne qui n'appartient pas à votre organisation. Par exemple, vous pouvez être consultant et devoir communiquer avec le comptable de l'entreprise. Vous pouvez inviter cette personne en tant qu'utilisateur invité dans votre équipe.

Bien évidemment, il existe encore de nombreux termes propres à l'utilisation de Teams. Une fois que vous serez familiarisé avec l'interaction qui existe entre Teams, une équipe, un canal, et un billet, vous disposerez de toute la connaissance nécessaire pour aller plus avant et devenir plus productif.

Chapitre 2

Explorer Microsoft Teams

DANS CE CHAPITRE

Comprendre les options d'utilisation de Teams

Installer l'application Teams

Se familiariser avec l'interface de Teams

Comprendre l'utilisation de Teams sur différents périphériques

Se retrouver dans l'interface épurée de Microsoft Teams peut être déconcertant de prime abord. On ne sait pas tellement par quel bout la prendre. Cela tient au fait que, ces deux dernières années, Microsoft a enrichi Teams d'un certain nombre de fonctionnalités de Skype et Skype Entreprise.

Dans ce chapitre, vous apprendrez à naviguer dans l'application Teams. Vous téléchargerez, installerez, et ouvrirez l'application sur votre ordinateur, et ensuite vous vous ferez une idée sur sa structure et sur la manière dont vous pourrez naviguer dans cette interface. Vous verrez également comment Teams peut être utilisée sur plusieurs appareils.

Télécharger, installer, et ouvrir Teams

Vous pouvez utiliser Teams de trois manières : sur le Web, sur votre ordinateur, ou sur une application pour smartphone ou tablette. Quel que soit le support d'utilisation de Teams, les concepts restent les mêmes. Commencez par vous connecter à la version Web, puis installez la version de bureau, c'est-à-dire pour votre ordinateur. (La souscription à la version gratuite de Teams est expliquée au Chapitre 1, et l'installation de Teams sur mobile est traitée au Chapitre 6.)

Voici comment vous connecter à la version Web de Teams :

1. **Ouvrez votre navigateur Web et rendez-vous sur `https://teams.microsoft.com`.**

2. **Connectez-vous avec les identifiants que vous avez définis lors de votre abonnement à la version d'essai d'Office 365, expliqué au Chapitre 1.**

   Reportez-vous à la section « Bien commencer avec l'application Teams » du Chapitre 1.

3. **Une fois dans Teams, cliquez sur l'icône en bas à gauche de votre écran pour télécharger la version de bureau, comme sur la Figure 2.1.**

Figure 2.1

Télécharger la version de bureau.

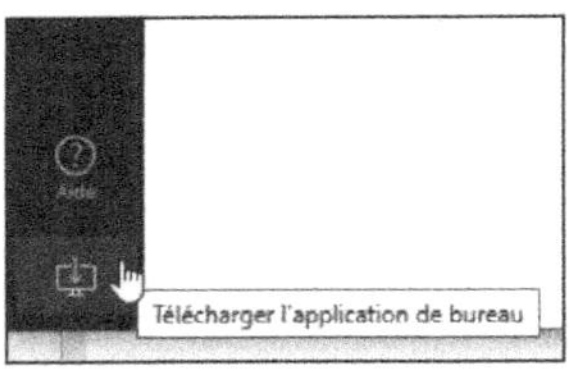

4. **Enregistrez le fichier sur votre ordinateur.**

   Par défaut, un navigateur Web enregistre les fichiers dans le dossier Téléchargements de votre système d'exploitation. Il est tout à fait possible de configurer votre navigateur Web pour que les téléchargements soient stockés dans un dossier de votre choix.

5. **Une fois le fichier localisé, double-cliquez dessus.**

Au bout de quelques instants, une boîte de dialogue vous demande de vous connecter, comme sur la Figure 2.2.

Figure 2.2

La boîte de dialogue de connexion à votre compte Microsoft Teams.

❻ **Saisissez votre nom d'utilisateur et cliquez sur le bouton Connexion.**

Au bout de quelques secondes, vous voici dans l'application Teams, comme sur la Figure 2.3.

Figure 2.3

Bienvenue dans l'application Teams de bureau.

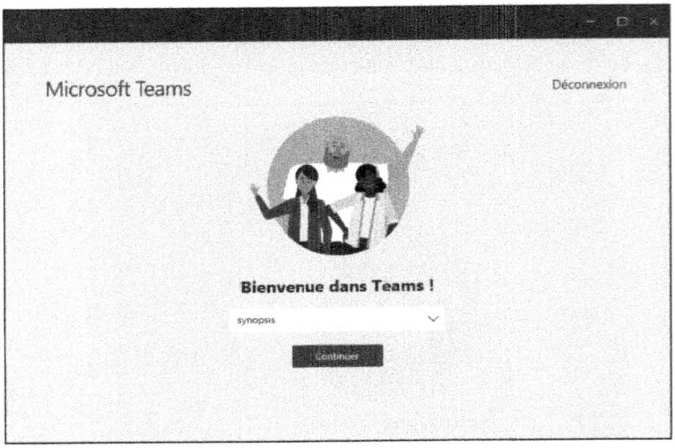

❼ **Cliquez sur le bouton Continuer.**

L'application Teams est alors opérationnelle, comme le montre la Figure 2.4.

Figure 2.4

Félicitations ! Teams est exécuté sur votre ordinateur de bureau.

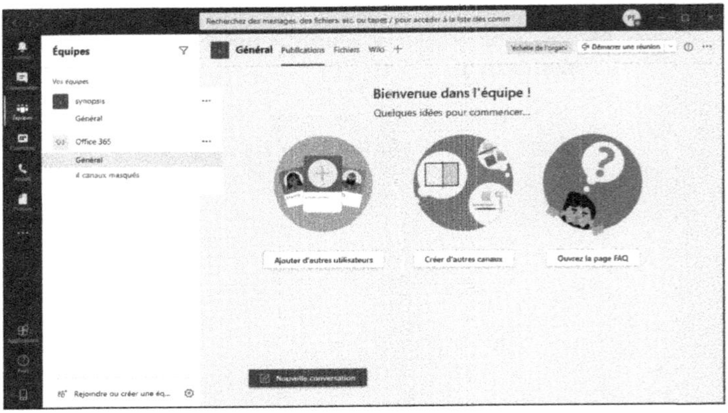

Petit tour rapide de Teams

Vous constatez que la version de bureau de Teams (Figure 2.4) ressemble comme deux gouttes d'eau à celle de la version basée sur le Web. Microsoft a réfléchi à un design qui puisse rendre son application des plus pratiques à utiliser. Ainsi, quand l'utilisateur d'une de ces deux versions passe à l'autre, il n'est pas du tout dépaysé et peut poursuivre son travail collaboratif sans être obligé de se familiariser avec une nouvelle interface.

Les principaux éléments de navigation sont regroupés sur le côté gauche de l'interface. Il s'agit des icônes suivantes : Activité, Conversation, Équipes, Réunions, Appels, et Fichiers, comme sur la Figure 2.5.

Figure 2.5

Les principaux éléments de navigation de Microsoft Teams.

Cliquez sur l'une de ces icônes pour afficher ses « outils » dans la partie principale de l'application.

Activité

Lorsque vous cliquez sur l'icône Activité, vous obtenez les informations illustrées sur la Figure 2.6. Cette section de Microsoft Teams affiche des notifications susceptibles de vous intéresser sur ce qui se passe dans l'application. Par exemple, si un message n'a pas été lu, ou si quelqu'un lance une conversation, il/elle apparaîtra dans le flux Activité. Envisagez-le comme l'espace privilégié pour tous les événements qui surviennent dans Teams depuis votre dernière utilisation.

Figure 2.6

La section Activité de Teams.

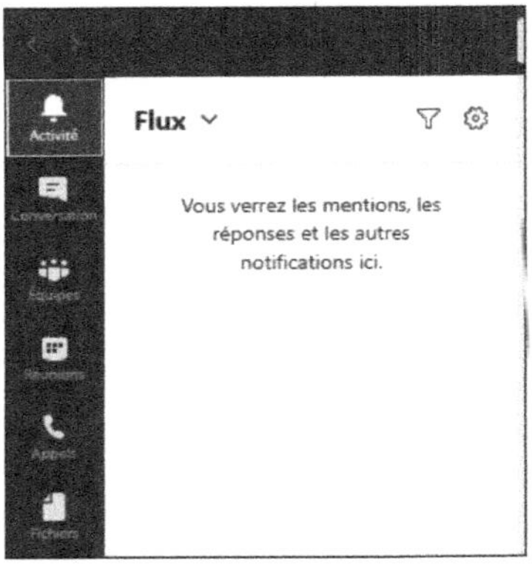

En revanche, à mesure que votre activité va se développer dans cette application, vous trouverez que Teams est très bruyant. Il suffit d'une poignée de personnes qui discutent et qui s'activent pour que vous ne supportiez plus les alertes sonores. Grâce au fil Activité, vous pouvez ajuster les réglages de manière à n'être alerté que pour des événements ciblés. J'aborde plus en détail ce sujet au Chapitre 8.

Conversation

Dans cette section de l'application, vous trouverez tout ce qui concerne les conversations personnelles et de groupes. Il existe une différence subtile entre les conversations en chats et les conversations en canaux. J'aime envisager les conversations comme des messages *ad hoc* d'une personne vers quelques autres. Ces conversations vont et viennent et sont spontanées, alors qu'un canal est une zone dédiée permanente où les intervenants communiquent sur un sujet particulier.

Équipes

Il s'agit de la zone où vous passerez le plus clair de votre temps. En cliquant sur l'icône Équipes, vous affichez toutes les équipes dont vous êtes membre. La Figure 2.7 montre une équipe consacrée à Office 365 créée *via* un assistant de Teams. Quand vous cliquez sur Général, vous accédez à toutes les conversations du canal. Bien entendu, au départ, cette équipe ne contient qu'une seule personne, vous-même. (Au Chapitre 3, je traite du travail avec les équipes, et au Chapitre 4 vous en saurez davantage sur les canaux.)

Figure 2.7

L'onglet Général de l'équipe Office 365 nouvellement créée.

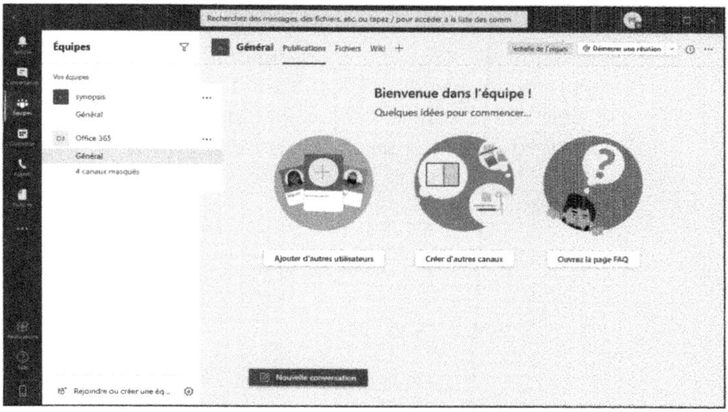

Réunions

La zone Réunions est un calendrier des événements et des... réunions, comme sur la Figure 2.8. Si vous avez planifié une réunion dans Microsoft Outlook, la section Réunions de Teams vous sera familière. Je traite de cette section aux Chapitres 9 et 10.

Figure 2.8

Créez vos réunions dans ce calendrier.

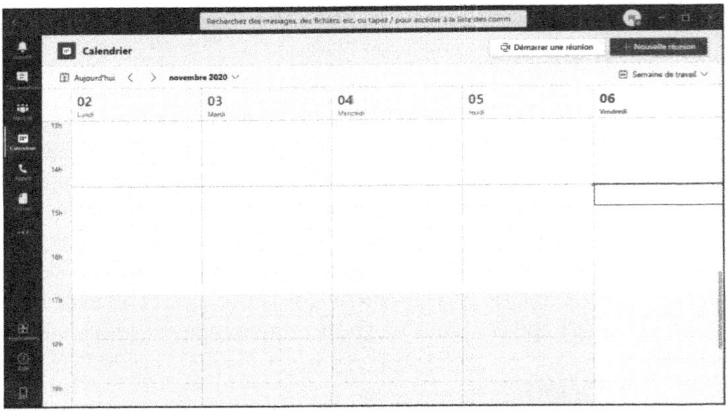

Réunions est intégré à Microsoft Outlook. Si vous n'utilisez pas Outlook, vous ne verrez pas le calendrier de Teams. Ce type d'intégration renforce mon opinion selon laquelle Teams est rapidement devenue l'application phare de tous les produits et services d'Office, ce qui explique aussi pourquoi ce produit Microsoft a connu une croissance explosive.

Appels

La section Appels est la zone de l'application où vous pouvez passer et recevoir des appels téléphoniques, comme sur la Figure 2.9. Si vous connaissez Skype, la section Appels vous sera familière. Ses fonctionnalités sont traitées aux Chapitres 11 et 12.

Figure 2.9

La section Appels de Teams.

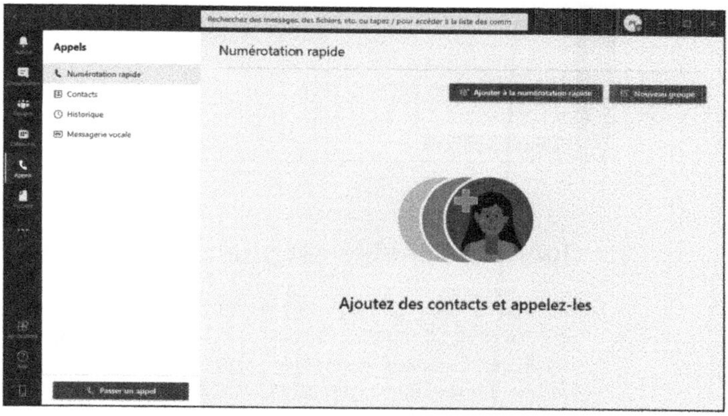

Fichiers

La zone Fichiers contient les fichiers numériques sauvegardés et partagés, comme le montre la Figure 2.10. Ceux d'entre vous qui ont déjà utilisé SharePoint ou OneDrive ne seront pas dépaysés par Fichiers. Teams utilise SharePoint et OneDrive en toile de fond. De ce fait, vous pouvez à tout moment quitter Teams et ouvrir les mêmes fichiers dans les applications SharePoint ou OneDrive.

Figure 2.10

La section Fichiers de Teams.

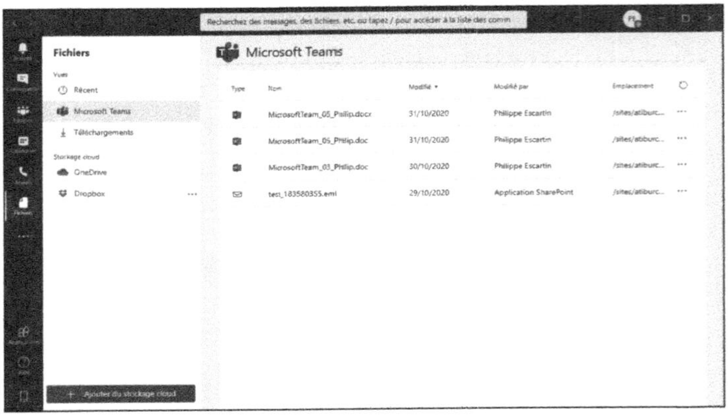

Quand la rapidité est plus rapide encore

Microsoft développe rapidement ses logiciels. Par le passé, une nouvelle version était proposée après quelques années de développement. Aujourd'hui, une nouvelle version d'un programme est livrée quasiment chaque mois. Les changements concernent l'implémentation de nouvelles fonctionnalités et des corrections de bugs. Parfois, des modifications sont apportées à l'interface. Par exemple, la section Calendrier est devenue « Réunions ». Mon logiciel Teams a connu cette mise à jour en pleine nuit, m'obligeant à relire et à modifier tous les chapitres que j'avais écrits jusqu'à présent.

Par conséquent, si en lisant ce livre, vous constatez que des éléments de Teams ne sont pas exactement ceux de votre version du programme, cela est totalement indépendant de ma volonté et cela ne saurait constituer une erreur. Cela tient simplement aux mises à jour constantes que Microsoft fait de ses produits.

En plus de SharePoint et OneDrive, vous pouvez configurer d'autres emplacements basés sur le cloud où vous stockerez des fichiers, et auxquels vous accéderez au sein de Teams. L'application gère Dropbox, Box, ShareFile, et Google Drive, et il y a fort à parier que d'autres suivront dans les jours à venir.

Utiliser Teams sur différentes plateformes et périphériques

Ce que j'apprécie le plus avec Teams est la possibilité de l'utiliser sur quasiment n'importe quel périphérique. Par exemple, ce matin je travaillais sur ce chapitre depuis mon bureau. Teams était ouvert sur mon ordinateur de bureau, et je discutais avec quelques clients.

J'avais une réunion programmée dans Teams. Je suis descendu dans mon bar préféré pour y prendre un café. C'est alors que l'un des clients avec lequel je discutais dans Teams m'a envoyé un message qui est donc apparu sur mon smartphone. J'ai donc pu y répondre alors que j'attendais mon café.

Le soir, je travaillais sur ce chapitre et j'écrivais le présent paragraphe *via* l'application Teams basée sur le Web et ouverte sur mon MacBook Air. Le lendemain, j'étais à mon bureau pour effectuer des captures d'écran, et pour peaufiner ce chapitre avant d'appeler mon éditeur afin de lui soumettre ma prose.

Tout ce travail a pu être réalisé dans différents lieux grâce à différents périphériques. Et comme Teams est synchronisé avec le cloud (Internet), je ne perds jamais le fil de ma pensée et de mon travail en cours. De plus, Teams est toujours synchronisé sur tous mes périphériques. J'adore cette possibilité. La Figure 2.11 illustre mon utilisation quotidienne de Teams. Je traite de ce sujet au Chapitre 6.

Figure 2.11

Utilisation quotidienne de Teams sur différents périphériques.

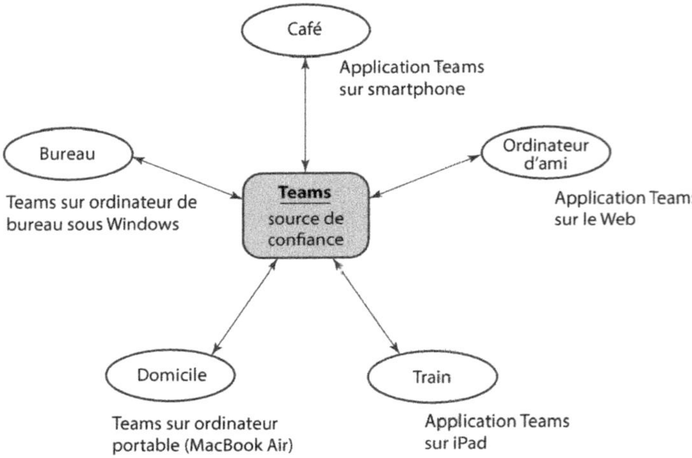

DANS CE CHAPITRE

Créer une équipe pour vous et vos collaborateurs

- Ajouter des collaborateurs à votre équipe

- Apprendre à gérer votre équipe

- Configurer vos préférences utilisateur

Chapitre 3

Créer votre première équipe et gérer vos paramètres

Teams signifie « équipes » en anglais. *De facto*, ce produit Microsoft est dédié à la communication et à la collaboration entre différentes personnes appartenant à la même équipe. L'équipe est donc au cœur de Teams. Il s'agit d'un groupe de personnes au sein duquel vous allez créer des canaux pour discuter, partager des fichiers entre les collaborateurs, utiliser des applications, et réaliser toutes sortes de choses sympathiques.

Dans ce chapitre, vous verrez comment créer une nouvelle équipe et y inviter des personnes. Vous découvrirez comment gérer vos équipes et comment les personnaliser.

Créer une équipe

Lorsque vous vous connectez à Microsoft Teams, une équipe est créée par défaut en fonction des informations de votre compte

Microsoft 365, Office 365, ou de l'application locale Teams. Beaucoup de personnes se contentent d'utiliser l'équipe par défaut ne sachant pas qu'elles peuvent en créer d'autres.

Lorsque vous créez une nouvelle équipe, vous pouvez la personnaliser et la définir pour une situation spécifique. Par exemple, vous pouvez créer une équipe privée plutôt qu'une équipe publique accessible à tous. Vous pouvez également créer une équipe dans un but particulier, comme des ressources humaines ou de la comptabilité. Après avoir passé un peu de temps dans Teams, la création d'une équipe deviendra pour vous une seconde nature.

Voici comment créer une équipe :

1. **Ouvrez Microsoft Teams.**

2. **Dans le panneau de navigation, cliquez sur l'icône Équipes, puis sur le lien Rejoindre ou créer une équipe, comme sur la Figure 3.1.**

   Rejoindre ou créer une équipe apparaît dans l'espace de travail de Teams.

Créer ou ne pas créer une équipe, telle est la question

La création et la configuration d'une équipe étant faciles à réaliser, le nombre d'équipes à gérer au sein de votre organisation peut augmenter exponentiellement. Si des équipes existent déjà, réfléchissez avant d'en créer une autre. Pensez au but de la nouvelle équipe : quelle sera la tâche de ses membres ? Existe-t-il une équipe qui poursuive le même objectif ? Les membres de cette nouvelle équipe sont-ils les mêmes que ceux d'une équipe existante ? L'équipe comportera-t-elle de nouveaux membres ? Les membres d'une équipe changent dans la durée. Donc, avant de créer une équipe, évaluez l'opportunité d'en modifier une qui existe déjà, et pensez à supprimer des équipes qui ne sont plus actives.

Figure 3.1

Cliquez sur le lien Rejoindre ou créer une équipe.

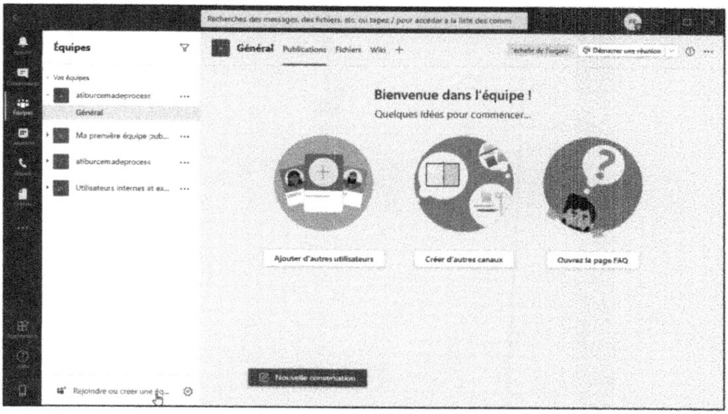

Deux situations peuvent conduire à l'absence du lien Rejoindre ou créer une équipe : quand vous êtes un invité, et avez donc un accès restreint aux produits Office 365, Teams y compris ; ou lorsque vous êtes membre agréé de l'organisation mais n'êtes pas encore habilité à créer une nouvelle équipe. Dans ce cas, vous devez contacter l'administrateur pour obtenir l'autorisation de créer une équipe.

3. **Cliquez sur le bouton Créer une équipe, comme sur la Figure 3.2.**

   La boîte de dialogue Créer une équipe apparaît. Plusieurs options d'équipes vous sont alors proposées. Pour les besoins de cet exemple, créons une équipe à partir de zéro.

Figure 3.2

Cliquez sur le bouton Créer une équipe pour créer une nouvelle équipe.

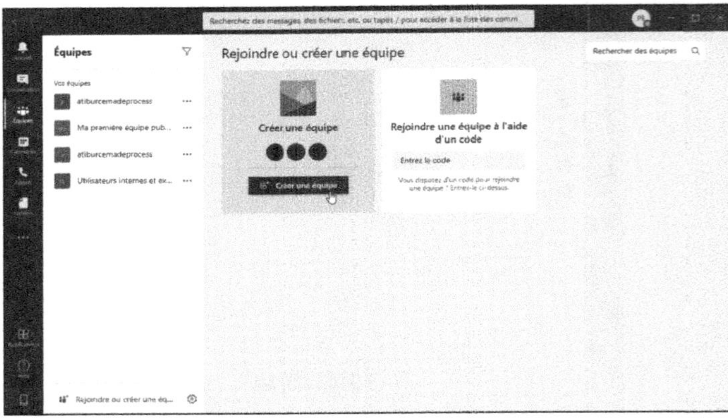

4. **Dans la boîte de dialogue illustrée sur la Figure 3.3, cliquez sur l'option À partir de zéro.**

   Décidez ensuite du type d'équipe à créer à travers trois options :

   - **Privé :** ici, une autorisation doit être obtenue pour rejoindre l'équipe.
   - **Publique :** tout le monde peut rejoindre ce type d'équipe.
   - À l'échelle de l'organisation : ici, il suffit qu'un utilisateur se connecte à Teams pour appartenir automatiquement à cette équipe.

   Pour notre exemple, créons une équipe À l'échelle de l'organisation de manière à ne pas vous préoccuper de l'ajout de personnes. (Plus loin dans ce chapitre, j'explique comment ajouter des membres aux équipes.)

Figure 3.3

Créer une équipe à partir de zéro.

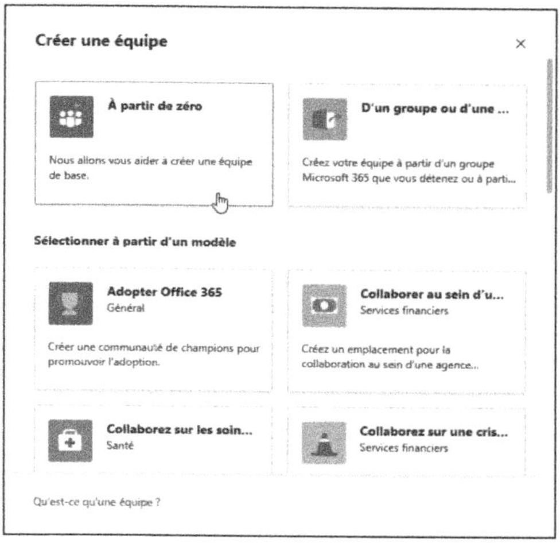

5. **Sélectionnez l'option À l'échelle de l'organisation, comme sur la Figure 3.4.**

Plus votre organisation s'agrandira, et plus vous aurez besoin de créer des équipes privées ou publiques. En effet, le nombre d'équipes au sein d'une structure peut augmenter rapidement, et si tous les membres de votre organisation les rejoignent automatiquement, il deviendra difficile de supporter une activité soutenue qui conduira alors bon nombre de collaborateurs à les désactiver.

Figure 3.4

Choisissez le type d'équipe à créer.

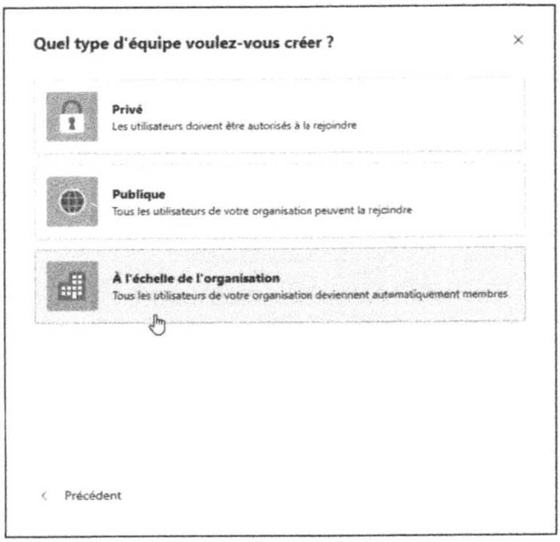

6. **Entrez un nom et une description, puis cliquez sur Créer, comme sur la Figure 3.5.**

   Teams prend quelques minutes pour créer votre équipe. Une fois cette création accomplie, la nouvelle équipe apparaît dans la liste de vos équipes, comme sur la Figure 3.6. Vous observez que la création d'une nouvelle équipe induit la création d'un canal Général. Dans le Chapitre 4, j'explique comment créer des canaux supplémentaires.

Figure 3.5

Donnez un nom et décrivez votre nouvelle équipe.

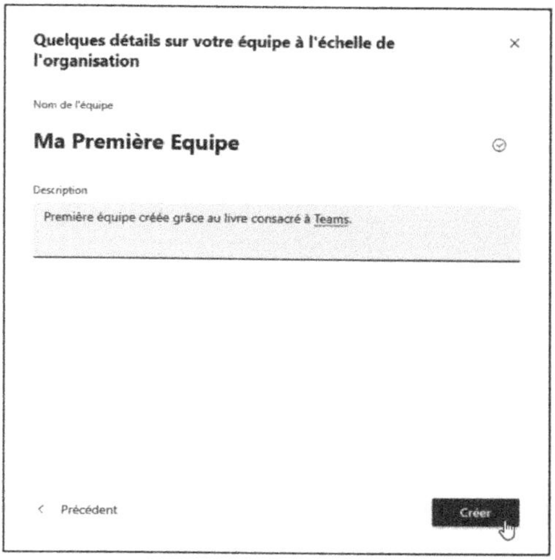

Figure 3.6

La nouvelle équipe apparaît sous l'onglet du même nom.

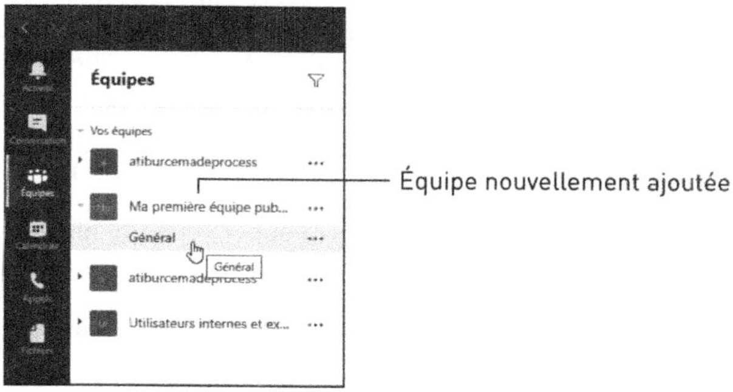

En tant qu'utilisateur de Teams, vous serez soit un *propriétaire d'une équipe*, soit un *membre de l'équipe*, soit un *invité*. Un propriétaire n'est pas limité à la seule personne qui a créé l'équipe. Une équipe peut avoir jusqu'à 100 propriétaires. Ils peuvent gérer l'équipe, ce qui inclut la possibilité d'ajouter des membres, d'approuver ou non les demandes à rejoindre une équipe, de créer des canaux, de modifier les paramètres de l'équipe, d'afficher des analyses, et d'ajouter des applications. Un invité est un utilisateur non agréé dont les accès sont limités, et qui doit être invité explicitement par chaque équipe.

Un utilisateur peut rejoindre une équipe soit en recevant une invitation, soit en demandant de rejoindre une équipe existante. Si une équipe est privée, les nouveaux utilisateurs devront être invités, sinon ils ne verront pas l'équipe et ne pourront pas demander à la rejoindre.

Inviter des personnes à rejoindre votre équipe

Une fois votre équipe configurée, vous pouvez y ajouter des membres. Dans la précédente section, nous avons créé une équipe À l'échelle de l'organisation. Par conséquent, toute personne appartenant à votre organisation se verra automatiquement ajoutée à cette équipe. Dans cette section, nous allons reprendre la procédure de création d'une nouvelle équipe, mais en créant cette fois une équipe publique et privée, en ajoutant des membres lors de cette création, puis en finissant par leur configuration.

Voici comment inviter des personnes pendant la phase de création d'une équipe :

1. **Reprenez les Étapes 1 à 4 de la précédente section pour créer une équipe.**

2. **À la question Quel type d'équipe voulez-vous créer, choisissez Publique ou Privée.**

Lorsque vous créez une équipe publique ou privée, une boîte de dialogue vous invite à y ajouter des membres, comme sur la Figure 3.7.

Figure 3.7

La boîte de dialogue qui permet d'ajouter des membres pendant la phase de création.

3. **Dans le champ Commencez à taper un nom ou un groupe, entrez le nom d'une personne à inviter.**

   La fonction de recherche automatique identifie des personnes appartenant à votre organisation donc à d'autres équipes. Pour inviter des personnes externes à votre organisation, saisissez leur adresse mail dans ce champ.

4. **Une fois la personne recherchée identifiée, cliquez sur son nom puis sur le bouton Ajouter.**

   Vous constatez qu'en entrant une adresse mail, Teams vous propose d'ajouter la personne en tant que membre ou en tant qu'invité.

5. **Ajoutez d'autres personnes.**

   Les utilisateurs seront avertis de cette invitation par une notification dont je traite au Chapitre 8.

Vous pouvez inviter des personnes une fois l'équipe créée. Supposons qu'une nouvelle personne rejoigne votre organisation et que vous souhaitiez l'ajouter à votre équipe. Mais, pour rejoindre une équipe privée, la personne doit être invitée. En revanche, n'importe qui appartenant à votre organisation pourra rejoindre une équipe publique. Dans une équipe À l'échelle de l'organisation, toute personne appartenant à l'organisation y est automatiquement ajoutée.

Pour inviter des personnes à rejoindre votre équipe privée ou publique :

1. **Cliquez sur l'icône Équipes du panneau de gauche.**
2. **Cliquez sur les trois petits points situés à droite du nom de l'équipe à laquelle vous souhaitez ajouter une personne.**

   Un menu local apparaît.

3. **Dans le menu local qui s'ouvre, cliquez sur Ajouter un membre, comme sur la Figure 3.8.**

   La boîte de dialogue Ajouter un membre s'affiche. Elle est identique à celle qui vous a été présentée lorsque vous avez créé votre première équipe publique ou privée.

4. **Tapez le nom ou l'adresse mail de la personne à inviter.**
5. **Choisissez le nom proposé ou bien indiquez si cette personne sera membre de l'équipe ou simplement invitée, et cliquez sur le bouton Ajouter.**

   Les utilisateurs seront notifiés de cette invitation. Les notifications sont traitées au Chapitre 8.

Figure 3.8

Ajouter des membres à une équipe existante.

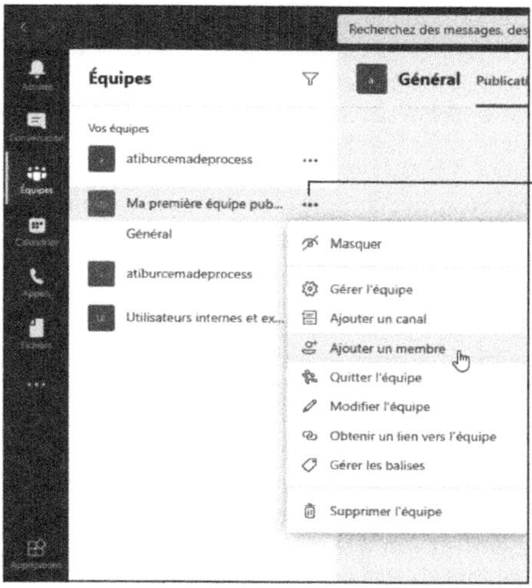

Gérer les paramètres de votre équipe

De nombreux paramètres de Teams peuvent être contrôlés, comme l'ajout et la configuration de canaux, d'utilisateurs, et le comportement des conversations. Les paramètres que vous utiliserez probablement le plus souvent sont destinés à vos équipes spécifiques. Il s'agit notamment de l'ajout et de la suppression de propriétaires, de membres et d'invités, de l'ajout et de la suppression de canaux, et de l'utilisation d'applications.

Pour ouvrir les paramètres d'une équipe, cliquez sur l'icône des trois points située à droite du nom de l'équipe. Dans le menu local qui apparaît (voir la Figure 3.8), choisissez Gérer l'équipe.

L'écran de paramétrage d'une équipe contient les onglets suivants en haut, comme indiqué sur la Figure 3.9 :

» **Membres :** l'écran Membres permet d'ajouter de nouveaux membres à l'équipe soit en tant que membre, soit en tant qu'invité. Un *invité* a accès à Teams et peut converser avec vous. En revanche, il n'a pas accès aux autres services d'Office 365. Je traite des invités au Chapitre 7.

» **Demandes en attente :** contient les demandes de rejoindre l'équipe qui vous ont été adressées.

» **Canaux :** l'écran Canaux permet d'ajouter un canal. Il s'agit d'une zone où une équipe peut discuter autour d'un sujet spécifique. Par exemple, vous pouvez créer un canal pour le covoiturage, un autre pour la comptabilité, et un pour vos clients. Les canaux sont traités au Chapitre 4.

» **Paramètres :** l'écran Paramètres est l'espace où vous gérez la configuration d'une équipe, comme le montre la Figure 3.10. Ici, vous pouvez définir l'image de l'équipe, les autorisations notamment pour les invités, les mentions @, c'est-à-dire *at*, les émojis et autres autocollants, et les marquages.

Figure 3.9

L'onglet Membres de l'écran de gestion d'une équipe.

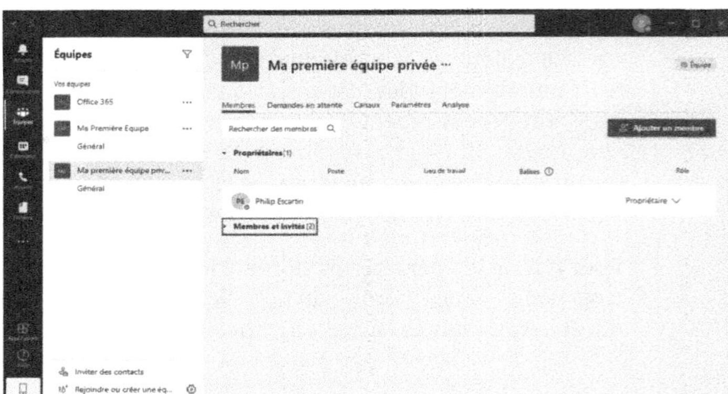

Figure 3.10

L'onglet Paramètres contrôle la configuration d'une équipe.

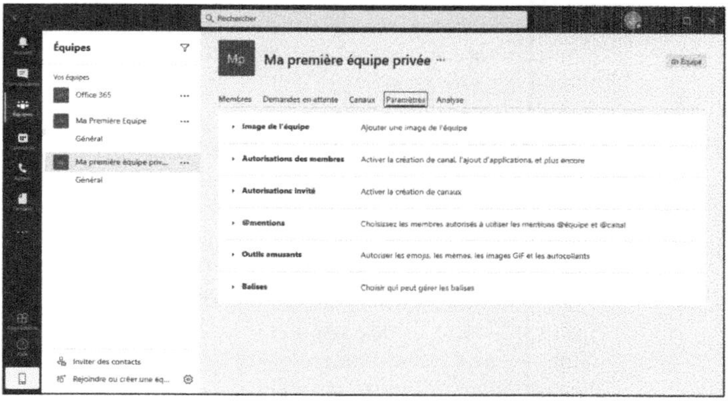

Une *@mention* consiste en un symbole arobase (at) suivi du nom d'un utilisateur dans un message. Il s'agit principalement d'identifier la personne de manière à ce que Teams sache celle qui est ainsi mentionnée. Si votre nom est mentionné, vous serez notifié qu'une personne vous a identifiée dans un message. Cela permet de trouver rapidement les messages qui sont pertinents pour vous. Les mentions et les contenus sont traités au Chapitre 8.

» **Analyse :** Cet onglet affiche un grand nombre d'analyses de l'activité d'une équipe au niveau des engagements, des rôles, des utilisateurs actifs, des réunions et j'en passe.

Les paramètres qui vous concernent

Les paramètres qui vous concernent dépendront de la taille de votre organisation, et de la manière dont vous communiquez et interagissez. Par exemple, dans une firme de consulting composée de deux personnes, vous utiliserez Teams avec des invités et des utilisateurs externes. Si vous êtes une société industrielle, vous utiliserez principalement Teams avec des personnes appartenant à votre organisation, et vous concentrerez votre activité au suivi de celle de votre entreprise. (Dans Teams, il faut bien distinguer un invité et un utilisateur externe. Je lève le voile sur cette différence au Chapitre 7.)

Je vous recommande de progresser doucement et de voir comment Teams répond à vos besoins. En effet, ce qui sera important pour une personne ne le sera peut-être pas pour vous. En poursuivant votre voyage dans Teams, gardez à l'esprit qu'il y a une infinité de paramètres et de fonctionnalités. Inutile de tous les maîtriser. Concentrez votre attention sur ce qui est disponible afin de pouvoir tirer le meilleur parti du produit en fonction de votre situation.

Gérer vos paramètres utilisateur

Plusieurs paramètres sont propres à chaque utilisateur de Teams. Considérez-les comme les paramètres de votre profil. Vous y accéderez par un clic sur le menu local caché sous l'image de votre profil en haut à droite de l'interface de l'application, comme illustré sur la Figure 3.11.

Voici ce que vous propose ce menu local :

» **Choisissez un statut tel que Disponible, Occupé, Ne pas déranger, De retour bientôt, ou bien encore Apparaître absent.**

» Définissez le message de votre statut. Il délivrera une information que vous jugez utile de porter à la connaissance de vos équipes. Par exemple, j'indique souvent que je suis en train d'écouter de la musique, ou bien mon message est une citation d'un écrivain que j'affectionne tout particulièrement.

» Affichez les messages et les conversations que vous avez enregistrées dans Teams. .

» Ouvrez les paramètres de votre profil. .

» Ajustez le zoom pour mieux voir tous les éléments de de la fenêtre de Teams, ou pour en réduire l'échelle. .

Figure 3.11

Le menu local de votre profil.

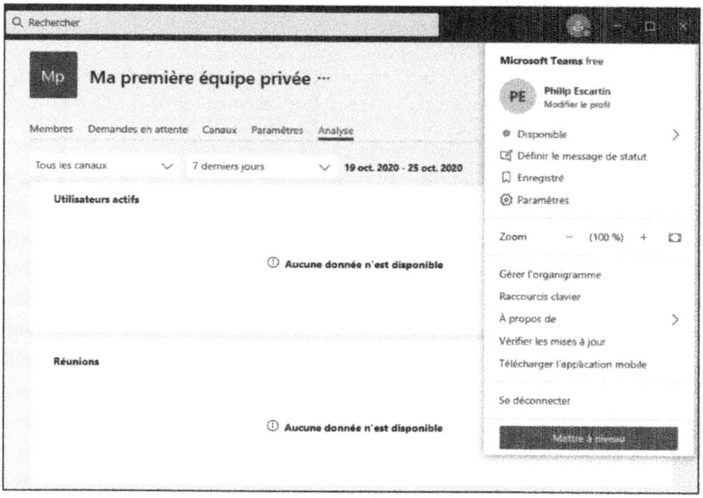

- Modifiez vos raccourcis clavier pour faciliter votre travail dans Teams. .
- Gérez l'organigramme de vos collaborateurs.
- Apprenez-en davantage sur Teams comme son numéro de version et ses informations légales.
- Vérifiez les mises à jour disponibles de manière à utiliser la dernière version du logiciel.
- Téléchargez la version mobile pour utiliser Teams sur votre smartphone.
- Se déconnecter est une option rarement utilisée puisque l'idée de Teams est de rester constamment en contact avec vos équipes. Le besoin de se déconnecter peut se faire sentir lorsque vous appartenez à plusieurs organisations ou que vous devez passer d'un compte à un autre.
- Le bouton Mettre à niveau ouvre votre navigateur Web si vous n'avez pas souscrit un abonnement à Microsoft 365 ou Office 365.

Lorsque vous cliquez sur Paramètres dans le menu local de votre profil, vous pouvez personnaliser plusieurs options attenantes à votre compte. Comme le montre la Figure 3.12, les paramètres intéressent six catégories : Général, Confidentialité, Notifications, Périphériques, Autorisations, et Appels. Je donne ici un rapide aperçu de ces catégories, et je traite des paramètres plus en détail tout au long de ce livre. Par exemple, le Chapitre 8 s'intéresse à la configuration de vos notifications.

Figure 3.12

Les paramètres d'un utilisateur de Teams.

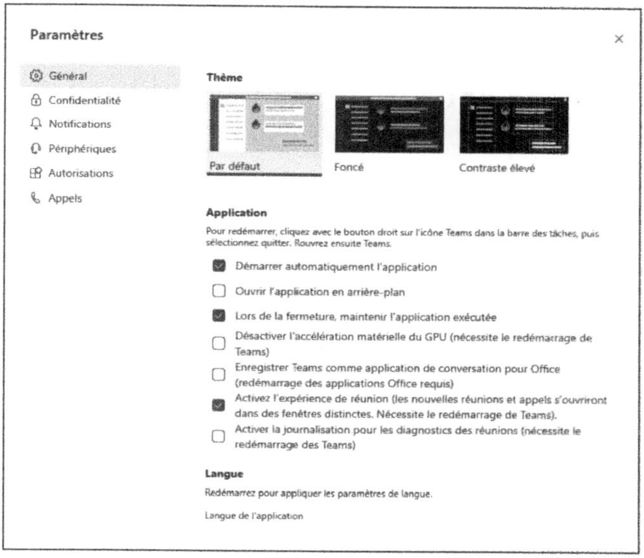

Général

La catégorie Général contient des réglages liés aux thèmes, au comportement de l'application, et à la langue utilisée.

La section Thème permet de personnaliser l'apparence de l'interface. Par exemple, vous préférez peut-être une interface plus foncée ou au contraste élevé.

Dans la section Application, déterminez le comportement de Teams sur votre ordinateur. Par exemple, souhaitez-vous que Teams se lance automatiquement au démarrage de votre ordinateur ? Ou bien préférez-vous que l'application œuvre en arrière-plan lorsque vous cliquez sur son bouton de fermeture ? Dans cette section, vous pouvez spécifier Teams comme l'application de chat des autres produits Office. Cette option est utile lorsque vous appartenez à une organisation qui migre de Skype à Teams. Vous pouvez choisir Teams en lieu et place de Skype. Enfin, indiquez la langue dans laquelle voulez utiliserez Teams.

Confidentialité

Dans la catégorie Confidentialité, vous trouverez des paramètres concernant les autorisations d'accès prioritaires, les confirmations de lecture, ou bien encore les contacts bloqués.

Les accès prioritaires permettent de choisir qui pourra vous contacter lorsque votre statut est défini sur Ne pas déranger. Par exemple, votre patron sera autorisé à vous envoyer des messages à tout moment, alors que d'autres collaborateurs devront attendre que votre statut soit défini sur Disponible.

Les confirmations de lecture permettent d'informer les autres utilisateurs que vous avez lu leurs messages. Si vous ne souhaitez pas qu'ils le sachent, il suffit de désactiver cette option.

L'option Enquêtes est un outil utilisé par Microsoft pour améliorer Teams. Pour ne pas envoyer d'informations de ce type à Microsoft, désactivez cette fonction.

Contacts bloqués permet de bloquer les messages et les appels de personnes non identifiées.

Notifications

La catégorie Notifications permet de contrôler la manière dont Teams va notifier certaines activités. Vous pouvez configurer la manière dont les messages apparaissent avec des effets sonores ou pas. Les notifications sont détaillées au Chapitre 8.

Périphériques

Configurez les périphériques utilisés avec Teams. Il s'agit des haut-parleurs, des micros, des micros-casques, ou bien encore des caméras. Cet aspect de Teams est étudié au Chapitre 10.

Autorisations

Activez/désactivez ici l'ensemble des autorisations de Teams. Par exemple, souhaitez-vous que Teams vous localise ou bien encore qu'il ouvre des liens externes dans votre navigateur Web ?

Appels

Teams met à votre disposition une solution vocale complète. Cela signifie que ce produit remplacera efficacement votre téléphone habituel. Dans cette section, vous pouvez configurer la réponse aux appels entrants, ainsi qu'une messagerie vocale et vos sonneries. Vous pouvez également définir des options d'accessibilité comme un téléimprimeur (ATS) destiné aux malvoyants et aux malentendants. Je traite des appels aux Chapitres 11 et 12.

Deuxième partie

Conversation, équipes, canaux et applications

Dans cette partie ...

Découvrez comment envoyer des messages dans des conversations *via* des canaux.

Apprenez à créer et à configurer de nouveaux canaux et à utiliser des fonctions comme les balises, les émojis, et le traçage d'activité.

Voyez comment Microsoft Teams sait intégrer tout type de logiciel sous la forme de modules supplémentaires.

Trouvez, installez, et utilisez des applications dans Teams, à la fois celles créées pour Microsoft Office et celles créées par des sociétés tierces spécialement pour Teams.

Découvrez comment utiliser Teams sur vos périphériques mobiles et vos smartphones, et comment cela permet d'améliorer votre productivité.

Découvrez les fonctions de Teams qui permettent aux gens de travailler ensemble même s'ils n'appartiennent pas à la même société ou organisation, ou qui ne partagent pas le même abonnement Office 365 ou Microsoft 365.

Voyez comment définir le flux d'Activité pour filtrer les conversations, suivre des canaux qui vous intéressent, et régler les notifications d'événements qui sont les plus importants pour vous.

DANS CE CHAPITRE

Comprendre les canaux et l'utilisation des conversations

•

Apprendre à configurer les canaux

•

Joindre des fichiers à vos messages

•

Exprimer des émotions avec des émojis, des Gif, et des autocollants

Chapitre 4

Rester en contact grâce aux canaux et aux conversations

Les messageries instantanées sont aussi anciennes qu'Internet. Vous êtes peut-être suffisamment âgé pour vous souvenir d'AOL Instant Messenger et d'Internet Relay Chat (IRC) apparu en 1988. Avec l'avènement d'Internet, ces possibilités se sont simplement améliorées. Ce mode de communication en temps réel est majoritairement utilisé par les personnes disposant d'un accès au Web. Mais avez-vous déjà entendu parler de Slack ? Il s'agit d'un système de communication qui se base lui aussi sur la messagerie instantanée. Avez-vous déjà utilisé Skype pour envoyer des messages instantanés ? Microsoft Teams n'aurait pas grande valeur sans un tel système de communication.

Vous découvrirez dans ce chapitre comment envoyer des messages instantanés à travers des canaux. Vous verrez comment en créer et en configurer de nouveaux. Vous apprécierez aussi des fonctions « branchées » des canaux comme le balisage (tag), les émojis, et les rapports d'activité. Enfin, vous apprendrez à activer/désactiver des canaux quand ils deviennent trop actifs, et apprendrez la différence qui existe entre converser dans un canal et en privé.

Communiquer dans Teams

Avant de commencer à utiliser la fonction de chat de Teams, mon équipe et moi avions déjà utilisé d'autres applications de conversation pour lesquelles nous devions payer un abonnement mensuel. En nous abonnant à Office 365 (qui inclut Teams), nous avons réalisé que nous pouvions bénéficier d'un système de messagerie gratuit.

Cette histoire remonte à quelques années, c'est-à-dire à une époque où Teams faisait tout juste son apparition. Mais force est de constater que la plupart de mes clients racontent la même histoire que moi. Il est possible que vous soyez obligé d'utiliser Teams si votre entreprise est abonnée à Microsoft 365 ou Office 365, ou bien si vous décidez d'utiliser Teams par vous-même sans passer par de tels abonnements. Quelle que soit la façon dont vous commencez à utiliser Teams, vous passerez probablement vos premières interactions à envoyer des messages aux autres membres de votre équipe.

Les messages instantanés de Teams se déroulent dans des *canaux*. Les canaux sont des emplacements où des personnes peuvent taper des messages, joindre des fichiers, et partager des liens. J'envisage un canal comme une sorte de rafraîchisseur d'eau autour duquel se réunissent les collaborateurs d'une entreprise. Vous y allez pour communiquer avec des collègues, pour apprendre et partager des ragots, et généralement rester en contact avec votre cercle social.

Un canal vit à l'intérieur d'une équipe, et une équipe peut contenir plusieurs canaux. Vous pouvez donner à un canal le nom que vous voulez. Je conseille d'utiliser un nom qui décrit la nature du canal. Par exemple, vous pouvez nommer vos canaux canal01, canal02, canal03, etc., mais ces titres ne sont pas très évocateurs. Le canal que vous créez sera-t-il utilisé pour discuter du covoiturage pour se rendre au travail et en revenir ? Si oui, nommez le canal Covoiturage. Ou bien souhaitez-vous créer un canal pour la comptabilité et un autre pour les ressources humaines ? Dans ce cas, nommez-les respectivement Comptabilité et Ressources humaines. Un groupe de personnes souhaite-t-il discuter de la nouvelle politique d'autorisation des animaux domestiques au bureau ? Oui ? Alors créez un canal appelé « Animaux de compagnie ». Je pense que vous avez compris le principe.

Un canal peut contenir plusieurs conversations qui se déroulent simultanément. Pour suivre facilement ces conversations, Teams les regroupe sous forme de billets. Un billet est un sujet de discussion. Quand une personne lance un nouveau message, il apparaît dans le canal, et les réponses qui lui sont apportées apparaissent sous le message d'origine. Si une autre personne tape un message ayant un sujet différent, il lancera ainsi un autre billet. Sur la Figure 4.1, je lance une nouvelle conversation. Pour répondre à un message, il suffit de cliquer sur Répondre sous le message.

Figure 4.1

Envoyer un nouveau message dans le canal Général.

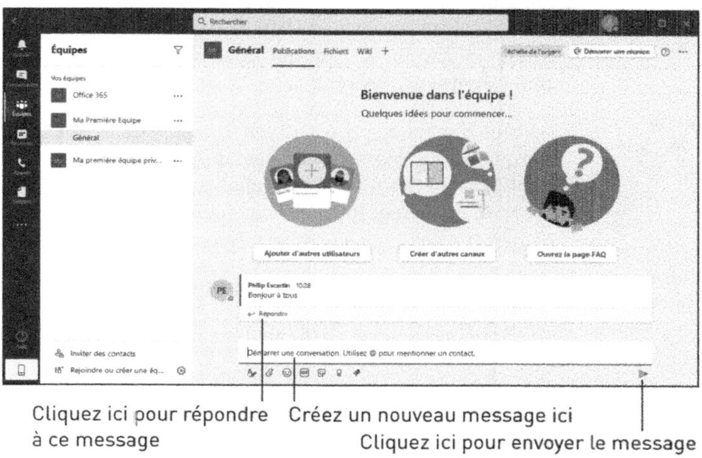

Répondre à un sujet existant (un billet) et en créer un nouveau repose simplement sur le fait de cliquer soit sur le lien Répondre, soit dans le champ de démarrage d'une conversation. Les débutants commettent souvent l'erreur de vouloir répondre à un billet en tapant le message dans le champ Démarrer une conversation. Rassurez-vous, la distinction entre ces deux possibilités sera bientôt une seconde nature pour vous.

Envoyer des messages dans des canaux

Toute nouvelle équipe créée est accompagnée par un canal appelé « Général ». Il est idéal pour démarrer une conversation avec d'autres membres de l'équipe. (Reportez-vous au Chapitre 3 pour savoir comment créer votre première équipe.)

Pour envoyer un message *via* le canal Général :

1. **Dans le panneau de navigation, cliquez sur l'onglet Équipes afin d'afficher toutes vos équipes.**

   Lorsque vous développez chacune des équipes par clic sur le petit triangle situé à gauche de leur nom, vous affichez la liste des canaux disponibles. Tant que vous ne créez pas d'autres canaux, seul Général est présent.

   En plus des canaux disponibles, il peut exister des canaux auxquels vous n'avez pas accès. Il peut y avoir aussi des canaux publics que vous n'avez pas rejoints. La liste des canaux présents sous une équipe n'est pas inclusive de chaque canal qu'une équipe contient.

2. **Cliquez sur le canal Général, comme sur la Figure 4.2.**

   Le contenu du canal s'affiche dans la partie principale de l'interface.

3. **Cliquez sur le bouton Nouvelle conversation, tapez votre message dans le champ Démarrer une conversation, et enfin cliquez sur le bouton Envoyer (icône au bout à droite), ou appuyez sur la touche Entrée de votre clavier.**

Bravo ! Vous avez envoyé un message qui apparaît dans l'écran Général du canal.

Au-dessus des messages, Microsoft Teams propose des options qui permettent d'ajouter des utilisateurs, de créer des canaux, ou de consulter la FAQ (la foire aux questions). Nous verrons, dans les sections qui suivent, comment exécuter ces tâches avec d'autres techniques.

Figure 4.2

Sélectionner le canal Général qui est automatiquement généré lors de la création de l'équipe.

Niveaux de communication

L'une des raisons pour lesquelles les messageries instantanées AOL et IRC ont pu être si populaires aux premiers jours de l'Internet repose sur le simple fait que le chat répond à un besoin de communication essentiel entre des personnes éloignées. Il existe différents niveaux de communication. Le premier niveau correspond à une communication de visu. Le deuxième niveau est une communication vocale instantanée (comme par téléphone). Enfin, le troisième niveau est une communication numérique instantanée (comme le courrier électronique ou la messagerie instantanée).

Le courrier électronique a été très vite populaire dès le début d'Internet. Toutefois, l'e-mail n'est pas une communication instantanée, c'est-à-dire en temps réel. En fait, nous pourrions assimiler le courriel à la lettre postale en ce sens où vous ne savez pas quand la personne l'a reçu (quoique) mais surtout quand elle l'a lu (en effet quand vous demandez un accusé réception, le destinataire n'est pas obligé de vous l'envoyer). La messagerie instantanée, en revanche, ressemble à une conversation téléphonique mais sous une forme numérique. Elle peut se produire de manière asynchrone et avec plusieurs personnes en même temps. La messagerie instantanée ne remplace pas plus le courrier électronique que l'envoi d'une lettre postale ne remplace une conversation téléphonique. Il s'agit simplement d'une forme différente de communication numérique.

Un avantage de la communication numérique par rapport aux conversations de visu et téléphonique est son inclusivité. Par exemple, un de mes voisins est à la fois malentendant et malvoyant. Je peux très bien communiquer avec lui grâce aux communications numériques. Il a un logiciel sur son ordinateur qui transforme mes communications en braille, et nous restons en contact au sujet des événements dans notre quartier. Cela serait impossible ou très compliqué sans les communications numériques.

Créer un nouveau canal

Plus vous utiliserez Teams, et plus aurez besoin de créer des canaux de conversation sur divers sujets qui ne sauraient, logiquement, encombrer le canal « Général ». Ainsi, vous pourriez créer un canal pour les discussions financières, un autre pour des problèmes de covoiturage, et pourquoi pas un canal pour chaque événement spécifique lié aux activités de votre organisation. Dans Teams, les conversations peuvent être organisées de bien des façons. Tout ce qui compte est qu'elles aient un sens pour votre équipe.

Voici comment créer un nouveau canal :

1. **Cliquez sur l'icône Équipes dans le panneau de navigation afin d'afficher toutes vos équipes.**
2. **Cliquez sur les trois petits points situés à droite du nom de l'équipe à laquelle vous souhaitez ajouter ce canal.**
3. **Dans le menu local qui apparaît, choisissez Ajouter un canal.**

Vous ne voyez pas cette option dans le menu local indiqué ? Cela signifie que vous n'avez pas d'autorisation pour créer un canal. C'est le cas lorsque vous êtes un utilisateur invité. Les autorisations des membres des équipes sont étudiées au Chapitre 13.

Figure 4.3

Choisissez Ajouter un canal.

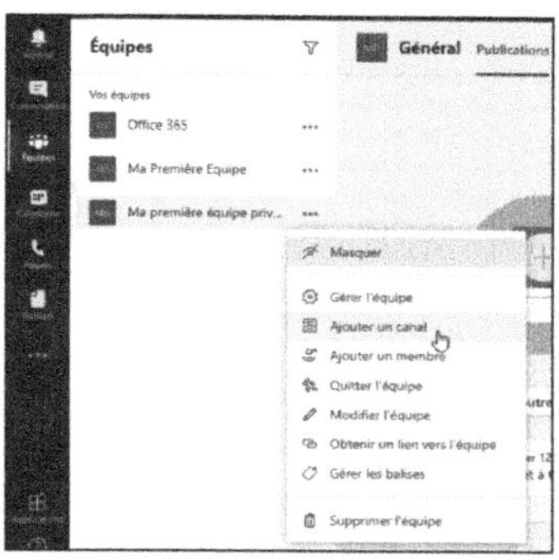

4 Dans la boîte de dialogue Créer un canal, entrez un nom et une description, comme sur la Figure 4.4.

Teams n'accepte pas les noms comportant des « symboles ». L'apostrophe étant considérée par le logiciel comme un symbole, tout nom le comportant sera refusé. Sur la Figure 4.4, vous constatez que j'ai été obligé d'écrire « l_entreprise » au lieu de « l'entreprise ».

5 Cliquez sur le bouton Ajouter.

Vous disposez de l'option Afficher automatiquement ce canal dans la liste des canaux de tous les membres. Si vous ne cochez pas cette case, le canal sera masqué. Les membres devront alors développer l'équipe pour voir ce canal. Vous en saurez plus sur les canaux masqués et non masqués au Chapitre 8.

Le nouveau canal apparaît sous l'équipe, comme le montre la Figure 4.5.

Vous pouvez créer des canaux de conversation pour traiter de n'importe quel sujet. Des équipes peuvent ainsi distinguer des canaux professionnels et des canaux liés au bien-être en entreprise, ou encore des canaux consacrés au budget de l'organisation.

Un canal fait partie d'une équipe. Une équipe peut accueillir plusieurs canaux, et chaque canal peut contenir ses propres billets de conversation.

Figure 4.4

Remplissez la boîte de dialogue de création d'un nouveau canal.

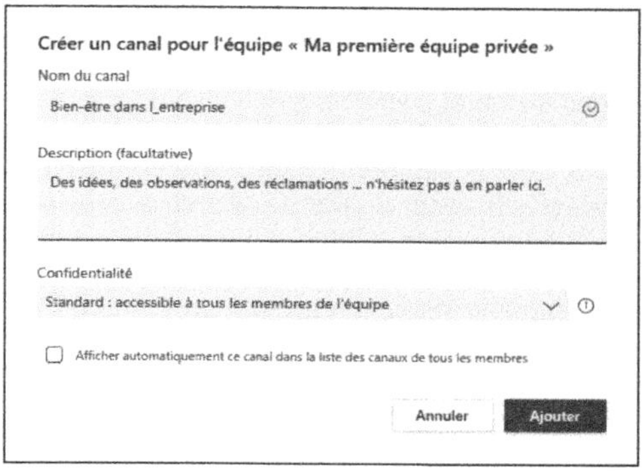

Figure 4.5

Un nouveau canal dans une équipe.

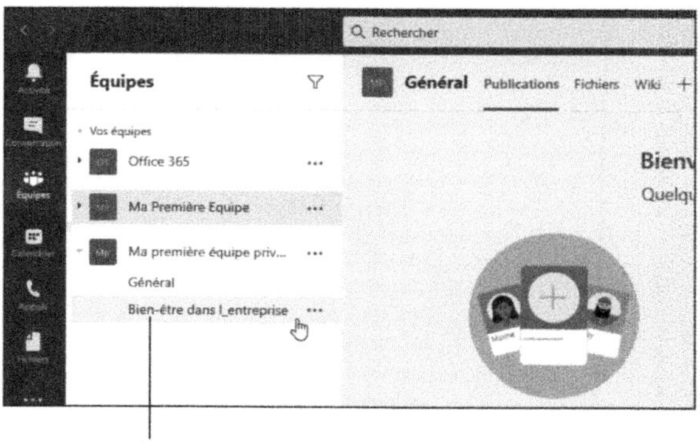

Le nouveau canal

Configurer un canal

Il est possible de paramétrer les canaux *via* le menu local Autres options (trois petits points), comme sur la Figure 4.6 :

» **Notifications du canal :** définissez ici le comportement des notifications. Ce paramétrage est d'autant plus important que le nombre de canaux augmente dans votre organisation. Teams peut devenir très bruyant du fait des activités conversationnelles des canaux. Vous pourrez ainsi désactiver les canaux les moins importants pour vous. Si vous choisissez Personnaliser, vous accédez à la boîte de dialogue illustrée sur la Figure 4.7.

Figure 4.6

Le menu local Autres options d'un canal.

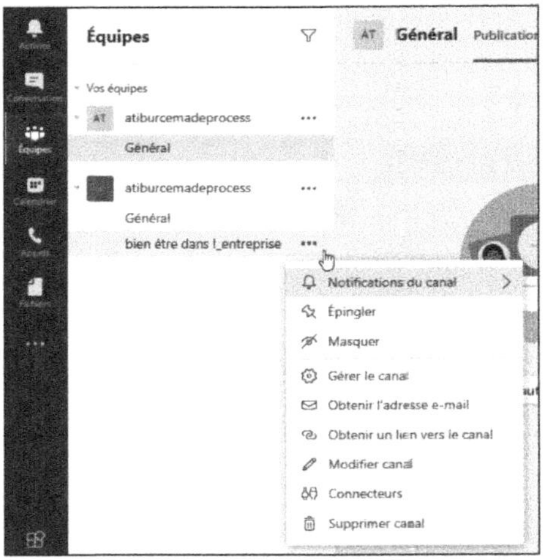

Figure 4.7

Les paramètres de notification du canal.

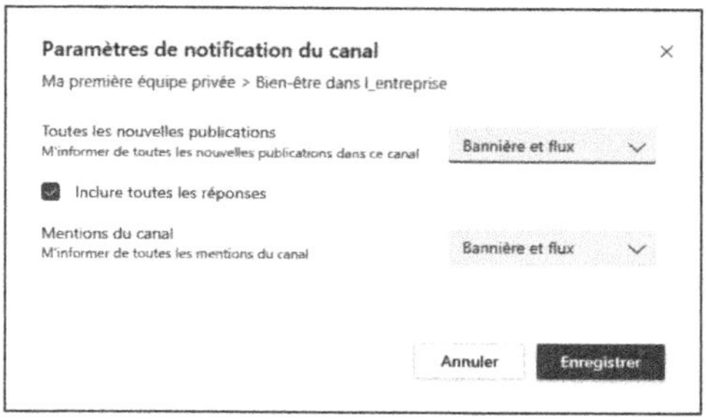

» **Épingler/Détacher :** épingler un canal permet de l'afficher en haut de liste des canaux d'une équipe. Détacher replace le canal dans la position qui est chronologiquement la sienne dans l'équipe.

» **Masquer :** sélectionnez cette option pour masquer le canal dans la liste des canaux d'une équipe. Vous pouvez à tout moment afficher de nouveau un canal masqué. Les canaux masqués apparaissent écrits en italique dans la liste des canaux. Un message indique aussi le nombre de canaux masqués pour une équipe. Vous en saurez davantage à ce sujet au Chapitre 8, car il est indispensable de savoir gérer vos canaux dont le nombre augmentera de manière drastique au fur et à mesure du temps qui passe.

» **Gérer le canal :** cette option permet aux propriétaires d'un canal de gérer les autorisations, comme sur la Figure 4.8. Vous y définissez les préférences de modération du canal afin de contrôler qui peut ou non publier de nouveaux messages. Par exemple, au Chapitre 5, je parle des robots de messagerie, et vous verrez qu'il est possible de les autoriser ou non à publier des messages.

Figure 4.8

Gérer les autorisations d'un canal.

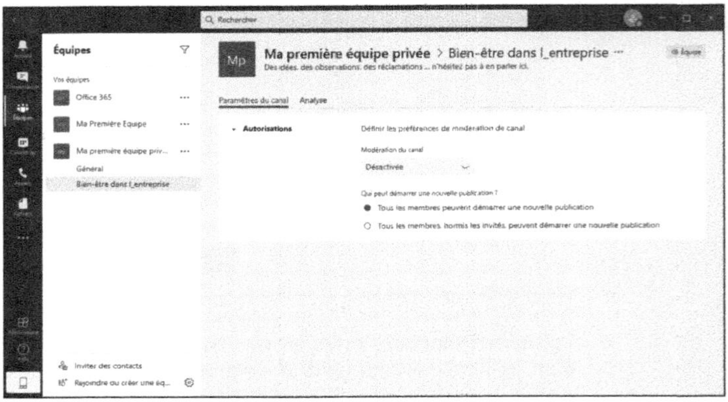

» **Obtenir l'adresse mail :** une bien sympathique option que j'utilise pour envoyer un mail directement à un canal. Il est possible de configurer le canal de manière à ce que votre courrier électronique apparaisse directement dans le canal en question. La Figure 4.9 montre l'adresse d'un canal. Chaque fois que j'envoie un courriel à cette adresse, il apparaît dans le canal, comme le montre la Figure 4.10.

Figure 4.9

Obtenir l'adresse e-mail d'un canal.

» **Obtenir un lien vers le canal :** vous risquez d'être rapidement submergé par le nombre d'équipes et de canaux de votre organisation. Lorsque vous souhaitez indiquer à quelqu'un l'existence d'un canal, envoyez-lui un lien direct vers le canal en question.

Figure 4.10

Un e-mail envoyé au canal et affiché dans ses messages.

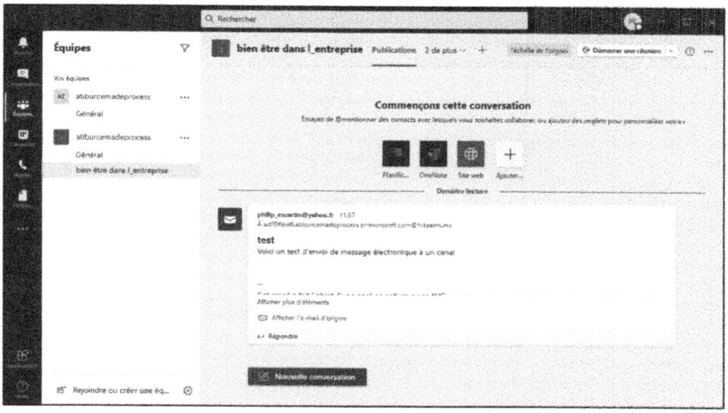

» **Modifier canal :** lorsque vous créez un canal, vous indiquez son titre et ajoutez une description. Vous pouvez modifier ces informations avec cette option.

» **Connecteurs :** les connecteurs sont des modules d'applications. Considérez-les comme des extensions personnalisées de Teams que vous ajouterez à un canal dans le but de le connecter à d'autres services logiciels. La Figure 4.11 montre différents types de connecteurs. Ainsi, vous pouvez connecter votre canal à Jira ou Twitter, ou à n'importe quelle application disponible sur Internet. Consultez le Chapitre 5 pour plus de détails sur l'ajout des applications et sur l'utilisation des connecteurs.

» **Supprimer canal :** quand un canal est devenu inutile, supprimez-le avec cette commande.

Figure 4.11

Connecteurs disponibles pour un canal.

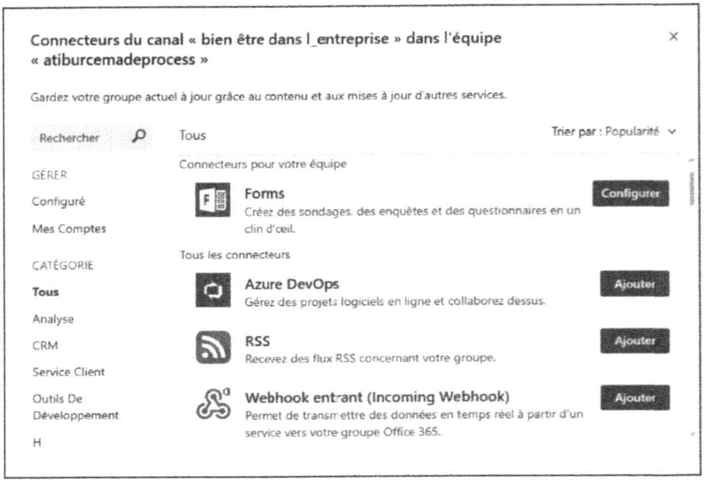

Faites bien attention d'ouvrir le bon menu Autres options. La Figure 4.3 montre celui d'une équipe, tandis que la Figure 4.6 illustre celui d'un canal. Les canaux apparaissent toujours sous le nom d'une équipe. Mais la proximité des deux fait que l'on peut ouvrir le mauvais menu Autres options.

Au Chapitre 8, je traite de fonctions permettant d'atténuer les agressions sonores pouvant émaner des applications de Teams.

Passer d'un canal à une conversation

Les diverses manières de communiquer dans Teams peuvent rapidement prêter à confusion. Rappelons qu'une *équipe* est un groupe de personnes, et qu'un canal est une conversation lancée dans une équipe. Vous pouvez appartenir à plusieurs équipes et chaque équipe peut contenir plusieurs canaux.

Le plus intéressant dans ce système de communication est qu'il possède une structure. Vous sélectionnez une équipe dans le panneau de navigation à gauche, et vous accédez alors à ses canaux. Mais, vous pourriez aussi avoir besoin de ne communiquer qu'avec certaines personnes ou des groupes de personnes. Teams développe le concept de « chat », c'est-à-dire de conversation. Vous trouverez l'icône Conversation dans le volet de navigation de gauche, juste au-dessus de l'icône Équipes, comme le montre la Figure 4.12.

Figure 4.12

La fonction Conversation de Teams.

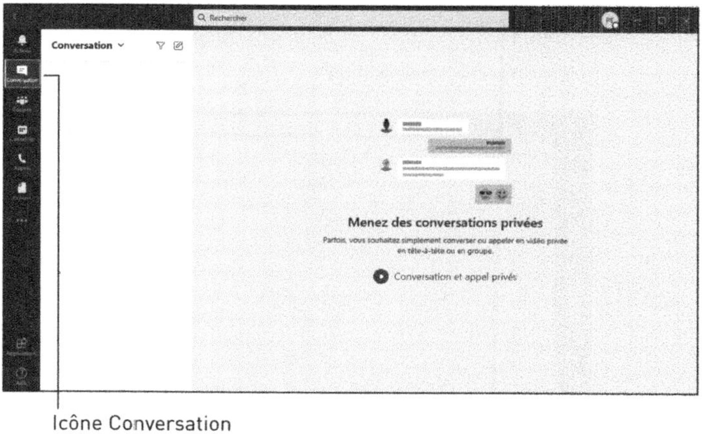

Une conversation est une discussion *ad hoc* entre plusieurs personnes.

Cliquez sur l'icône Conversation pour accéder à la liste de toutes vos conversations. Si vous avez déjà utilisé AOL Instant Messenger, Skype, ou toute autre application de messagerie instantanée, vous ne serez pas surpris de voir que chaque conversation ressemble à une fenêtre. Mais chaque conversation est un élément d'une liste. Si vous cliquez sur une conversation, vous verrez la fenêtre principale s'actualiser afin d'afficher la discussion en cours.

Démarrer une conversation privée

Lancez une conversation privée en cliquant sur l'icône Nouvelle conversation située à droite du mot Conversation en haut de l'interface, comme sur la Figure 4.13. Dès que vous cliquez sur cette icône, une nouvelle conservation apparaît dans la partie droite de l'espace de travail de Teams. Dans le champ À:, en haut de la fenêtre, saisissez le nom de la personne que vous voulez ajouter à cette conversation. Tapez votre message dans la zone de texte Saisissez un message, puis cliquez sur l'icône Envoyer (icône de l'avion en papier).

Figure 4.13

Démarrer une nouvelle conversation dans Teams.

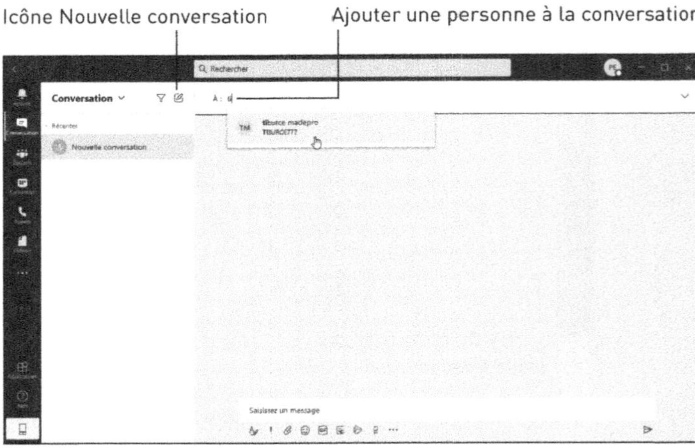

Ajouter plusieurs personnes à une conversation

Il est possible de discuter à plusieurs en ajoutant d'autres personnes dans le champ À: lorsque vous lancez une nouvelle conversation.

Mais, pour ajouter des personnes à une conversation existante, vous devez cliquer sur le bouton Ajouter des personnes en haut à droite de la fenêtre de la conversation (Figure 4.14). Ensuite, tapez le nom de la personne à ajouter, et cliquez sur le bouton Ajouter. Cela crée une nouvelle conversation avec les noms des personnes concernées.

Figure 4.14

Ajouter une personne à une conversation.

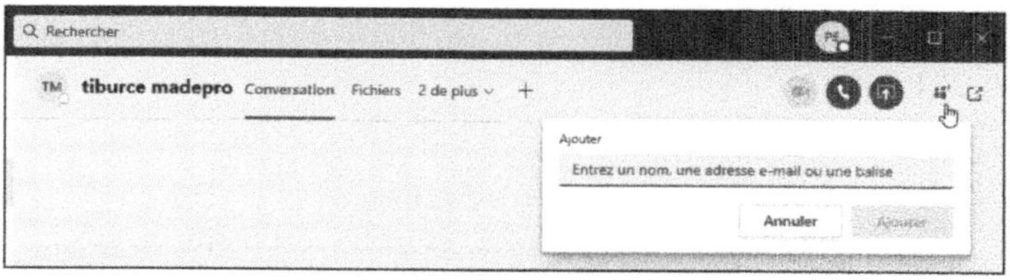

Lorsque vous conversez avec une personne, vous ne pouvez pas en ajouter une autre et en partager l'historique avec ce tiers supplémentaire. Ces deux fonctions ne sont opérationnelles que si au moins trois personnes participent à la même discussion. Microsoft explique qu'il s'agit d'une précaution pour éviter que des informations confidentielles, partagées dans une discussion à deux, ne soient dévoilées dans une discussion à trois ou plus.

Donner un titre à une conversation

Par défaut, une conversation porte le ou les noms des personnes qui y participent. Très souvent, de plus en plus d'intervenants s'ajoutent à une discussion, et elle devient le point de communication central sur un sujet particulier. Quand cela arrive, il est utile de donner un titre à la conversation. Ainsi, en parcourant la liste de ces chats, il est facile d'identifier celle dont le sujet vous intéresse le plus. Donc, pour nommer une conversation, cliquez sur l'icône du crayon en haut de la conversation, comme sur la Figure 4.15.

Épingler une conversation en haut de la liste

En plus de donner un titre à une conversation, vous pouvez l'épingler pour qu'elle apparaisse en haut de la liste des chats. Par défaut, les conversations sont classées chronologiquement, la plus récente étant placée au sommet. Épingler une conversation importante permet de la retrouver immédiatement parmi la liste de toutes ces discussions.

Pour épingler une discussion, ouvrez le menu local Autres options d'une conversation, et exécutez la commande Épingler, comme le montre la Figure 4.16.

Figure 4.15

Attribuer un titre à une conversation.

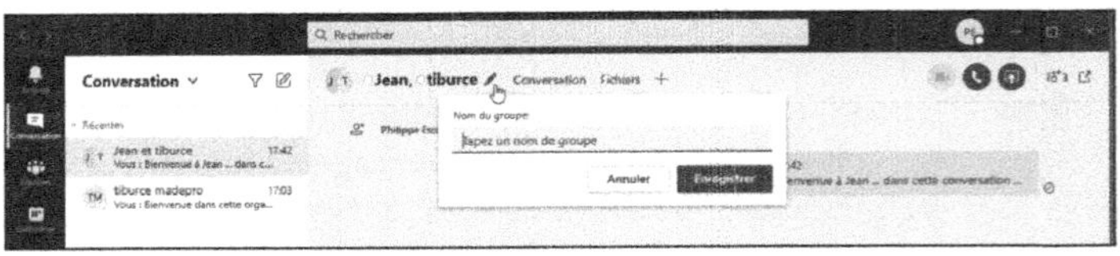

Figure 4.16

Épingler une conversation en haut de la liste pour y accéder rapidement.

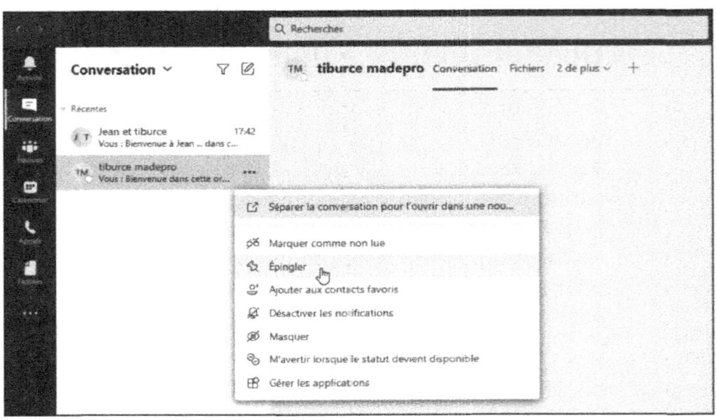

Envoyer plus que du texte dans une conversation

Saisir du texte dans un canal ou une conversation est la méthode la plus commune pour envoyer des messages aux autres membres de l'équipe. Toutefois, il est possible d'envoyer d'autres éléments, comme des émojis, des Gif, des autocollants, et même des pièces jointes. Ces options sont proposées sous le champ Saisissez un message, et sont mises en évidence sur la Figure 4.17.

Figure 4.17

Les options de conversation supplémentaires.

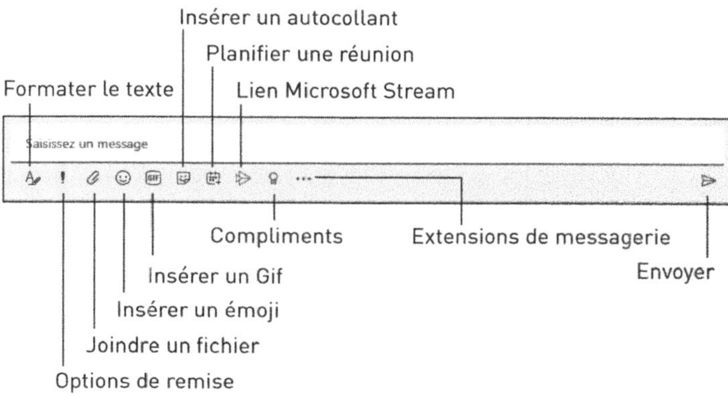

Ajouter des émojis, des Gif et des autocollants

Les émojis sont de petites icônes qui expriment des émotions. Par exemple, un smiley, donc un visage souriant, témoigne d'une certaine joie, tandis qu'un visage triste exprime... la tristesse. Vous trouverez donc des émojis de toutes formes, toutes tailles et significations. Pour insérer un émoji, cliquez sur l'icône correspondant à cette fonction, puis sélectionnez-le dans le menu local qui s'affiche (Figure 4.18).

Figure 4.18

Insérer un émoji dans votre message.

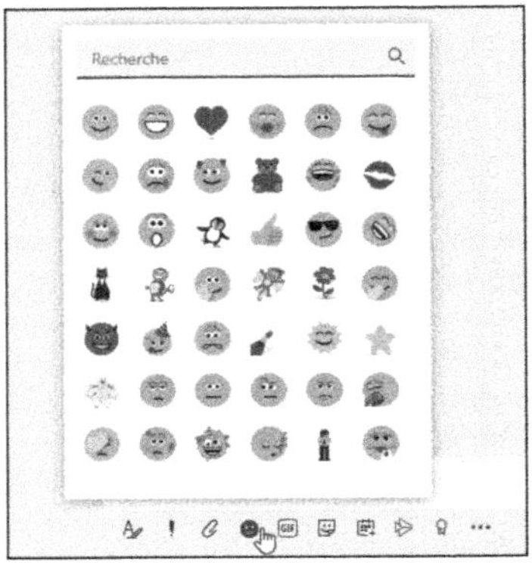

Teams permet d'utiliser des raccourcis clavier pour insérer des émojis sans ouvrir le menu local de la Figure 4.18. Ainsi, pour envoyer un sourire, tapez : (deux-points) puis une parenthèse fermante). Lorsque vous tapez cette séquence de caractères, le visage souriant s'insère automatiquement. Une autre technique consiste à placer un mot-clé (en anglais) entre parenthèses, comme le montre la Figure 4.19. La liste de ces mots-clés est donnée à l'adresse suivante : https://365trainingportal.com/wp-content/uploads/2019/07/Microsoft-Teams-Emoji-Shortcuts.pdf.

Un Gif est une image animée. Microsoft Teams inclut plusieurs animations de ce genre qui sont très populaires. Par exemple, il peut s'agir d'un chat qui bâille, ou la réaction d'une célébrité dans une émission de télévision. Pour insérer ces éléments, il suffit de cliquer sur l'icône Gif sous le champ de saisie des messages.

Figure 4.19

Les mots-clés (en anglais) qui insèrent des émojis.

Emoji	Description	Shortcut
	Smiley	**(smile)**
	Big smile	**(laugh)**
	Heart	**(heart)**
	Kiss	**(kiss)**
	Sad	**(sad)**
	Smiley with tongue out	**(tongueout)**
	Winking	**(wink)**
	Crying	**(cry)**
	In love	**(inlove)**
	Hug	**(hug)**
	Crying with laughter	**(cwl)**
	Kissing lips	**(lips)**

Les autocollants sont des images ressemblant à des bandes dessinées. Il peut s'agir d'une personne avec une bulle de B.D. disant quelque chose. Microsoft Teams propose de nombreux autocollants très populaires, auxquels vous pourrez ajouter les vôtres. La Figure 4.20 montre comment insérer un autocollant dans votre message.

Ajouter un fichier

Il est également possible d'insérer une pièce jointe dans un message d'une conversation. Imaginez que vous travailliez sur une feuille de calcul Excel à communiquer à vos collaborateurs. Pour la joindre à un message, cliquez sur l'icône du trombone afin d'accéder aux options d'insertion, comme le montre la Figure 4.21. Choisissez Récent pour insérer un fichier sur lequel vous avez récemment travaillé, ou bien un fichier que vous avez déjà téléchargé dans Teams. Vous pouvez aussi choisir un fichier stocké sur OneDrive, ou bien le charger depuis votre ordinateur.

Lorsque vous ajoutez un fichier à un canal, il apparaît dans l'onglet Fichiers de Teams. Cet onglet n'est rien d'autre qu'un site SharePoint fonctionnant en tâche de fond.

Figure 4.20

Ajouter un autocollant à votre message.

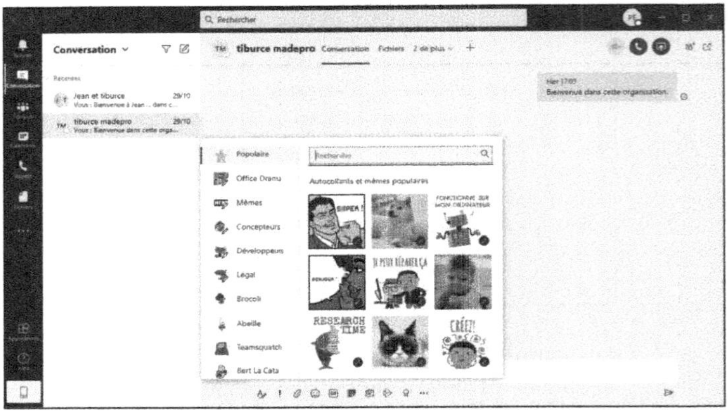

Figure 4.21

Ajouter un fichier à un message envoyé dans un canal.

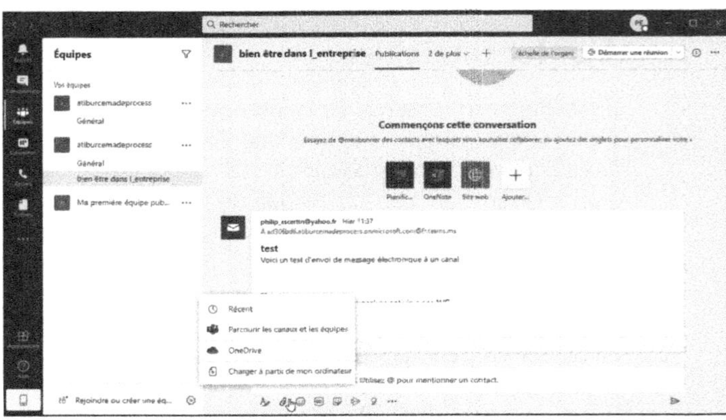

@ Taguer

Pour attirer l'attention d'une personne dans un message, vous devez l'identifier avec la balise @ (« at »). Lorsque vous entrez le caractère @, la liste des personnes appartenant au canal concerné apparaît. Sélectionnez le nom de celle que vous souhaitez identifier. La personne ainsi taguée est notifiée de son identification selon vos règles de notifications qui sont traitées au Chapitre 8.

Réagir aux messages

Lorsqu'une personne envoie un message, vous pouvez y réagir ou y répondre. Réagir à un message signifie indiquer que vous l'avez vu. Par exemple, vous pouvez insérer l'émoji d'un pouce levé, l'émoji surprise, et bien d'autres encore. Pour réagir à un message, vous pouvez placer le pointeur de la souris dessus, puis cliquer sur une émoticône, ou sur l'icône des trois petits points. Dans ce menu local, choisissez la réaction à avoir. Sur la Figure 4.22, je réagis à un message avec un pouce levé pour indiquer que je l'aime et que je l'ai bien lu.

Si quelqu'un a déjà réagi, par un pouce levé par exemple, votre réaction incrémentera le chiffre qui apparaît à côté d'une réaction identique à la vôtre. Par exemple, si un collaborateur réagit avec un pouce levé, et que vous réagissiez vous aussi avec cet émoji, le chiffre 2 apparaît à proximité du pouce. Les réactions sont pratiques car elles témoignent d'une réaction sans être obligé de saisir du texte.

Figure 4.22

Réagir à un message en insérant un pouce levé.

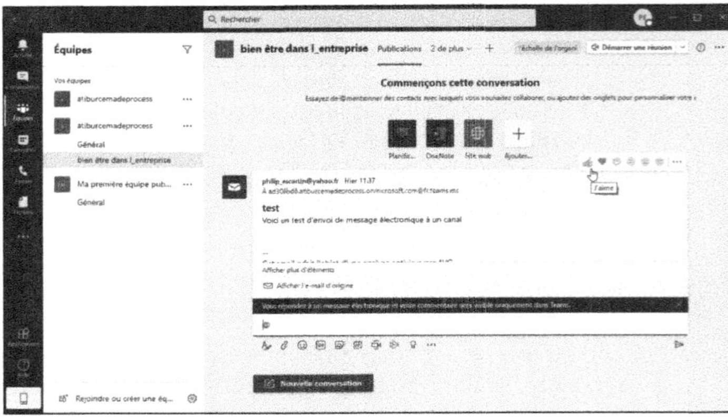

DANS CE CHAPITRE

Découvrir les applications de Teams

Découvrir les autres applications ajoutées

Trouver les connecteurs de vos services préférés

Installer et utiliser des applications populaires

Bavarder avec votre bot favori

Chapitre 5
Augmenter votre productivité avec des applications

Aujourd'hui, le monde n'a jamais autant été connecté. Sur Internet, ces connexions prennent la forme de logiciels de communication. Microsoft Teams s'intègre avec tous les types de logiciels sous la forme d'applications complémentaires disponibles en plusieurs versions. Vous trouverez des applications pour un usage personnel, pour ajouter des onglets et des bots à vos canaux, pour ajouter des connexions à d'autres services logiciels, et pour améliorer votre expérience de la messagerie.

Dans ce chapitre, vous apprendrez à trouver, installer, et utiliser des applications dans Teams. Vous découvrirez des applications créées pour Microsoft Office comme SharePoint, Word, Excel, PowerPoint, Planner, et OneNote, et vous verrez comment les intégrer à Teams. Vous découvrirez aussi les applications les plus populaires développées par des sociétés tierces comme Asana, Zendesk, Dropbox, Box, et Google Drive, et vous apprendrez à les ajouter dans Teams. Enfin, vous verrez comment des bots peuvent améliorer vos conversations.

Découvrir des applications installées

Si vous lisez ce livre chronologiquement, vous avez déjà créé un nouveau canal en suivant les explications du Chapitre 4. Vous avez donc expérimenté des applications sans vous en rendre compte. Chaque nouveau canal que vous créez inclut deux applications qui prennent la forme d'onglets dans l'écran principal de Teams, comme le montre la Figure 5.1. Il s'agit des onglets Fichiers et Wiki.

Figure 5.1

Les onglets Fichiers et Wiki dans un canal.

L'onglet Fichiers

L'onglet Fichiers est une application qui affiche les fichiers que vous avez créés et enregistrés dans un canal de Teams, et qui est un site SharePoint agissant en tâche de fond. L'onglet Wiki est une page Wiki qui réside dans ce même site SharePoint.

Lorsque vous cliquez sur l'onglet Fichiers, vous voyez en fait une bibliothèque SharePoint. Vous pouvez créer de nouveaux fichiers, en télécharger, obtenir un lien vers la bibliothèque, ajouter un emplacement de stockage sur le cloud, et même ouvrir la bibliothèque dans SharePoint. La Figure 5.2 montre la même bibliothèque que celle de la Figure 5.1, mais affichée dans SharePoint et non pas dans Teams. Si vous ajoutez un fichier dans l'un ou l'autre de ces emplacements, vous le retrouverez instantanément dans l'autre.

Figure 5.2

Affichage dans SharePoint des fichiers d'un canal de Teams.

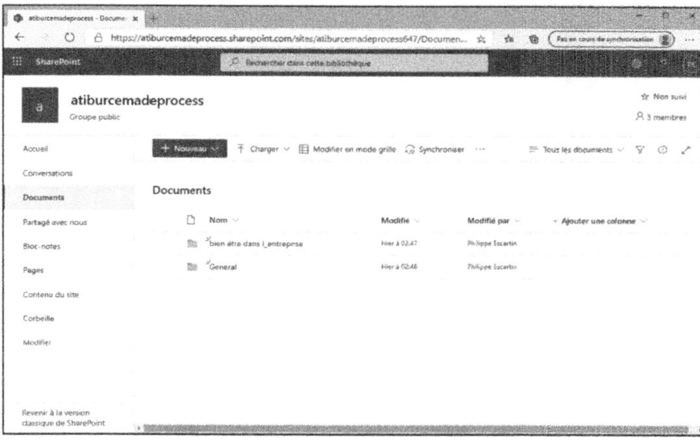

SharePoint est un produit à part entière qui nécessiterait de lui consacrer un livre pour en assimiler le fonctionnement.

L'onglet Wiki

Quand vous cliquez sur l'onglet Wiki, vous accédez à une page que vous personnaliserez pour y ajouter des notes, de la documentation, ou des images. Cette page est une page Wiki SharePoint qui réside dans le même site SharePoint que les fichiers présents dans l'onglet Fichiers. La Figure 5.3 montre la page Wiki du canal Général de l'équipe atiburcemadeprocess.

Figure 5.3

Affichage de l'onglet Wiki dans un canal de Teams.

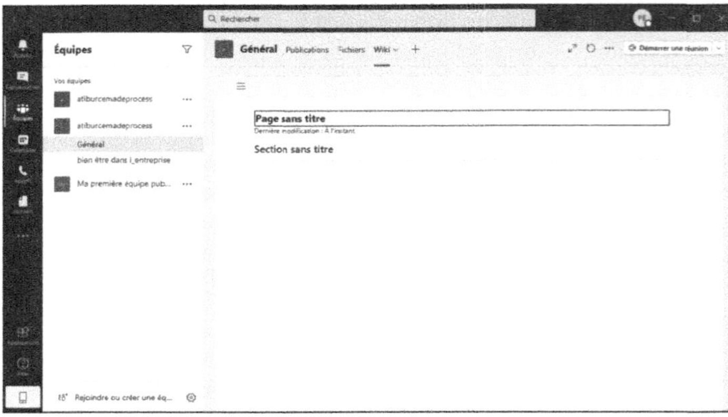

Les onglets Fichiers et Wiki sont des applications que vous pouvez ajouter à Teams. Elles proviennent d'une intégration avec SharePoint. Il existe d'autres applications qui offrent une telle intégration avec tous les logiciels que vous pouvez imaginer. Voyons les applications en question.

Naviguer parmi les applications et en ajouter

Un app store est intégré à Teams. Vous pouvez y accéder de différentes manières, mais voyons d'abord comment afficher et installer les applications disponibles *via* les paramètres d'une équipe :

❶ **Cliquez sur l'onglet Teams (à gauche) pour afficher une liste de vos équipes.**

❷ **Ouvrez le menu local Autres options par un clic sur les trois petits points situés à droite d'une des équipes de la liste.**

❸ **Choisissez Gérer l'équipe.**

L'écran des paramètres de l'équipe apparaît.

4. **Cliquez sur l'onglet Applications, comme sur la Figure 5.4.**

   Vous voyez alors toutes les applications de Teams installées par défaut. Vous observez que SharePoint est en effet installé.

5. **Pour voir l'ensemble des applications, cliquez sur le bouton Autres applications, comme sur la Figure 5.5.**

   Notez que les applications sont classées par catégories et que vous pouvez aussi lancer des recherches.

6. **Sélectionnez une application pour en connaître davantage sur elle. Pour l'ajouter à votre équipe ou à un canal, cliquez sur le bouton Ajouter.**

   La Figure 5.6 montre comment ajouter l'application Trello à une équipe. Trello est un service de gestion de tâches que vous trouverez à https://trello.com.

Figure 5.4

L'onglet Applications de la page des paramètres d'une équipe.

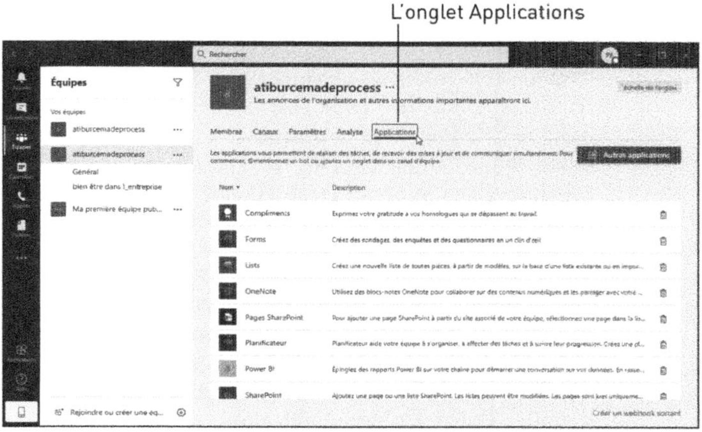

Figure 5.5

L'app store de Microsoft Teams.

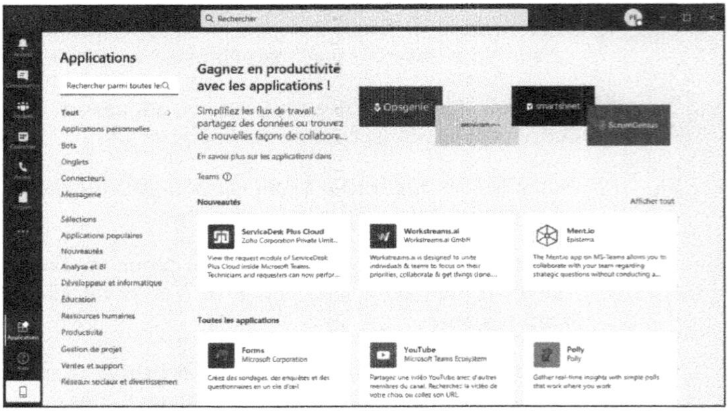

Lorsque vous ajoutez une application, rien ne se passe de spécial dans Teams. Différentes applications font différentes choses, et certaines nouvelles fonctionnalités ne sont pas très évidentes à appréhender. Par exemple, l'application Trello permet d'ajouter un onglet spécial à vos canaux, onglet destiné à Trello. Vous pouvez aussi utiliser le bot Trello pour interagir avec vos tâches Trello en les envoyant dans les messages d'un canal. Lorsque vous n'avez jamais utilisé Trello, rien ne peut vous indiquer qu'elle a été ajoutée à Teams. Pour savoir quelles applications ont été ajoutées à une équipe, cliquez sur les trois points situés à droite du nom de l'équipe. Dans le menu local, cliquez sur Gérer l'équipe. Dans les paramètres de l'équipe, cliquez sur l'onglet Applications.

Vous pouvez également installer une application comme onglet ou connecteur d'un canal. Les onglets situés en haut d'un canal permettent de naviguer rapidement parmi ses membres. Par exemple, vous pouvez ajouter un onglet pour Wiki ou une autre application, onglet qui sera accessible aux membres du canal. Pour installer l'onglet d'une application, cliquez sur le signe plus (+) situé à côté des onglets en haut du canal. Cette action ouvre la boîte de dialogue Ajouter un onglet. Choisissez alors l'application à ajouter sous forme d'onglet. (Vous en saurez davantage sous peu, mais consultez la Figure 5.10 pour voir la boîte de dialogue Ajouter un onglet.)

Figure 5.6

Ajouter l'application Trello à une équipe.

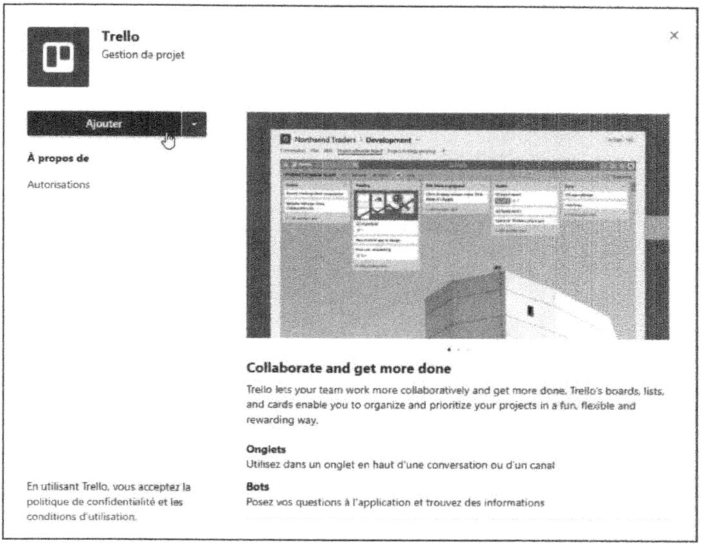

Pour installer un connecteur pour un canal, cliquez sur les trois petits points situés à droite du nom du canal. Dans le menu local Autres options qui s'affiche, choisissez Connecteurs, comme sur la Figure 5.7. L'écran Connecteurs apparaît, comme sur la Figure 5.8. Vous pouvez connecter un canal de Teams à n'importe quel service populaire disponible sur Internet.

Un *connecteur* est une connexion à un autre service logiciel qui augmente les capacités de Teams et d'un canal. Par exemple, si vous ajoutez un connecteur pour Twitter, vous pourrez voir les tweets directement dans le canal. J'aime penser aux connecteurs comme une possibilité de rester constamment au courant sur ce qui se passe en dehors de Teams.

Quand vous ouvrez les options Connecteurs d'un canal, vous accédez au contenu filtré des applications. Vous pouvez y voir les applications déjà installées qui disposent d'options de connexion, comme l'application Forms (Figure 5.8).

Figure 5.7

L'option Connecteurs d'un canal.

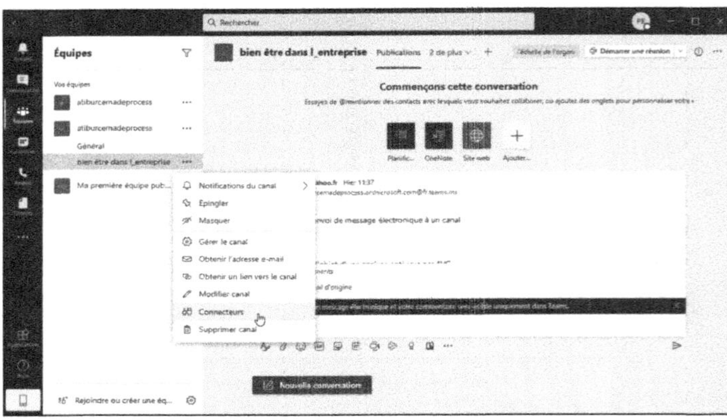

Il est impossible de traiter de toutes les applications de Teams. Je présenterai les plus populaires dans la prochaine section. Donc, installez certaines d'entre elles et explorez leur fonctionnement. Vous en découvriez constamment de nouvelles dont vous ne soupçonniez pas l'existence.

Figure 5.8

Les connecteurs disponibles pour un canal.

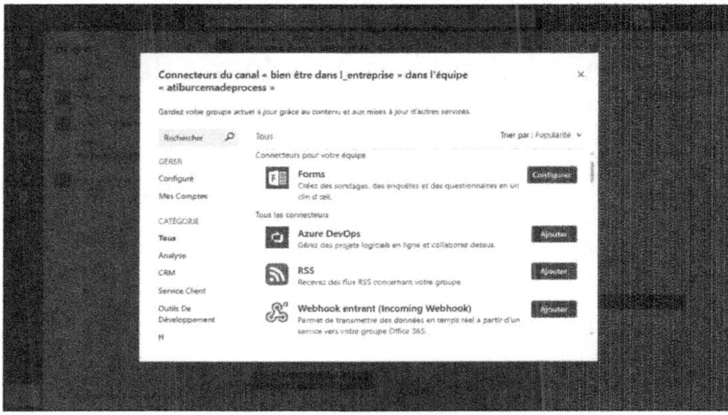

Explorer les applications les plus populaires

Pour bien comprendre comment les applications peuvent augmenter les possibilités de Teams, il faut les installer et les utiliser. Dans cette section, vous découvrirez quelques-unes des applications les plus populaires que Microsoft a développées pour son produit. Vous découvrirez ensuite les plus populaires développées par des sociétés tierces, c'est-à-dire qui n'appartiennent pas à Microsoft. Enfin, sachez que vous pouvez développer, télécharger, et utiliser vos propres applications.

Une application peut prendre plusieurs formes d'intégration avec Microsoft Teams. Une application peut installer un onglet ou un connecteur à un canal, étendre les capacités de la messagerie, introduire un bot dans les canaux (voir plus loin dans ce chapitre), et même fournir une expérience immersive comme l'application Word que j'étudie dans la prochaine section.

En parcourant le magasin des applications de Teams, vous pouvez lire des informations sur les applications pour découvrir le type de fonctionnalité qu'elles ajouteront à Teams.

Les applications populaires développées par Microsoft

Microsoft fournit plusieurs applications actives par défaut. Bien entendu, vous pourrez en ajouter davantage en fonction de vos besoins. Dans les sections qui suivent, je traite des plus populaires et de mes préférées.

Office

Teams inclut des applications intégrées à Microsoft Office (Word, Excel, PowerPoint, et OneNote) par défaut. Donc, vous n'avez absolument rien à faire. Une de mes intégrations préférées est Word. J'ai écrit ce livre en utilisant la version de Word intégrée à Teams. La Figure 5.9 montre l'apparence de ce chapitre dans Word ouvert dans Teams. Mais dans ce cas, où est stocké ce document Word ? Eh bien tout simplement dans la bibliothèque SharePoint de mon abonnement Office 365. Cette bibliothèque a été ajoutée *via* l'application SharePoint pour Teams, comme expliqué prochainement.

Vous pouvez ouvrir un document Word stocké dans d'autres emplacements que SharePoint. Par exemple, vous pouvez en stocker sur Dropbox, Box, ou même Google Drive. Vous utiliserez alors les applications associées pour intégrer ces services dans Teams. Pour plus de détails sur l'installation de ces applications et d'applications tierces parties, consultez les explications données plus loin dans ce chapitre.

Figure 5.9

Utilisation de Microsoft Word dans Microsoft Teams.

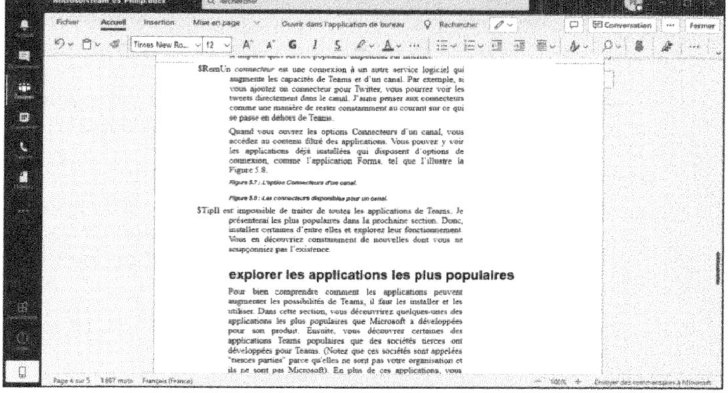

SharePoint

L'application SharePoint pour Teams permet d'intégrer des sites SharePoint, des bibliothèques, des listes dans Teams. Mais, les fichiers eux-mêmes résident dans un site SharePoint de mon abonnement Office 365. Alors, comment ai-je pu ajouter, dans Teams, les fichiers de ce site SharePoint ? Eh bien en utilisant l'application SharePoint installée par défaut dans Teams. Une astuce pour utiliser facilement SharePoint dans Teams consiste à y ajouter un onglet dans un canal. Voici comment procéder :

1. **Dans le panneau de navigation de gauche, cliquez sur l'onglet Équipes.**

2. **Cliquez sur le canal où vous souhaitez intégrer SharePoint afin d'en afficher le contenu dans l'écran principal de Teams.**

3. **Cliquez sur le signe plus (+) situé à droite des onglets Fichiers et Wiki afin d'ajouter un onglet.**

   La boîte de dialogue Ajouter un onglet apparaît, comme sur la Figure 5.10.

❹ **Cliquez sur la vignette Bibliothèque de documents.**

Notez qu'il est également possible de choisir d'autres applications populaires comme Excel, Forms, OneNote, PDF et j'en passe. Pour trouver des applications supplémentaires, cliquez sur le lien Autres applications en haut de cette boîte de dialogue.

❺ **Dans la boîte de dialogue Bibliothèque de documents, choisissez le site SharePoint à utiliser, et cliquez sur Suivant, comme sur la Figure 5.11.**

Les sites SharePoint de votre abonnement Office 365 sont proposés par défaut. Pour utiliser un site SharePoint extérieur à votre abonnement Office 365, choisissez l'option Utiliser un lien SharePoint.

Figure 5.10

Ajouter une bibliothèque SharePoint sous forme d'un onglet d'un canal.

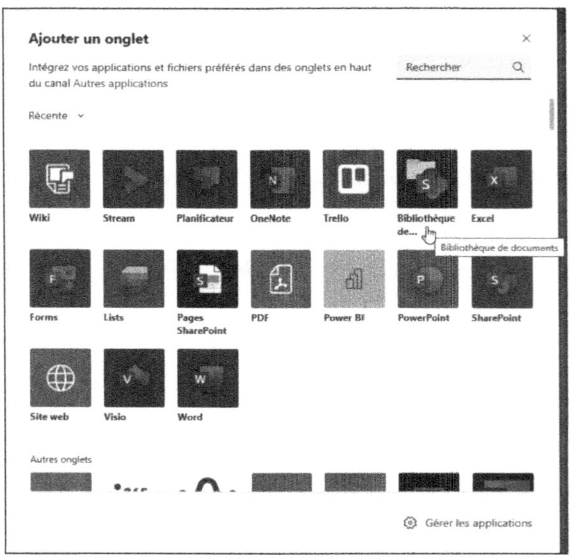

Figure 5.11

Choisir un site SharePoint auquel ajouter l'onglet Bibliothèque de documents.

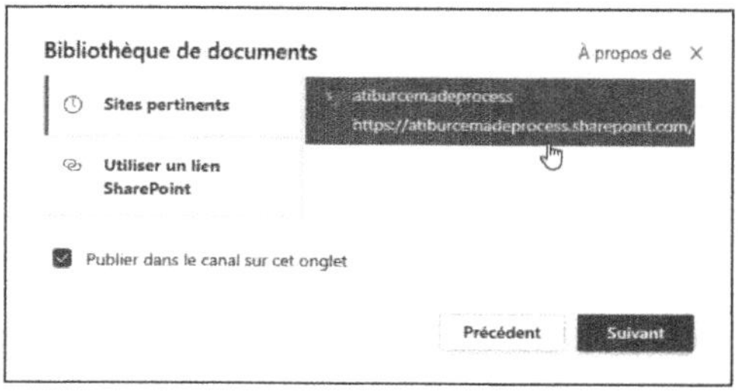

❻ **Choisissez ensuite la bibliothèque parmi celles qui vous sont proposées, puis cliquez sur Suivant.**

Sur la Figure 5.12, j'ai choisi la bibliothèque SharePoint appelée Documents.

❼ **Donnez un nom à l'onglet, puis cliquez sur Enregistrer.**

Un nouvel onglet apparaît pour ce canal. Cliquez dessus pour voir les fichiers de la bibliothèque SharePoint associée (Figure 5.13). Vous pouvez cliquer sur un fichier Office afin de l'ouvrir dans Teams et y travailler dessus. Sympa comme fonction non ?

Figure 5.12

Choisissez une bibliothèque de documents à ajouter sous la forme d'un onglet dans un canal.

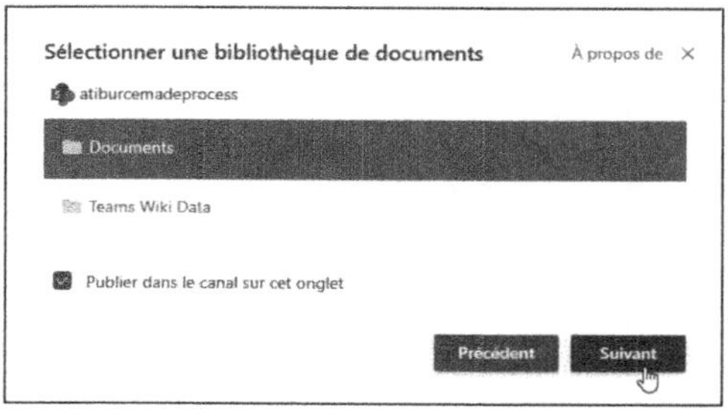

Figure 5.13

Afficher une bibliothèque SharePoint en tant qu'onglet d'un canal de Teams.

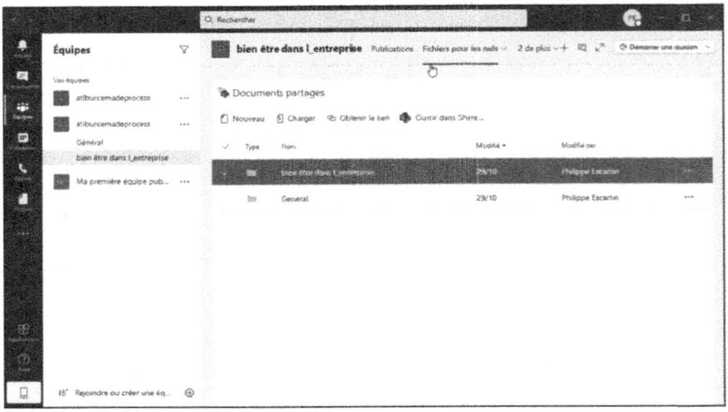

En plus d'Office et de SharePoint, j'utilise souvent des intégrations d'applications pour Excel, Planner, OneNote ; PowerPoint, OneDrive, Flow, et Forms.

Les applications tierces populaires

Le nombre d'applications tierces disponibles est impressionnant. En tant que consultant, je travaille quotidiennement avec de nombreux services de logiciels. En effet, chacun de mes clients a ses préférences auxquelles je m'adapte. Ce qui suit n'est qu'un petit échantillonnage d'applications que j'utilise dans Teams. Il suffit de jeter un œil sur la liste des applications disponibles pour Teams pour comprendre que vous y trouverez certainement celle dont vous avez besoin.

Chacune des applications que je décris ici dispose d'une documentation qui explique comment les asservir à Microsoft Teams. Pour en savoir davantage à leur sujet, ouvrez votre moteur de recherche favori, et tapez son nom suivi de « Microsoft Teams ». Par exemple, pour en savoir plus sur Trello, tapez simplement ceci : « Intégration de Trello dans Microsoft Teams ».

La Figure 5.14 montre la documentation sur Trello disponible dans Teams. Aïe ! Elle est en anglais !

Figure 5.14

La documentation de Trello directement accessible depuis Teams.

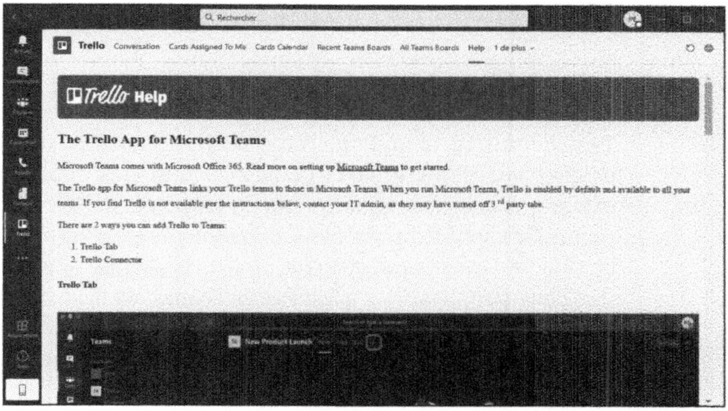

Freshdesk et Zendesk

Freshdesk (`https://freshdesk.com/fr`) et Zendesk (`www.zendesk.fr`) sont des solutions d'assistance aux clients. Par exemple, si vous avez un problème avec un site Web, vous pourriez ouvrir un ticket. Freshdesk et Zendesk sont des produits logiciels qui gèrent ces tickets. Tous deux proposent une application Teams qui permet de rester informé sur les tickets que vous ou votre équipe ouvrez. Les notifications se présentent sous la forme d'un bot qui envoie une conversation sur votre chaîne. Vous pouvez répondre au bot et envoyer un message pour mettre à jour le ticket. (Consultez la section « Dialoguer avec des bots » plus loin dans ce chapitre pour en savoir plus sur le travail avec les bots dans les équipes).

Asana et Trello

Asana (`https://asana.com`) et Trello (`https://trello.com`) sont des services de gestion du travail. Vous pouvez gérer des groupes de travail, des projets, et des tâches. Lorsque vous installez l'application Asana ou Trello dans Microsoft Teams, vos projets y seront directement affichés, et vous transformerez vos conversations en élément Asana ou Trello. Par exemple, pendant que vous discutez avec votre équipe, vous pouvez décider qu'une action doit être faite. Utilisez alors l'application Asana ou Trello pour leur ajouter cette action directement depuis la conversation.

Dropbox, Box, et Google Drive

Teams intègre SharePoint et OneDrive en tâche de fond pour stocker vos fichiers. Vous pouvez ajouter des applications pour intégrer d'autres emplacements de stockage sur le cloud. Les plus populaires sont Dropbox (`www.dropbox.com`), Box (`www.box.com`), et Google Drive (`www.google.com/drive`). Dès que vous ajoutez une de ces applications à Microsoft Teams, vous pourrez travailler avec les fichiers qui y sont stockés, exactement comme quand je travaille avec Word dans SharePoint. La Figure 5.15 montre Dropbox ajouté à Microsoft Teams.

Figure 5.15

Dropbox dans Teams.

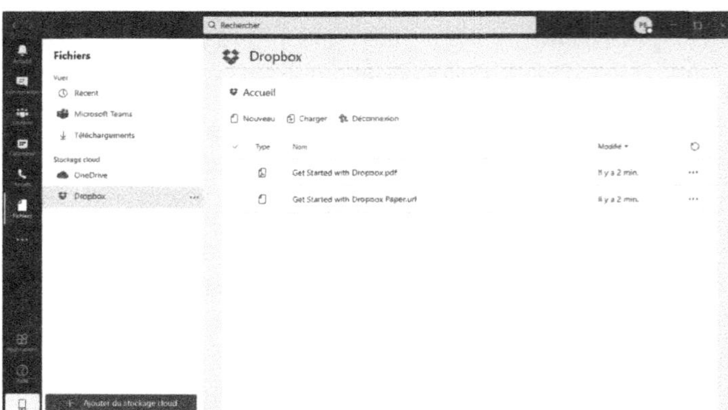

Twitter

Vous pouvez rester informé avec Twitter (`https://twitter.com`) sans quitter Teams, dès lors que vous lui avez ajouté l'application Twitter spécialement développée pour Teams. Une fois l'application ajoutée, vous obtenez un connecteur pour vos canaux afin de recevoir des tweets et suivre les hashtags.

Salesforce

Salesforce (`www.salesforce.com`) est un service de gestion de relation client qui permet de suivre vos contacts, vos ventes, et de nombreuses autres choses. Lorsque vous aurez installé l'application Salesforce pour Microsoft Teams, vous interagirez avec l'application sans quitter Teams, ce qui séduit de nombreuses entreprises.

Kronos

Kronos (`www.kronos.com`) est une société spécialisée dans la création de logiciels de gestion du travail. Je connais des entreprises qui l'utilisent pour gérer la durée du temps de travail et d'autres pour leurs ressources humaines. Lorsque vous installez l'application Kronos pour Microsoft Teams, vous pouvez interagir avec Kronos *via* un bot, et gérer des tâches basiques directement dans Teams.

Comme mentionné plus haut dans ce chapitre, vous découvrirez un grand nombre d'applications que vous pourrez intégrer à Teams aux côtés d'autres services logiciels. La vitesse à laquelle des sociétés développent des apps pour Teams est absolument impressionnante. Teams, tout en restant votre application principale où vous passerez le plus clair de votre temps de travail, devient une sorte de station d'accueil d'applications essentielles. Ainsi, de nombreux programmes sont de moins en moins utilisés de manière autonome, mais directement depuis Teams. J'en ai fait l'expérience en écrivant ce livre avec Word intégré à Teams. Par expérience, je savais que les fichiers du livre étaient stockés dans SharePoint tout en les modifiant dans Word. Le néophyte ne peut pas imaginer que les applications œuvrent en tâche de fond, croyant alors que tout se déroule directement dans Microsoft Teams.

Définir les autorisations des applications

Vous pouvez limiter les périphériques qui peuvent accéder à vos applications Teams. Par exemple, vous activerez ou non l'accès au microphone, aux haut-parleurs, et à la caméra. Vous autoriserez ou pas l'ouverture des liens vers des applications externes ou l'accès à votre localisation géographique. Vous permettrez ou pas aux applications d'envoyer des notifications ou même d'accéder au format MIDI afin de transmettre des sons entre vos périphériques. Les développeurs d'applications peuvent inclure certaines autorisations qui vont seront notifiées au moment de l'installation du produit. Comme expliqué ci-après, vous pouvez désactiver ces autorisations. Bien entendu, elles peuvent être définies pour chaque application *via* le tableau de bord, ou les personnaliser application par application.

Envisagez les applications que vous ajoutez sous forme d'onglets comme des mininavigateurs Web. L'onglet peut interagir avec votre ordinateur, comme le fait un vrai navigateur Web. Toutefois, des autorisations peuvent alors être exigées. Si vous ouvrez un site Web qui sollicite votre webcam et votre microphone, le navigateur demandera l'autorisation de les utiliser. Ce concept s'applique à Teams.

Voici comment définir les autorisations d'accès à vos périphériques par des applications de Teams :

1. **Connectez-vous à Teams, ouvrez le menu local de votre profil, et exécutez la commande Paramètres.**

2. **Dans la boîte de dialogue Paramètres, choisissez Autorisations dans le panneau de gauche.**

   Les paramètres des autorisations s'affichent dans la Figure 5.16.

❸ **Basculez le commutateur sur Marche ou Arrêt.**

En position Marche, le commutateur est vert avec un point blanc sur la droite, en position Arrêt, il est blanc avec un point noir sur la gauche.

❹ **Fermez la fenêtre par un clic sur le bouton X en haut à droite de la fenêtre.**

La sauvegarde de vos nouveaux réglages se fait automatiquement.

Figure 5.16

Définissez les autorisations d'accès à vos périphériques pour les applications Teams que vous avez installées.

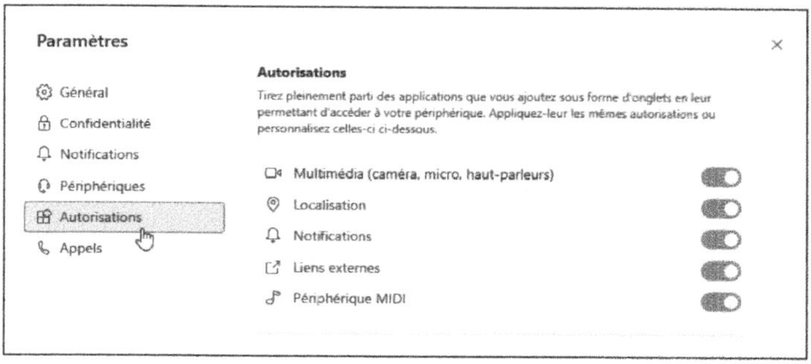

Dialoguer avec des bots

Un *bot*, pour *robot*, est un programme informatique avec lequel vous pouvez interagir pour envoyer des messages dans un canal. Les bots existent depuis très longtemps, devenant très populaires avec Internet Relay Chat (IRC) dans les années 1990.

Lorsque vous installez un module d'application dans Teams, vous installerez peut-être un bot sans le savoir. Il s'agit d'un type d'application que vous utilisez dans vos canaux. Vous pouvez lui envoyer des messages pour qu'il accomplisse certaines tâches à votre place. Par exemple, lorsque vous installez Freshdesk, vous installez aussi le bot Freshdesk.

Un bot enverra des messages vers un canal, comme la mise à jour d'un ticket Freshdesk. Je peux y répondre et interagir, envoyant ainsi mon ticket vers Freshdesk. Même si le bot n'est qu'un programme informatique, je l'envisage comme une sorte de concierge virtuelle des services qu'elle incarne.

Teams utilise Microsoft Bot Framework (`https://dev.botframework.com`) qui valide les bots. Les types et les objectifs des bots qui peuvent être créés sont assez obscurs. Si vous avez une idée de bot ou d'une autre application Teams, remettez-vous-en à des développeurs qui sauront les concevoir pour vous. Si vous êtes vous-même un développeur, consultez App Studio for Microsoft Teams pour bien démarrer dans cette fonction.

DANS CE CHAPITRE

Découvrir comment installer les applications mobiles Teams

•

Apprendre à se connecter et à utiliser Teams pour mobile

•

Naviguer dans l'application mobile Teams

Chapitre 6

Utiliser Teams sur un périphérique mobile

Si vous êtes comme moi, votre périphérique mobile ou votre smartphone est constamment à vos côtés. Je ne me souviens plus quand j'ai passé une journée sans utiliser mon téléphone. Bien que nous ayons toujours besoin d'un ordinateur de bureau ou portable, le smartphone est devenu un des outils de communication privilégiés des travailleurs modernes.

Dans ce chapitre, vous découvrirez comment utiliser Microsoft sur vos périphériques mobiles et votre smartphone. Vous installerez Teams sur votre téléphone, et découvrirez alors comment augmenter votre productivité.

Installer l'application mobile Teams

Il existe différentes méthodes d'installation de Teams sur un périphérique mobile. La plus simple consiste à ouvrir le Play Store d'un périphérique Android ou l'App Store pour les appareils iOS. Ensuite, lancez une recherche sur l'application mobile Teams.

Une autre technique consiste à ouvrir le navigateur Web de votre périphérique mobile et à vous connecter à https://teams.microsoft.com. Ensuite, tapotez l'icône d'installation de l'application mobile, comme sur la Figure 6.1

L'icône d'installation disponible sur le site Web n'est qu'un raccourci vers la boutique d'applications. Personnellement, je trouve plus pratique d'ouvrir le Play Store ou l'App Store de votre périphérique mobile, plutôt que de passer par le navigateur Web de ce même périphérique.

Figure 6.1

La page de téléchargement proposée par le navigateur Web d'un smartphone.

Installer sur iOS

Pour installer l'application mobile Teams sur un périphérique iOS :

1. **Ouvrez l'App Store de votre périphérique iOS.**

2. **Tapotez l'icône Rechercher du store et tapez Microsoft Teams.**

   Veillez à bien sélectionner l'app Microsoft, comme sur la Figure 6.2.

3. **Tapotez le lien Obtenir.**
4. **Une fois l'application téléchargée et installée, tapotez le bouton Ouvrir.**

Figure 6.2

Télécharger et installer l'app Teams depuis l'App Store d'Apple.

Installer sur Android

Pour installer Teams sur un périphérique Android :

1. **Ouvrez le Play Store de votre périphérique Android.**
2. **Tapotez l'icône Rechercher et entrez Microsoft Teams.**

3. **Tapotez le bouton Installer, comme sur la Figure 6.3.**
4. **Une fois l'application téléchargée et installée, tapotez le bouton Ouvrir.**

Figure 6.3

Installer l'application Teams depuis le Play Store de Google.

Lorsque vous ouvrez l'application mobile Teams pour la première fois, un écran de connexion apparaît, comme sur la Figure 6.4. Saisissez les identifiants que vous avez utilisés pour votre abonnement Office 365 (voir le Chapitre 1). Teams charge l'application et délivre quelques astuces sur son utilisation. Une fois que vous avez pris connaissance desdites astuces, vous pouvez travailler dans Teams, comme expliqué dans la prochaine section.

Si vous êtes connecté à une version d'Office 365 sur votre périphérique mobile, comme Outlook, contentez-vous de sélectionner votre compte, et Teams se connectera automatiquement en utilisant vos références déjà mises en cache dans le périphérique.

Figure 6.4

Se connecter à la version mobile de Teams.

Pour éviter de vous inscrire à Office 365, utilisez un compte gratuit en téléchargeant l'application sur votre périphérique mobile, puis en tapotant le bouton Inscrivez-vous gratuitement, comme sur la Figure 6.4.

Tracer votre chemin dans l'application mobile

Il est appréciable de constater que, quelle que soit la version de Teams que vous utilisez, les concepts restent les mêmes. Cela s'explique par le fait qu'il s'agit d'une application récente que Microsoft a donc pu adapter aux appareils Mac, Android, et PC. Cependant, la spécificité des systèmes d'exploitation qui font tourner ces appareils rend chacune des interfaces sensiblement différentes. Mais, une fois que vous serez familiarisé avec les concepts de Teams, vous passerez d'une version à une autre sans quasiment vous en rendre compte.

Les fans de Linux seront heureux d'apprendre qu'il existe une version de Teams dédiée à leur système d'exploitation. Pour l'obtenir, il suffit de se rendre sur le site de téléchargement de Microsoft à l'adresse : `https://www.microsoft.com/fr-fr/microsoft-365/microsoft-teams/download-app`.

Notons une première différence entre les versions de bureau et les versions mobiles. Dans les versions mobiles, le panneau de navigation se situe non pas sur la gauche, mais dans la partie inférieure de l'écran, comme vous pouvez le voir sur la Figure 6.5. Pour accéder aux options de votre profil, tapotez l'icône des trois traits en haut à gauche (Figure 6.6). Il suffit alors de tapoter Paramètres pour configurer votre version mobile de Teams. Vous y définirez votre statut et son message, activerez/désactiverez les notifications, découvrirez les nouvelles fonctions, et accéderez à des paramètres spécifiques à cette version mobile.

Figure 6.5

Les onglets de navigation sont situés en bas de l'écran.

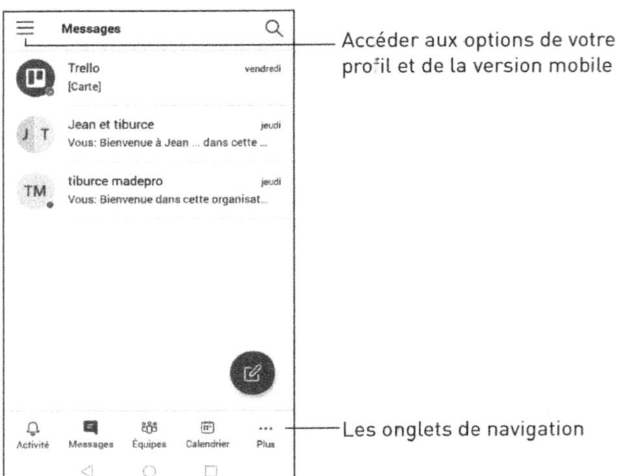

Lorsque vous touchez Paramètres, vous accédez aux options de configuration de la version mobile de Teams, illustrées sur la Figure 6.7 :

» **Thème foncé** : lorsque vous choisissez cette option, les couleurs de l'application s'assombrissent. Elles reposent les yeux lorsque vous travaillez dans un environnement sombre.

Figure 6.6

Les options du profil.

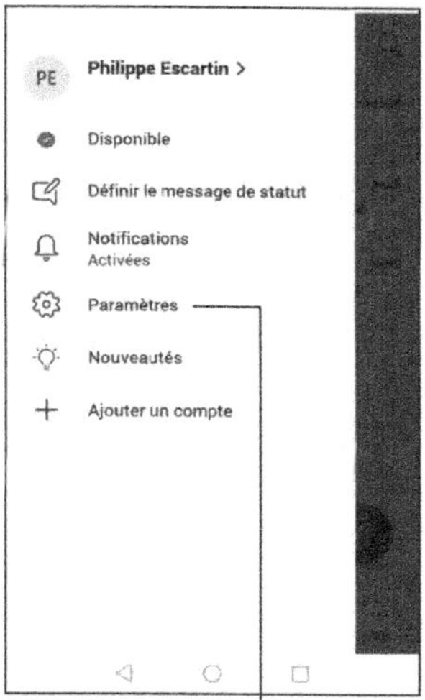

Pour accéder à des paramètres supplémentaires

Figure 6.7

Les Paramètres généraux de la version mobile de Teams.

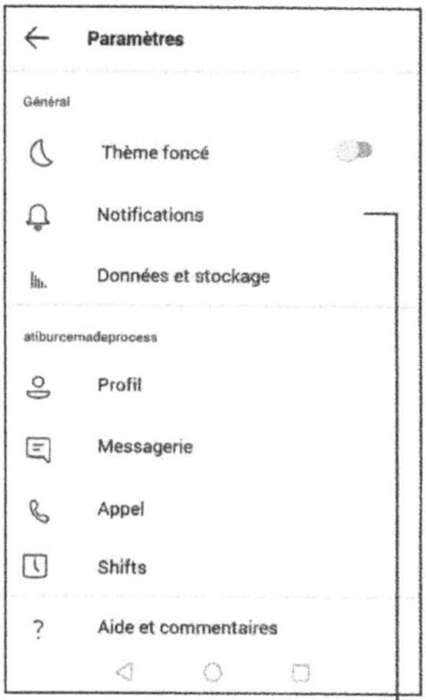

Paramètres généraux

» **Notifications** : définissez la manière dont vous souhaitez être notifié dans Teams.

Fixez les heures de déconnexion afin de ne pas recevoir de notifications ; spécifiez si vous souhaitez recevoir des notifications qu'en cas d'inactivité sur la version de bureau ; configurez les notifications des appels entrants, masqués, en cours, des conversations, des réactions, et d'autres réglages en rapport avec les notifications.

- **Données et stockage :** les capacités de stockage des périphériques mobiles sont limitées. Ici, vous pouvez déterminer la qualité, donc la taille, des images téléchargées, supprimer les fichiers temporaires, effacer les données de l'application, et effacer l'historique des conversations pour vous aider à gérer le chargement des données sur votre périphérique mobile.

Des paramètres supplémentaires peuvent être définis pour chaque équipe spécifique, comme sur la Figure 6.8 :

- **Profil :** vous pouvez définir votre photo de profil et afficher votre activité, afficher des graphiques de l'organisation, des adresses mail, et votre numéro de téléphone.

- **Messagerie :** utilisez ce paramètre pour afficher des canaux dans votre liste de conversation. Lorsque vous tapotez l'icône Message en bas de votre écran, vous verrez vos canaux en plus de vos conversations privées.

- **Appels :** permet de connaître les appels entrants, de bloquer des appels, de bloquer les appels provenant de numéro inconnu, et la liste des numéros bloqués.

- **Shifts :** il s'agit d'une nouvelle fonction qui provient d'un service appelé StaffHub. Elle est destinée aux travailleurs par roulement. Vous pouvez alors définir des rappels pour ces travailleurs, des heures d'affichage des notifications, et aussi effacer les données de l'application Shifts.

- **Aide et commentaires :** quand vous touchez cette option, vous ouvrez un menu local qui permet de trouver de l'aide, de suggérer des fonctionnalités, de signaler un problème, et d'évaluer l'application.

- **À propos de :** communique des informations sur l'application mobile, comme sa version, sa confidentialité et ses cookies, ses conditions générales d'utilisation, des informations et des avis sur des logiciels tiers, et d'expériences utilisateurs connectés.

- **Se déconnecter :** touchez cette option pour vous déconnecter de l'application Teams. Ceci est très pratique si vous prêtez votre téléphone à quelqu'un d'autre, et que vous ne souhaitiez pas qu'il accède à vos applications *via* vos identifiants.

Figure 6.8

Les paramètres spécifiques de la version mobile.

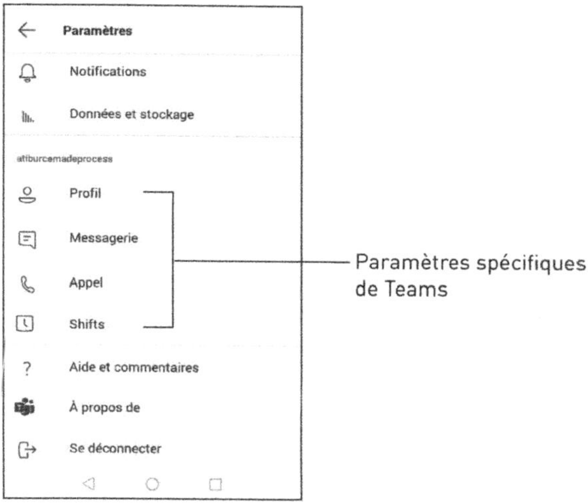

Tapoter votre route dans Teams

L'application mobile Teams, comme toute autre application mobile, est conçue pour être utilisée de manière tactile sur l'écran de votre téléphone ou de votre tablette. Bien que Teams soit très intuitif, il existe des différences entre l'utilisation de cette application au clavier et à la souris, et son utilisation du bout des doigts.

Interagir avec des messages

Au Chapitre 4, vous avez appris à réagir aux messages des canaux et des conversations. En utilisant des réactions, vous pouvez ajouter des visages souriants, un pouce levé, ou tout autre émoji à n'importe quel message. En plus, vous interagirez de plusieurs façons avec les messages :

» Vous les enregistrerez de manière à pouvoir les retrouver rapidement pour les consulter quand bon vous semblera.

» Vous marquerez un message comme non lu pour qu'il apparaisse toujours comme nouveau message dans Teams.

» Vous copierez un lien vers un message direct.

» Vous ouvrirez le message dans le lecteur immersif qui lira le message pour vous, et qui affichera chaque mot au moment où il sera lu.

» Vous activerez des notifications pour les tickets.

» Vous pourrez créer un nouveau sondage attaché au message. (Ceci est très pratique quand une personne lance un sujet qui nécessite des entrées d'autres utilisateurs.)

Vous disposez d'options supplémentaires lorsque vous réagissez à votre propre message, comme la possibilité de le modifier ou de le supprimer. Si vous ne voyez pas ces options, cela tient au fait que votre administrateur a désactivé votre capacité à les modifier ou à les supprimer.

Lorsque vous utilisez Teams au clavier et à la souris, il est tout à fait possible de placer le pointeur de la souris sur un message ou de cliquer sur les trois petits points pour afficher ces interactions, comme sur la Figure 6.9. En revanche, quand vous utilisez Teams sur votre périphérique mobile, il n'est pas possible de passer son doigt sur un élément pour obtenir une réaction. Vous devez toucher l'icône et maintenir votre pression dessus pour afficher ce même menu local, comme le montre la Figure 6.10.

Figure 6.9

Réagir à un message dans la version de bureau de Teams.

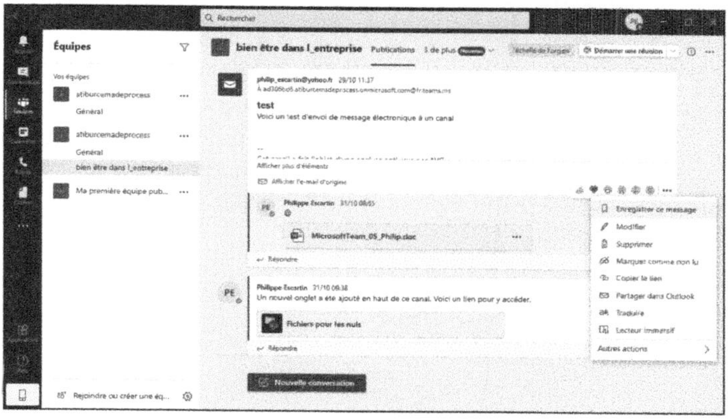

Figure 6.10

Réagir à un message dans la version mobile de Teams.

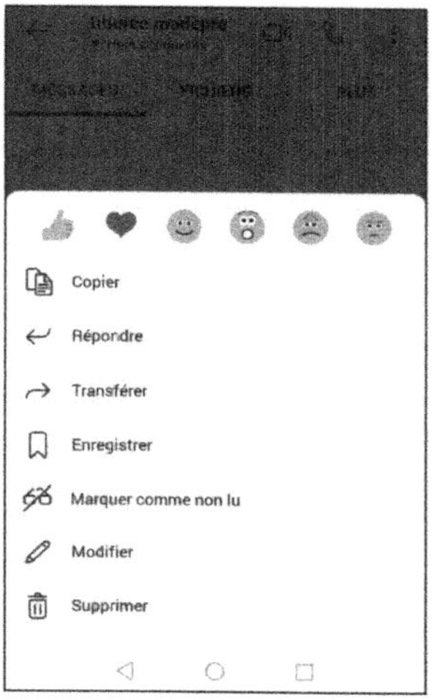

Lorsque vous réagissez à un message dans une conversation, vous devez maintenir votre doigt appuyé pour afficher les options de réaction. En revanche, pour réagir à un ticket d'un canal, vous devez tapoter sur les trois petits points pour afficher le menu local.

Naviguer dans la version mobile de Teams peut exiger plus de tapotements que de clics sur la version de bureau pour obtenir un résultat identique. Il en va de même lorsque vous travaillez dans cette version mobile. Cela s'explique par le fait que vous agissez sur un écran bien plus petit, et que votre doigt se substitue à la souris.

Chapitre 7

Travailler avec des personnes externes à votre organisation

DANS CE CHAPITRE

Comprendre la différence entre des utilisateurs invités et des utilisateurs externes

•

Activer et configurer l'accès des invités

•

Activer/désactiver les autorisations des invités

•

Configurer les accès externes

J'ai passé beaucoup de temps à travailler en ligne avec des personnes appartenant à différentes sociétés, avec des travailleurs indépendants, et d'autres consultants. Il est très rare que tous disposent du même abonnement Microsoft 365 ou Office 365. Microsoft a compris que de nombreuses personnes sont dans des situations similaires. Il a donc intégré dans Microsoft Teams des fonctionnalités qui permettent à tous de travailler ensemble, même quand ils n'appartiennent pas à la même société ou organisation. Une des plus populaires est l'*accès invité* traité dans ce chapitre.

Vous en apprendrez ainsi davantage sur l'accès invité de Microsoft Teams, et comment ajouter, à votre équipe, des personnes qui n'appartiennent pas à votre organisation et à votre abonnement Microsoft 365 ou Office 365. Vous verrez comment configurer l'accès des utilisateurs invités, et comment le limiter en fonction de votre situation. Vous verrez aussi les différences qui existent entre un utilisateur invité et un utilisateur externe dont vous définirez les autorisations.

Comprendre le fonctionnement de Teams avec des personnes extérieures à votre organisation

Si seulement tout allait pour le mieux dans le meilleur des mondes, et si seulement vous aviez besoin de communiquer et de collaborer exclusivement avec des personnes travaillant dans votre organisation. Cependant, force est de constater que vous collaborerez probablement avec des personnes à l'intérieur et à l'extérieur de votre structure. Eh bien sachez que si vous collaborez avec des consultants, des indépendants, des fournisseurs, ou d'autres entreprises, vous pourrez les ajouter en tant qu'invités à une équipe de Microsoft Teams.

La manière d'ajouter des invités à une de vos équipes dépend de la manière dont Teams les considère ou non comme membres de votre organisation :

» **Lorsque vous ajoutez des personnes à votre abonnement Microsoft 365 et Office 365, elles sont assimilées à des membres de votre organisation. Vous pouvez alors les ajouter comme membres de vos équipes et de vos canaux.**

» **En revanche, toute personne que vous ajoutez à Teams, et qui ne fait pas partie de votre abonnement Microsoft 365 ou Office 365, est un utilisateur invité.**

Dans le contexte de Microsoft Teams, vous pouvez considérer que les abonnements à Microsoft 365 et Office 365 sont identiques. Office 365 est un terme générique qui inclut une partie des services d'Office 365 (comme Microsoft Word, Excel, PowerPoint, et OneNote), et Microsoft 365 est un terme générique similaire qui inclut des services Office 365 ainsi que des services d'abonnement comme Windows 10, Windows Intune, et bien d'autres. Dans le contexte de Teams, envisagez ces deux abonnements comme des termes marketing interchangeables.

Vous aurez parfois besoin de communiquer et de collaborer avec une autre organisation abonnée à Microsoft 365 ou Office365. Par exemple, imaginons que votre société se nomme Contoso, et qu'une autre entreprise porte le nom d'Acme. Ces deux organisations possèdent chacune un abonnement Microsoft 365 ou Office 365 différent de l'autre. Elles sont toutes deux sur le cloud de Microsoft, et peuvent donc s'identifier mutuellement. De ce fait, les utilisateurs Acme voient les utilisateurs Contoso (et réciproquement) comme étant des utilisateurs externes. En d'autres termes, les utilisateurs de chaque organisation sont des membres de deux organisations différentes faisant pourtant partie du cloud Microsoft.

Microsoft appelle ces utilisateurs des utilisateurs « entreprise vers entreprise » Azure Active Directory. Personnellement, je préfère parler d'utilisateurs externes même si ce terme peut se confondre avec celui d'utilisateurs invités.

Essayons de bien comprendre la différence qui existe entre des utilisateurs externes et des utilisateurs invités dans Teams.

Un utilisateur invité peut être n'importe quel citoyen du monde. Toutes les personnes doivent posséder une adresse mail afin de les inviter dans vos équipes en tant que telles. Un utilisateur externe est une personne qui dispose de son propre abonnement à Microsoft 365 ou Office 365.

Travailler avec des utilisateurs invités

Pour qu'une personne voie vos canaux et les conversations, elle doit faire partie de votre équipe. Pour ajouter une personne, vous devez l'inviter. Une fois qu'elle a rejoint votre équipe, vous pouvez discuter, partager des fichiers, et collaborer avec elle.

Activer l'accès invité

Avant de pouvoir ajouter des invités, l'administrateur de votre abonnement doit activer la fonction Accès invité dans le centre d'administration de Teams.

Pour savoir si vous avez la possibilité d'ajouter des utilisateurs invités, cliquez sur les trois petits points situés à droite du nom d'une équipe. Dans le menu local qui apparaît, choisissez Ajouter un membre. Si vous pouvez ajouter des utilisateurs invités, le champ de saisie de la boîte de dialogue Ajouter des membres explique « Commencez à taper un nom, une liste de distribution ou un groupe de sécurité à ajouter à votre équipe. Vous pouvez également ajouter des utilisateurs externes à votre organisation comme invités en tapant leur adresse de messagerie ». Si vous ne voyez pas cette explication, vous devez activer l'ajout d'invité dans le centre d'administration Microsoft Teams :

1. **Ouvrez votre navigateur Web, et connectez-vous au centre d'administration à `https://admin.teams.microsoft.com`.**

   Pour accéder au centre d'administration Microsoft Teams, vous devez être un administrateur Teams. Si vous avez souscrit l'abonnement Microsoft 365 ou Office 365, alors vous êtes administrateur par défaut.

2. **Dans le panneau de navigation, choisissez Paramètres à l'échelle de l'organisation, puis cliquez sur Accès invité, comme sur la L'écran éponyme apparaît.**

3. **Basculez le commutateur de l'option Autoriser l'accès invité dans Teams sur Activer.**

   Une fois l'option activée, des paramètres supplémentaires apparaissent comme sur la Figure 7.2. Ces paramètres intéressent les appels, les réunions, et la messagerie.

4. **Cliquez sur le bouton Enregistrer pour sauvegarder vos paramètres.**

   L'accès invité est désormais actif dans Teams.

Figure 7.1

Pour activer l'accès invité.

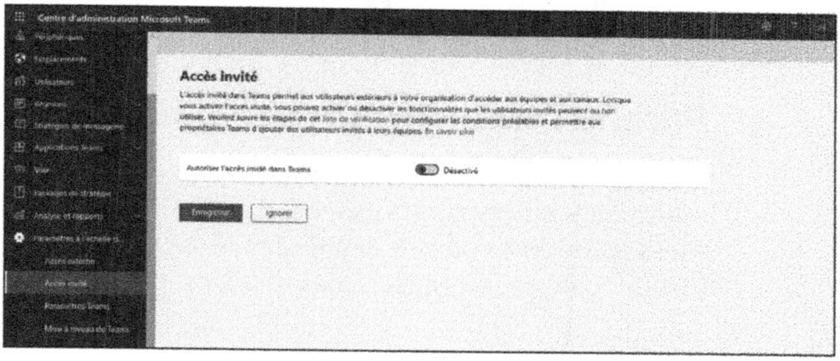

Figure 7.2

Les paramètres de l'accès invité du centre d'administration Microsoft Teams.

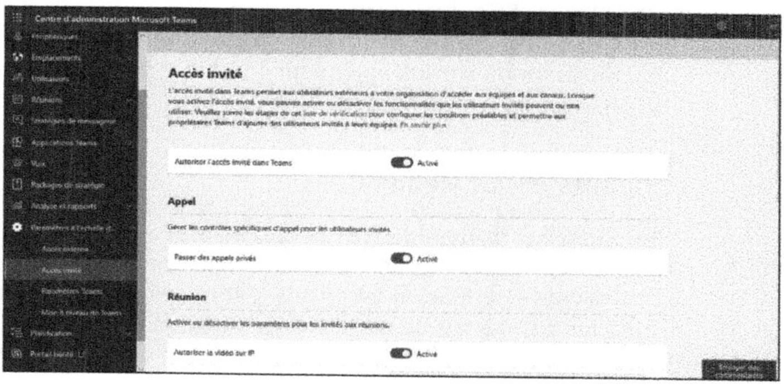

La validation de ces modifications peut prendre jusqu'à 24 heures. J'ai l'habitude de tester immédiatement les changements comme l'activation de l'accès invité. Cependant, avec Office 365 (et d'autres services en ligne comme Amazon Web Services), il me faut être patient. Au moment d'écrire ce chapitre, j'ai attendu toute la nuit pour constater que le lendemain matin je n'avais toujours pas la possibilité d'inviter des utilisateurs. J'ai donc ouvert un ticket d'assistance. Peu de temps après, j'ai pu ajouter des invités. J'ignore si ce soutien technique y est pour quelque chose, ou si j'ai manqué de patience. Par conséquent si, au bout de 48 heures, vos modifications n'ont produit aucun effet, ouvrez un ticket et voyez alors ce qui passe.

Paramétrer un invité

Lorsque vous activez l'accès invité dans Teams, vous autorisez les utilisateurs à inviter des personnes dans leurs équipes. Dans l'écran Accès invité, vous pouvez définir des réglages pour les utilisateurs invités au niveau des appels, des réunions, et de la messagerie.

Paramètres des appels

Passer des appels privés permet aux invités d'effectuer des appels peer-to-peer depuis Teams. Cela ne signifie pas que les invités peuvent passer des appels téléphoniques classiques. Pour cela, ils doivent être membres à part entière de votre abonnement Microsoft, et disposer d'une licence appropriée. (Pour plus d'informations sur les appels téléphoniques via Teams, consultez le Chapitre 11.)

Paramètres de Réunion

» **Autoriser la vidéo sur IP :** ce paramètre permet aux utilisateurs invités d'inclure de la vidéo dans les réunions d'équipe, les conversations, et les appels. J'ai rencontré des sociétés qui, pour des raisons de respect de la vie privée, n'autorisaient pas la vidéo à leurs invités. Peut-être aussi ont-elles peur que certaines communications vidéo inappropriées s'effectuent en utilisant les ressources de l'entreprise.

» **Mode de partage d'écran :** permet aux utilisateurs de partager leur écran ou pas. Il s'agit d'une fonction qui affiche l'écran informatique d'un utilisateur sur celui de tous les autres pendant une réunion. Vous pouvez désactiver cette fonction, la réserver à une seule application, ou partager tout l'écran. Pour des raisons de confidentialité, cette option est souvent désactivée.

» **Autoriser l'action Démarrer une réunion :** permet de lancer rapidement une réunion ad hoc. Une alternative consiste, pour un utilisateur de Teams, à planifier une réunion et à y inclure les utilisateurs invités. Dans ce cas, la réunion s'ajoute sur le calendrier. La fonction Démarrer une réunion lance une réunion ad hoc et n'apparaît pas dans le système de planification de l'entreprise. Ce paramètre vous permet de définir si les utilisateurs invités sont autorisés ou non à démarrer une réunion ad hoc.

Paramètres de Messagerie

» **Modifier des messages envoyés :** ce paramètre permet d'activer/désactiver la possibilité aux invités de modifier les messages qu'ils ont envoyés sur Teams. Si ce réglage est désactivé, attendez-vous à des messages aléatoires et contenant des fautes de frappe, voire des envois erronés. Cependant, toujours pour des raisons de confidentialité, vous souhaiterez disposer d'un enregistrement de chaque message envoyé par un invité. Cela permet d'éviter des tensions quand une personne affirme avoir dit une chose et que, lorsqu'on lit le message modifié, on se rend compte qu'il y a dit autre chose.

» **Supprimer des messages envoyés :** pour des raisons identiques, vous pouvez empêcher les utilisateurs invités de supprimer leurs messages.

» **Conversation :** envoyer des messages dans un canal officiel est sensiblement différent que d'envoyer un message personnel individuel à des utilisateurs. Vous pouvez utiliser ce paramètre pour permettre à des utilisateurs d'utiliser des canaux de Teams officiels tout en interdisant les messages privés.

» **Utiliser des images Giphys dans les conversations :** un Giphy est une image Gif animée. Teams utilise une base de données en ligne de ces images. Vous pouvez autoriser les invités à les insérer dans des messages. Les Giphys les plus populaires proviennent de sitcoms, de blockbusters, ou de scènes légères. La base de données que Teams utilise se situe ici : `https://giphy.com`.

» **Évaluation du contenu Giphy :** si vous autorisez les utilisateurs invités à envoyer des Giphys, vous pouvez strictement limiter le type de contenu qu'ils incluront dans leurs messages. En effet, la base de données en ligne des Giphys met en œuvre un système de classification. Vous pouvez décider de ne pas autoriser le contenu basé sur cette classification.

» **Utiliser des mèmes dans les conversations :** comme pour un Giphy, un mème est une manière d'inclure plus d'émoticônes et de connexions dans des messages. Un mème est une courte représentation d'un thème populaire sous forme de bande dessinée. Vous pouvez autoriser les invités à insérer ou non des mèmes dans les messages.

» **Utiliser des autocollants dans les conversations :** l'autocollant est une autre manière d'exprimer une émotion, de créer une connexion, et de partager une expérience à travers des messages. Comme un autocollant physique, l'autocollant virtuel peut être une image, un dessin, ou une photo. C'est ici que vous autoriserez ou pas les invités à inclure des autocollants.

» **Autoriser le lecteur immersif à afficher les messages :** le lecteur immersif de Windows ouvre un message qu'il lit à haute voix en soulignant chaque mot au fur et à mesure qu'il est prononcé par l'ordinateur. Vous pouvez autoriser ou non les invités à ouvrir et lire des messages dans le lecteur immersif de Windows.

Ajouter des invités à une équipe

Pour travailler avec des invités, commencez par les ajouter à une équipe. En effet, rappelez-vous que « les utilisateurs invités » concernent toute personne n'appartenant pas à votre organisation.

Pour bien séparer les choses, je crée une équipe spéciale que je nomme « Utilisateurs internes et externes ». Ainsi, tout participant à une conversation sait que tout ce qui sera dit sur ces canaux ne sera pas confidentiel.

Pour ajouter un invité à votre équipe :

1. **Cliquez sur l'onglet Équipes dans le panneau de navigation de gauche pour afficher la liste de toutes vos équipes.**

2. **Cliquez sur les trois points situés à droite de l'équipe à laquelle vous souhaitez ajouter un utilisateur invité et, dans le menu local qui apparaît, optez pour Ajouter un membre comme sur la Figure 7.3.**

   La boîte de dialogue Ajouter des membres s'affiche. Vérifiez que la description indique que vous pouvez ajouter des personnes extérieures à votre organisation. Si ce n'est pas le cas, reportez-vous à la section « Activer l'accès invité » plus haut dans ce chapitre pour activer cette fonctionnalité dans le centre d'administration Microsoft Teams.

3. **Tapez l'adresse e-mail de la personne à ajouter à l'équipe.**

   Une fois la validité de l'adresse mail vérifiée, choisissez-la dans la liste proposée (voir la Figure 7.4).

4. **Entrez autant d'adresses mails que de personnes à inviter, puis cliquez sur le bouton Ajouter, comme sur la Figure 7.5.**

5. **Cliquez sur le bouton Fermer de la boîte de dialogue.**

Figure 7.3

Choisissez Ajouter un membre dans le menu local Autres options.

Figure 7.4

Indiquez une adresse mail valide pour ajouter un invité.

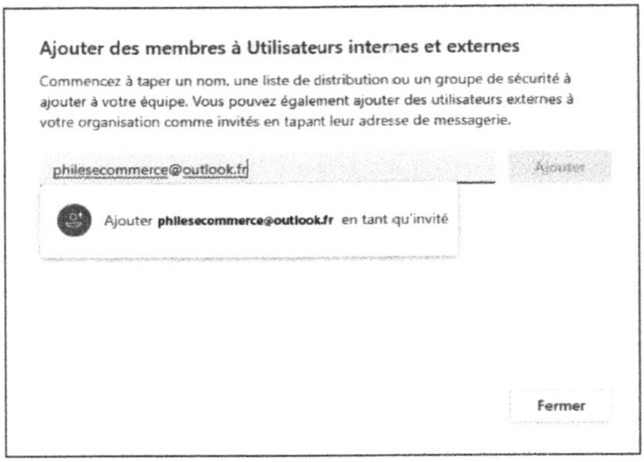

Une fois les invités ajoutés, envoyez-leur des messages dans des conversations du canal, et mentionnez-les avec le symbole @ (« at »), comme je l'ai fait sur la Figure 7.6.

De son côté, l'utilisateur reçoit un message comme celui de la Figure 7.7 (dans une équipe publique). Si cette personne est déjà associée à un utilisateur de Teams, elle peut immédiatement entamer une conversation avec vous. Sinon, elle suivra une procédure et discutera en utilisant la version Web de Teams. L'expérience d'utilisateur invité est relativement simple. J'ai côtoyé des personnes qui n'avaient jamais utilisé Teams avant d'y être invitées par mail, et qui ont réussi à lancer une conversation en quelques minutes.

Figure 7.5

Ajout d'une adresse mail pour envoyer une invitation.

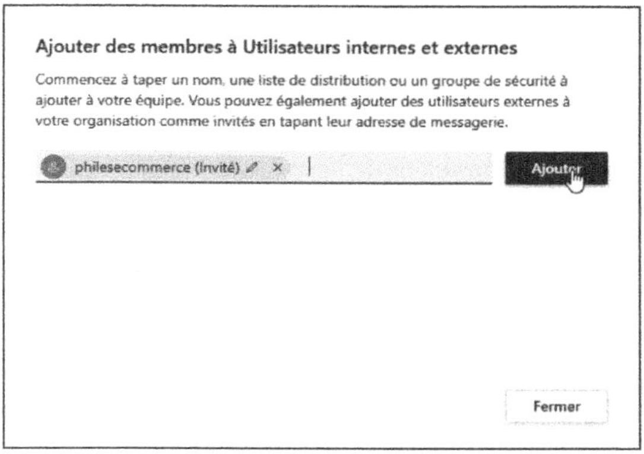

Figure 7.6

Message envoyé à un utilisateur invité.

En plus d'ajouter des invités *via* leur adresse mail, vous pouvez aussi obtenir un lien URL vers l'équipe, et l'envoyer à toute personne que vous souhaitez inviter à rejoindre le canal. Une fois que ces invités cliquent sur le lien, ils peuvent se connecter à leur compte Microsoft et rejoindre automatiquement l'équipe en tant qu'invité. Pour cela, ouvrez le menu local Autres options (trois petits points) de l'équipe à rejoindre, et cliquez sur Obtenir un lien vers l'équipe, comme sur la Figure 7.8.

Figure 7.7

L'e-mail reçu par une personne invitée.

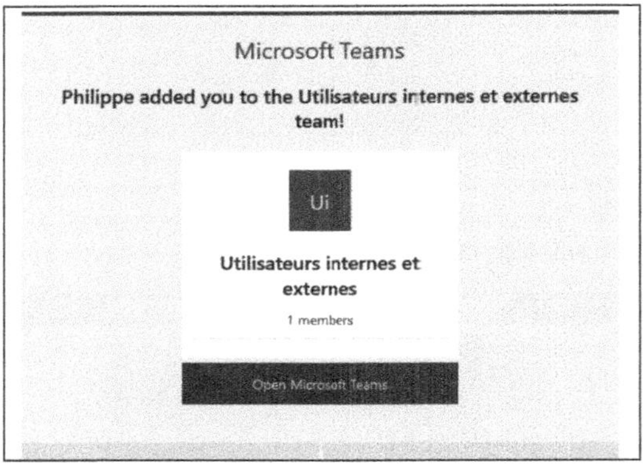

Lorsque vous utilisez un lien pour inviter des personnes à rejoindre une équipe ou un canal, veillez à garder ce lien secret. En effet, toute personne obtenant ce lien pourra rejoindre l'équipe en tant qu'utilisateur invité.

Figure 7.8

Pour obtenir le lien vers l'équipe à rejoindre.

Comprendre l'expérience utilisateur invité

L'expérience générale de la collaboration avec un utilisateur invité est presque identique à celle que vous connaissez avec vos collègues utilisant un même abonnement Microsoft 365 ou Office 365. Il existe toutefois quelques différences.

Vous pouvez permettre aux utilisateurs invités de créer des canaux, de participer à des conversations de canal et à des chats privés, de publier et de modifier des messages, et de partager des canaux. Toutefois, les utilisateurs invités ne peuvent pas créer d'équipes, rejoindre des équipes publiques, consulter des organigrammes, partager des fichiers d'une conversation privée, ajouter des applications, créer des réunions, accéder à des horaires, accéder à des fichiers OneDrive, ou inviter d'autres invités. Les invités connaissent aussi des limitations au niveau de l'utilisation de la voix et des fonctions d'appel dans Teams. Si vous êtes intéressé par ce sujet, lisez l'article de Microsoft intitulé « Convivialité dans Teams » à l'adresse `https://docs.microsoft.com/fr-fr/microsoftteams/guest-experience`. Il entre dans les moindres détails du travail avec les équipes en tant qu'invité. Je m'y réfère, ainsi qu'aux tableaux qu'il contient, chaque fois que je travaille avec un utilisateur invité et que nous essayons de comprendre pourquoi, quand quelque chose fonctionne pour moi, elle ne fonctionne pas pour lui.

Vous pouvez affiner les permissions des utilisateurs invités dans vos équipes. Plus tôt dans ce chapitre, j'ai décrit les paramètres que vous pouvez configurer et qui affectent votre abonnement Microsoft 365 ou Office 365, également appelé tenant. Dans la prochaine section, je traite des paramètres des invités

Qu'est-ce qu'un tenant ?

Lorsque vous créez un nouvel abonnement Microsoft 365 ou Office 365, vous créez un nouveau *tenant*. Pensez au tenant comme au locataire d'un appartement. Un appartement individuel peut être habité par plusieurs personnes, et devenir ainsi une colocation. Chacun des colocataires a un contrat distinct de celui des autres. Il en va de même de votre abonnement à Microsoft 365 ou Office 365 qui peut inclure de nombreuses équipes qui font partie de votre service Teams.

Définir les autorisations des utilisateurs invités au niveau des équipes

Plus tôt dans ce chapitre, vous avez vu comment activer l'accès utilisateur dans le centre d'administration de Teams, et comment configurer différents paramètres pour ces invités. Cependant, ces paramètres affectent chaque équipe de Teams dans votre abonnement Microsoft 365 et Office 365. Pour régler précisément ces paramètres, vous pouvez définir des options pour chaque équipe en particulier.

> Microsoft ajoute des fonctionnalités à Teams à un rythme effréné. Des paramètres supplémentaires sont également ajoutés aux équipes en permanence. Au moment où vous lirez ce livre, il est fort possible que vous disposiez de plus de paramètres que ceux traités ici, selon le moment où votre tenant Microsoft 365 ou Office 365 les recevra.

Pour configurer les paramètres des invités :

1. **Dans le panneau de navigation de gauche, cliquez sur Équipes.**

   La liste des équipes apparaît.

2. **Cliquez sur les trois points situés à côté du nom de l'équipe à gérer.**

3. **Dans le menu local Autres options qui s'ouvre, choisissez Gérer l'équipe.**

4. **Cliquez sur l'onglet Paramètres puis ouvrez la section Autorisations invité, comme sur la Figure 7.9.**

Figure 7.9

Configurer les autorisations des invités d'une équipe.

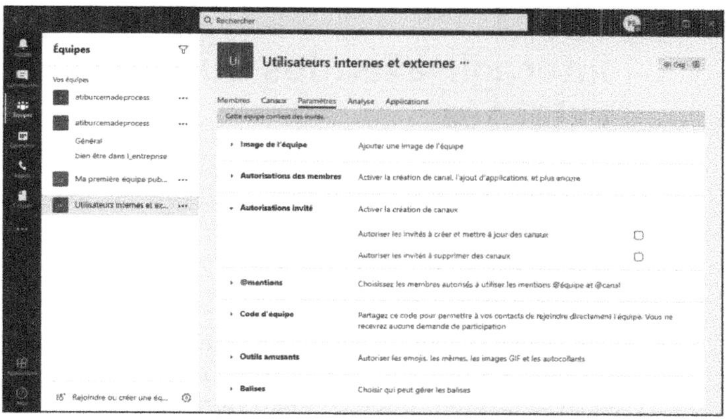

❺ **Définissez les options permettant aux invités de créer, de mettre à jour, ou de supprimer des canaux.**

- Autoriser les invités à créer et à mettre à jour des canaux : ce paramètre permet d'autoriser les invités à créer de nouveaux canaux ou à mettre à jour des canaux existants. Si une de vos équipes comporte de nombreux invités, vous pouvez les autoriser à créer de nouveaux canaux au sein de l'équipe. Le nombre de canaux d'une équipe peut évoluer rapidement et devenir hors de votre contrôle. Pour cette raison, je conseille de briefer vos invités lorsque vous les laissez créer leurs propres canaux. En effet, j'ai vu des équipes dont les utilisateurs invités avaient créé bien plus de canaux qu'ils n'auraient pensé. Mais, en fin de compte, je suppose que cela dépend de la façon dont vos invités se comportent.
- Autoriser les invités à supprimer des canaux : ici, vous pouvez permettre ou non aux invités de supprimer des canaux qu'ils auraient créés. Ce paramètre est souvent utilisé comme mesure de sécurité lorsque vous ne craignez pas que des invités créent de nouveaux canaux et y envoient des messages, mais que vous ne voulez pas qu'ils puissent les supprimer.

Une fois vos modifications effectuées, elles sont automatiquement enregistrées.

Interagir avec des utilisateurs externes

Comme vous l'avez vu dans ce chapitre, vous pouvez collaborer et interagir avec les utilisateurs invités à peu près de la même manière que vous travaillez avec des personnes appartenant à votre organisation. Cependant, il y a un autre cas à prendre en considération.

Supposons que vous travailliez fréquemment avec des personnes d'Acme. Il faut que vous puissiez discuter avec elles, et elles doivent pouvoir discuter avec votre organisation. Cependant, vous ne voulez pas que chaque utilisateur soit un invité de chaque équipe. Pour cela, vous pouvez utiliser une fonction du centre d'administration des équipes appelée accès externe.

Un accès externe vous donne la possibilité d'approuver des utilisateurs en se basant sur leur adresse mail. Disons qu'Acme possède le nom de domaine `acme.com`. Vous pouvez ajouter le domaine à la liste d'accès externe de telle sorte que toute personne, dont l'adresse mail est `@acme.com`, puisse converser avec des membres de votre organisation. L'accès externe est souple. Vous pouvez autoriser tous les domaines d'Internet et bloquer des domaines spécifiques. Ou bien vous pouvez bloquer tous les domaines d'Internet et autoriser des domaines spécifiques.

Le Tableau 7.1 établit les différences qui existent entre un accès d'utilisateur invité et un accès d'utilisateur externe.

Tableau 7.1

Les différences entre l'accès invité et l'accès externe.

Fonction	Utilisateur externe	Utilisateur invité
Converser avec quelqu'un d'une autre société	oui	oui
Téléphoner à quelqu'un d'une autre société	oui	oui
Voir quelqu'un d'une autre société pour un appel ou la messagerie	oui	oui
Rechercher des utilisateurs via des tenants externes	oui	non
Partager des fichiers	non	oui
Accéder aux ressources des équipes	non	oui
Être ajouté à une conversation de groupe	non	oui
Être invité à une réunion	oui	oui

Tableau 7.1

Les différences entre l'accès invité et l'accès externe (suite).

Fonction	Utilisateur externe	Utilisateur invité
Ajouter des utilisateurs à une conversation avec un utilisateur externe	non	N/A
Utilisateur identifié comme un tiers externe	oui	oui
Présence affichée	oui	oui
Affichage des messages extérieurs au bureau	non	oui
Blocage des utilisateurs individuels	non	oui
@mentions pris en charge	oui	oui
Passer des appels privés	oui	oui
IP vidéo autorisé	oui	oui
Mode de partage d'écran	oui	oui
Autoriser les démarrages de conversation	non	oui
Modifier les messages envoyés	oui	oui
Peut supprimer les messages envoyés	oui	oui
Utiliser des Giphys dans les conversations	oui	oui
Utiliser des mèmes dans les conversations	oui	oui
Utiliser des stickers dans les conversations	oui	oui

La Figure 7.10 montre les paramètres de l'accès externe accessibles dans la section Paramètres à l'échelle de l'organisation du centre d'administration de Microsoft Teams, approfondis au Chapitre 13.

Figure 7.10

Configurer l'accès externe du centre d'administration Microsoft Teams.

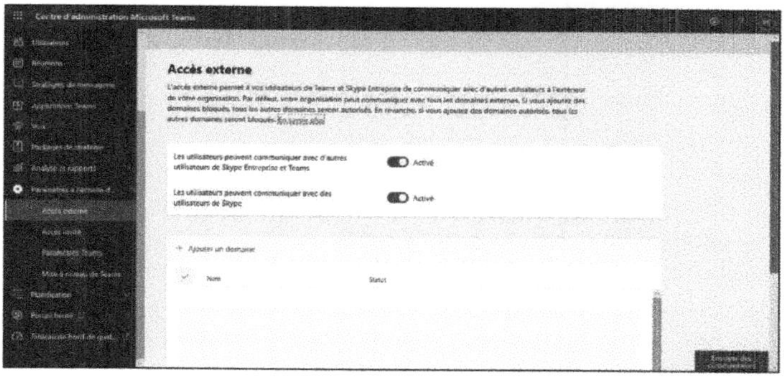

DANS CE CHAPITRE

Découvrir comment réduire le bruit dans Teams

Prendre le contrôle d'un grand nombre de canaux

Rechercher et filtrer des équipes et des canaux

Utiliser des hashtags pour faciliter la recherche

Chapitre 8
Gérer le bruit et rester concentré

Lorsque je travaille avec des organisations pour leur faire adopter Microsoft Teams, je fais généralement la même observation : l'organisation passe de quelques personnes utilisant Teams à la totalité de ses employés pour quasiment toute sa communication. Quand cela survient, Teams devient vite très bruyant ! Heureusement, certaines des fonctionnalités de Teams ont été spécialement conçues pour vous aider à maîtriser toute cette activité.

Dans ce chapitre, vous découvrirez comment utiliser Teams pour vous concentrer sur la communication qui vous importe et ignorer le reste. Vous apprendrez à paramétrer le flux d'activité pour filtrer les conversations, à épingler et suivre les canaux qui vous intéressent, et à mettre en place des notifications pour les sujets qui vous concernent le plus. Je partage également certains des conseils tirés de mon expérience et qui aident à rester concentré tout en étant disponible pour les communications d'importance critique.

Comprendre le flux d'activité

Le flux d'activité est une sorte de lieu de stockage de tout ce qui se passe dans les équipes. Je suis tout à fait d'accord quand Microsoft décrit le flux d'activité, comme la « boîte de réception de Teams ». Ainsi, j'ai tendance à commencer ma journée de travail en regardant le fil d'activité, tout comme je commençais ma journée en consultant ma boîte de réception de courrier électronique.

Pour afficher votre flux d'activité, cliquez sur l'icône Activité du panneau de navigation de gauche de Teams (Figure 8.1).

Figure 8.1

Affichage du flux d'activité.

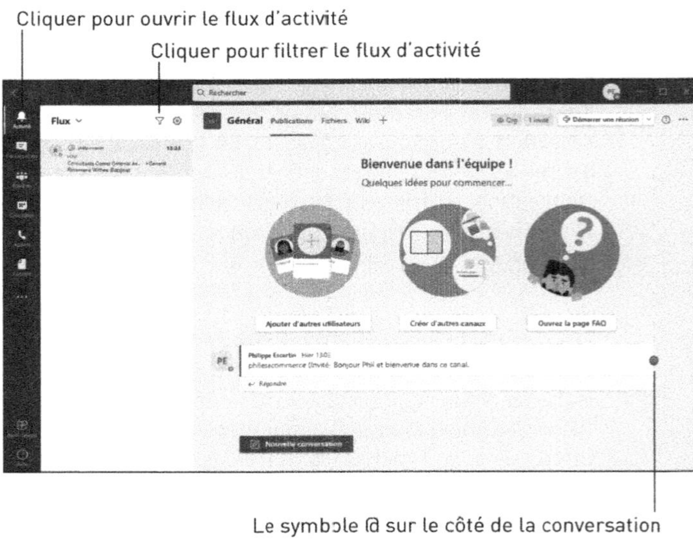

Le flux d'activité liste les activités qui se déroulent dans Teams et qui doivent attirer votre attention. Par exemple, vous y verrez l'activité des équipes et des canaux que vous suivez, des conversations privées, des lieux où sont les personnes qui vous mentionnent *via* @mention, les réponses à vos conversations ou à celles que vous avez likées, les appels que vous avez reçus, les mails vocaux, et les notifications d'applications. Vous verrez également des activités telles que votre ajout à un canal ou à une équipe, des conversations en cours, et celles que Teams estime que vous devez vérifier.

Chaque notification du flux d'activité affiche une icône qui décrit son type. Par exemple sur la Figure 8.1, vous observez la présence du symbole @ (« at ») sur le côté d'une conversation. Il indique que quelqu'un a mentionné votre nom dans une conversation.

Figure 8.2

Filtrer le flux d'activité pour n'afficher que les @mentions.

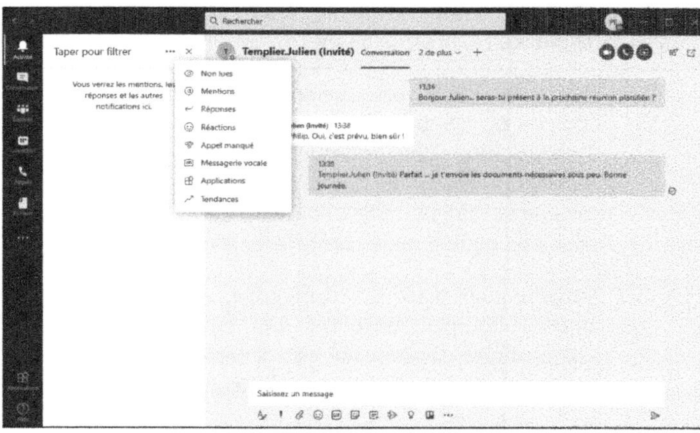

Lorsque vous cliquez sur un évènement du flux d'activité, son statut passe de non lu à lu. Le texte des évènements que vous n'avez pas regardés est en gras, et celui de ceux que vous avez lus est en caractère normal.

Masquer et afficher des équipes et des canaux

Dans Teams, une équipe regroupe des personnes. Et toute personne peut appartenir à plusieurs équipes. Vous pouvez faire partie d'une équipe qui organise une collecte de fonds, tout en faisant partie d'une équipe qui se consacre au domaine des finances, d'une autre qui travaille sur un projet spécial, une qui implique tous les membres de l'organisation, d'une équipe groupant des personnes qui aiment les chats, *etc.*

Vous constaterez que plus Teams sera populaire dans votre entreprise, plus vous appartiendrez à des équipes différentes. De plus, comme vous avez pu le lire au Chapitre 4, chaque équipe contient plusieurs canaux. Lorsque vous combinez un grand nombre d'équipes avec un grand nombre de canaux, vous risquez de perdre le contrôle de l'information.

Heureusement, vous pouvez afficher ou masquer certaines équipes et canaux afin de réduire leur nombre dans le panneau de navigation. Pour masquer une équipe, ouvrez son menu local Autres options (trois points), et exécutez la commande Masquer, comme sur la Figure 8.3. Pour masquer un canal, procédez comme pour une équipe mais via le menu local du canal à masquer.

Lorsque vous masquez une équipe, elle se place dans une section appelée Équipes masquées. De leur côté, les canaux masqués sont groupés dans une section x canaux masqués sous la liste des canaux. La Figure 8.4 montre des équipes et des canaux masqués.

Figure 8.3

Masquer une équipe de la liste.

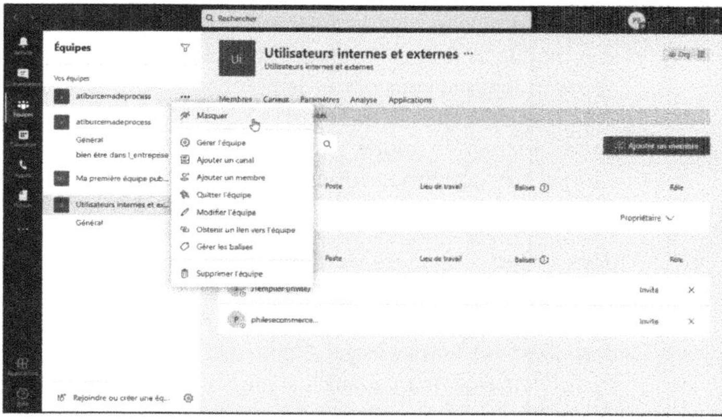

Figure 8.4

Afficher un canal masqué.

Lorsque vous cliquez sur Équipes masquées ou Canaux masqués, une liste s'affiche pour vous montrer les noms des équipes et des canaux masqués. Pour afficher de nouveau une équipe masquée, il suffit d'ouvrir son menu local Autres options et d'exécuter la commande Afficher. Pour un canal, cliquez sur le chevron qui apparaît lorsque vous placez le pointeur de la souris sur la mention x canaux masqués. Dans le menu local des canaux masqués, placez le pointeur de la souris sur celui que vous souhaitez afficher, et cliquez sur la mention Afficher qui apparaît sur sa droite.

L'activité des équipes ou des canaux masqués apparaît toujours dans le flux d'activité de Teams, sauf si vous avez modifié cette notification. Je garde généralement les équipes cachées lorsque je n'ai pas besoin de suivre activement toutes les conversations qui se déroulent sur leurs canaux. De même, si j'aime suivre une équipe, mais dont certains canaux ne me sont pas utiles, je les masque. Toutefois, pour lire et suivre les conversations, je ne masque pas l'équipe ou les canaux.

Filtrer par équipe ou canal

Comme vous l'avez découvert dans la précédente section, vous pouvez masquer et afficher les équipes et les canaux. Il est également possible de filtrer leur liste afin d'en trouver un que vous cherchez tout particulièrement. Croyez-moi, cela vous sera bien utile lorsque vous aurez plus d'une centaine d'équipes et des milliers de canaux. Pour filtrer la liste des équipes et des canaux, cliquez sur l'icône de l'entonnoir située en haut à gauche de la page. Dans le champ Filtrer par équipe ou canal qui apparaît, tapez un mot qui permettra de trouver une équipe ou un canal spécifique. Sur la Figure 8.5, j'ai filtré la liste d'équipes avec le mot « publique ».

Figure 8.5

Filtrer la liste des équipes et des canaux.

J'utilise fréquemment la fonction de filtrage lorsque ma liste de canal dépasse la hauteur de mon écran. J'y procède également lorsque je veux afficher une équipe ou un canal sans être obligé d'en parcourir toute la liste.

Modifier l'ordre des équipes

En général, nous parcourons la liste des équipes et des canaux de haut en bas. Il peut s'avérer utile de placer les équipes les plus importantes en haut de la liste afin de les repérer immédiatement. Pour changer l'ordre des équipes dans votre liste, il suffit de les glisser-déposer. Pour cela, cliquez sur une équipe et, sans relâcher le bouton de la souris, faites-la glisser à la bonne position, comme le montre la Figure 8.6.

Figure 8.6

Modifiez l'ordre des équipes en les glissant-déposant.

1. Cliquez sur une équipe et ne relâchez pas le bouton de la souris.

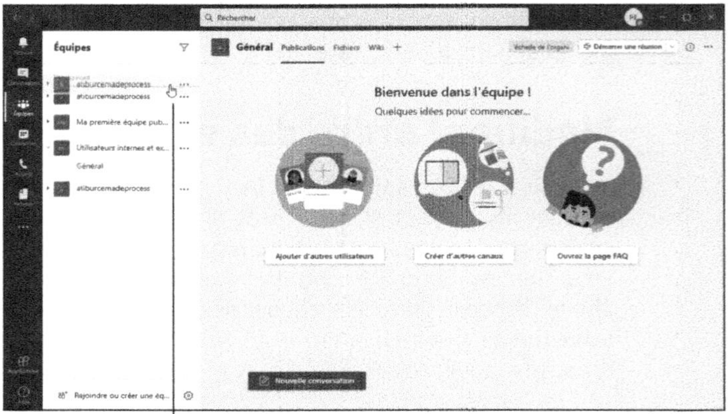

2. Glissez-déposez l'équipe à la position souhaitée dans la liste.

Mettre en sourdine des canaux pour limiter leurs notifications

Vous pouvez mettre en sourdine un canal pour empêcher ses notifications d'apparaître dans votre flux d'activité. Vous pouvez toujours cliquer sur un canal qui est mis en sourdine, et en suivre la conversation. Cependant, la mise en sourdine rend le processus plus proactif – vous décidez quand prêter attention et/ou répondre aux notifications. J'aime mettre les canaux en sourdine lorsque le moment où je réponds à une conversation n'est pas essentiel. Par exemple, j'ai l'habitude de mettre en sourdine les canaux pour lesquels je souhaite garder une trace, mais auxquels je n'ai pas besoin de répondre de manière régulière. Ensuite, lorsque j'ai le temps, je clique sur les canaux pour suivre leurs conversations.

Voici comment mettre en sourdine un canal :

1. **Ouvrez le menu local Autres options (trois points) situé à droite du nom du canal.**

2. **Choisissez Notifications du canal, puis cliquez sur Personnaliser.**

   La boîte de dialogue Paramètres de notification du canal s'affiche. Vous pouvez y définir les options Toutes les nouvelles publications et Mentions du canal.

3. **Pour placer le canal en sourdine, placez-les toutes les deux sur Désactivé.**

   Si vous voulez être notifié quand quelqu'un vous mentionne (@ mention) dans un canal, laissez cette option active. Je détaille ces paramètres dans la prochaine section.

4. **Cliquez sur le bouton Enregistrer pour sauvegarder vos modifications.**

Suivre une activité importante grâce aux notifications

Même avec toutes les possibilités que nous avons vues jusqu'à présent dans ce chapitre, la quantité d'informations qui vous parviennent peut rapidement vous submerger. Les notifications de Teams représentent l'une des fonctions les plus importantes que vous puissiez utiliser pour passer au crible la montagne de bavardages qui va progressivement s'ériger au sein de Teams. Vous pouvez définir la fréquence à laquelle vous recevez ces notifications sur les nouvelles activités de vos canaux.

Je règle les notifications pour qu'elles n'affichent que les messages que je souhaite voir immédiatement. Je consulte les autres quand j'en ai le temps. Ainsi, je ne suis pas constamment interrompu par chacun des messages envoyés par un membre d'une équipe. Pour accéder aux paramètres des notifications, ouvrez le menu local (trois points) Autres options situé à côté du canal que vous souhaitez configurer. Ensuite, choisissez Notifications du canal. Trois options vous sont alors proposées. Vous pouvez choisir de désactiver les notifications, d'afficher les notifications uniquement dans votre flux d'activité, ou d'afficher les notifications dans votre flux d'activité et dans la bannière de Teams qui apparaît en bas de votre écran (comme c'est le cas de la notification de réception d'un nouveau courrier électronique).

Deux options sont proposées dans la boîte de dialogue Paramètres de notification du canal :

» **Toutes les nouvelles publications : permet d'ajuster vos notifications pour n'importe quel nouveau message publié (également connu sous le nom de tickets) dans un canal.**

» **Mentions du canal : permet de désigner quand et comment vous pouvez être notifiés lorsqu'une personne vous mentionne (@mention) dans un canal.**

J'aime activer les notifications des mentions d'un canal quand on me mentionne, pour en être informé immédiatement. La seule fois où j'ai été obligé de désactiver cette fonction fut lorsque quelqu'un a mentionné l'ensemble du canal et non pas moi en particulier. Si ce genre de chose se produit trop souvent sur un canal au point de perturber votre travail, vous pouvez désactiver ces notifications ou les autoriser uniquement dans votre flux d'activité, mais pas dans la bannière pop-up qui attire immédiatement votre attention sur elles.

Rechercher des conversations passées

Très souvent, je me souviens avoir eu une conversation avec des membres d'une équipe sans m'en rappeler les détails spécifiques comme les dates, les heures, les lieux et les conclusions. Si je ne les note pas, il est fort probable que je ne m'en souviendrai pas plus tard. L'avantage des communications numériques est qu'il existe un enregistrement de la conversation (en supposant que la conversation ait eu lieu en mode écrit et non en mode vocal). Grâce à la fonction de recherche de Teams, vous pouvez lancer des recherches dans toutes les conversations numériques qui ont eu lieu afin de trouver immédiatement celle que vous avez besoin de consulter.

Cette fonctionnalité prend la forme d'un champ de recherche situé dans la partie supérieure de l'application Teams, comme le montre la Figure 8.7.

Lorsque vous lancez des recherches dans Teams, vous pouvez chercher bien plus que des communications numériques, comme des personnes appartenant à des équipes de votre organisation, voire des fichiers. Cliquez sur l'onglet approprié en haut du volet de navigation gauche pour passer d'un résultat à l'autre (voir Figure 8.7).

Ce champ de saisie peut être utilisé pour trouver des éléments spécifiques. Par exemple, si vous tapez /non-lu vous verrez apparaître la liste des messages non lus. Pour accéder à la liste de ces raccourcis, il suffit de taper le caractère / dans le champ de recherche, comme le montre la Figure 8.8.

Figure 8.7

Utiliser la fonction de recherche de Teams.

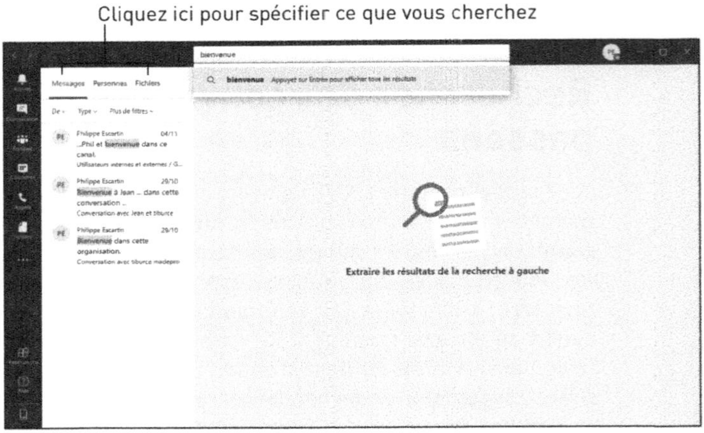

Figure 8.8

Liste des raccourcis de recherche de Teams.

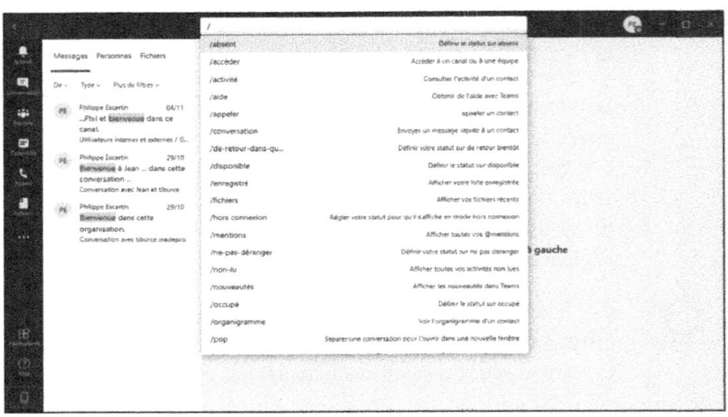

Être créatif avec la recherche et les hashtags

Si vous avez déjà utilisé Twitter, Slack, ou Yammer, vous connaissez le concept du hashtag. Un hashtag se compose du symbole # suivi par des caractères ou des mots. Par exemple, #SociétéPinic est un hashtag.

Sur Twitter, vous pouvez cliquer sur ce hashtag et voir tout tweet envoyé par quelqu'un l'ayant inclus. En d'autres termes, un hashtag est un moyen d'ajouter des mots-clés à un message afin de le regrouper avec des messages similaires.

Au moment de la rédaction de ce livre, Teams n'incluait pas la fonctionnalité des hashtags. Malgré cela, j'ajoute systématiquement des hashtags dans Teams. Je lie mes hashtags à des sujets de conversation ou à des concepts. Je peux ensuite facilement taper le hashtag dans la barre de recherche et ainsi voir tous les domaines de Teams où je l'ai inséré. Je les utilise dans les wikis, les fichiers OneNote, les canaux et les conversations privées. Sur la Figure 8.9, vous constatez que j'ai ajouté #hello (prononcé « hashtag hello ») à plusieurs messages dans différents canaux, et que j'ai ensuite lancé une recherche sur le hashtag en question.

Figure 8.9

Utiliser un hashtag dans la fonction de recherche.

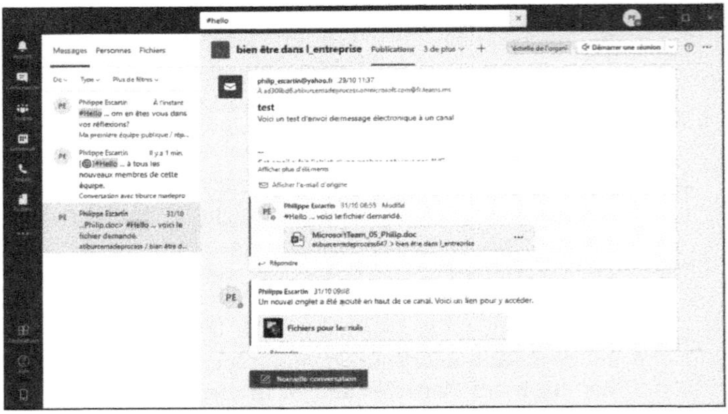

Troisième partie

Rester synchronisé avec des réunions et des conférences

Dans cette partie...

Découvrez comment Microsoft Teams s'intègre à Outlook et s'avère brillant lorsque vous utilisez Outlook pour gérer et mener vos réunions dans Teams.

Apprenez comment planifier une nouvelle réunion et rejoindre une réunion existante.

Explorez les fonctions de conférence intégrées de Teams et les fonctionnalités qui permettent de passer des appels vidéo via le portail Teams.

Explorez le matériel que vous utilisez dans Teams, y compris les casques, les haut-parleurs, et les caméras destinés aux grandes réunions et aux conférences téléphoniques.

Chapitre 9

Améliorer les réunions

DANS CE CHAPITRE

Découvrir les différents types de réunions

•

Planifier et rejoindre des réunions

•

Améliorer les réunions avec les conférences téléphoniques et les appels vidéo

•

Adopter simultanément les plateformes de réunion locales et à distance

Si vous êtes un vieux de la vieille de Microsoft Office, vous connaissez probablement Outlook, application de la suite bureautique Office que vous pouvez utiliser pour gérer votre courrier électronique, vos agendas, et vos contacts. Microsoft Teams s'intègre à Outlook et s'avère très compétent lorsque vous utilisez Outlook pour gérer et mener vos réunions dans Teams.

Dans ce chapitre, vous découvrirez les différents types de réunions possibles dans Teams – réunions programmées, réunions *ad hoc*, et réunions privées. Vous découvrirez comment programmer une nouvelle réunion et ajouter la fonctionnalité Teams à une réunion que vous avez programmée dans Outlook. Vous apprendrez également comment démarrer une réunion et rejoindre une réunion existante. Enfin, vous découvrirez les fonctionnalités intégrées de conférence téléphonique et de vidéoconférence qui vous permettront d'échanger avec des personnes du monde entier.

Les types de réunions dans Teams

Une réunion est un terme générique qui couvre aussi bien une conversation individuelle qu'une présentation effectuée devant des centaines de collègues. Teams permet différents types de réunions, et la façon dont vous les planifiez dans l'application dépend de leur fréquence et du nombre de personnes qui doivent y participer.

Voici les trois types de réunions de Teams :

» **Réunions régulières ou récurrentes :** considérez ce type de réunion comme une réunion traditionnelle au sein d'une organisation. Par exemple, vous pouvez avoir une réunion d'équipe récurrente qui a lieu tous les lundis à 11 heures. Ou bien, vos collègues peuvent se réunir régulièrement pour examiner les derniers rapports financiers avec différents collègues de l'organisation. Ces types de réunions sont programmés dans votre calendrier.

» **Réunions *ad hoc* instantanées :** il s'agit de réunions qui ont lieu instantanément. Par exemple, vous pouvez communiquer avec un groupe de personnes, et quelqu'un décide qu'il serait préférable de convoquer une réunion rapide pour prendre une décision.

» **Réunions privées :** ces réunions impliquent une discussion avec une autre personne. J'assimile ce type de réunion à la simple conversation téléphonique avec une seule personne.

Lorsque vous travaillez avec Teams, gardez à l'esprit le type de réunions possibles. Vous pouvez programmer une réunion, lancer une réunion instantanée avec un groupe de personnes, ou lancer une réunion privée avec un autre collègue.

Utilisez les types de réunions afin de construire votre modèle mental et devenir ainsi plus efficace avec Teams. Par exemple, si vous devez rencontrer immédiatement cinq personnes, inutile de planifier une nouvelle réunion sur le calendrier de chacun. Vous pouvez utiliser la fonctionnalité Démarrer une réunion pour lancer une réunion ad hoc comme expliqué plus loin dans ce chapitre.

Afficher votre calendrier dans Teams

Vous pouvez afficher votre calendrier Teams comme vous affichez votre calendrier Outlook. Il s'agit d'une fonction qui permet de planifier des réunions, mais aussi d'afficher celles auxquelles vous devez assister. Cliquez sur l'icône Calendrier du panneau de navigation de gauche pour ouvrir votre calendrier Outlook, comme le montre la Figure 9.1.

Figure 9.1

Afficher votre calendrier Outlook dans Teams.

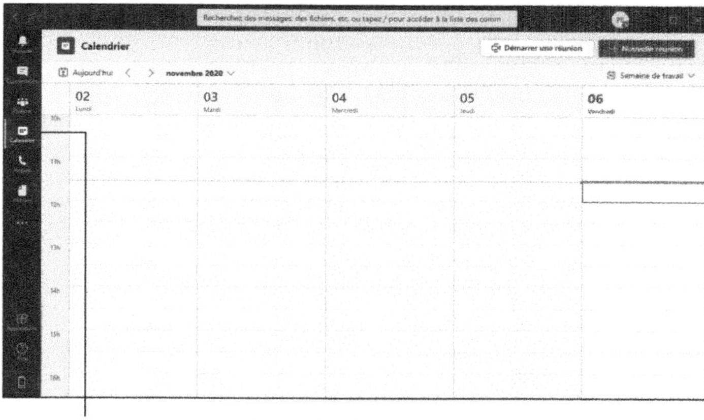

Cliquez pour ouvrir le calendrier

Le Calendrier n'est accessible que si vous avez installé Outlook sur le même ordinateur que celui où est installé Teams. Si votre abonnement Office 365 inclut les clients Office, vous pouvez les installer en vous connectant à `https://office.com`. Une fois connecté, vous devriez voir un bouton permettant l'installation d'Office.

Vous pouvez afficher votre calendrier Teams de différentes manières : par jour, par semaine, et par semaine de travail. Pour choisir un mode d'affichage, ouvrez le menu local situé en haut à droite de Teams. Par défaut, le mode d'affichage de votre calendrier est Semaine de travail.

Créer une nouvelle réunion et inviter des personnes

Avec Teams, vous pouvez créer des réunions instantanées ou ad hoc pour vous connecter à quelqu'un, ou bien vous pouvez planifier une future réunion qui sera alors répertoriée dans le calendrier Outlook des personnes invitées. Pour créer une réunion ad hoc, cliquez sur le bouton Démarrer une réunion en haut à droite de votre calendrier, comme sur la Figure 9.2.

Avant de rejoindre une réunion, vous pouvez activer ou désactiver votre vidéo et votre microphone.

Vous serez, dans un premier temps, le seul membre de la réunion que vous avez programmée. Avec la fonction Participants située dans la partie droite de la fenêtre de la réunion, il sera possible d'inviter d'autres personnes à vous rejoindre. Dans le champ Tapez un nom, entrez le nom d'une personne à inviter.

Figure 9.2

Démarrer une réunion.

Cliquez ici pour démarrer une réunion

Vous pouvez également lancer un appel audio ou vidéo ad hoc directement à partir d'une conversation en cliquant sur l'icône de la caméra vidéo ou du téléphone. Vous trouverez ces icônes dans le coin supérieur droit de l'écran lorsque vous chattez avec quelqu'un ou lorsque vous passez votre souris sur le nom d'une personne dans un canal. Les icônes s'affichent et vous pouvez commencer un appel audio ou vidéo, ou même envoyer une conversation ou un e-mail. Je traite de la fonctionnalité Conversation au Chapitre 4.

La réunion instantanée est une fonction très intéressante que j'utilise souvent. Toutefois, un grand nombre de mes réunions sont également planifiées et indiquées dans les calendriers des autres personnes. Autrefois, je planifiais dans Outlook, mais désormais, je le fais dans Teams.

Voici comment planifier une réunion dans Teams :

1. **Cliquez sur l'icône Calendrier dans le panneau de navigation de gauche pour ouvrir votre calendrier Outlook.**

2. **Cliquez sur le bouton Nouvelle réunion à droite de Démarrer une réunion.**

   Ces deux boutons sont visibles sur la Figure 9.2. Cette action ouvre l'écran Nouvelle réunion illustrée sur la Figure 9.3.

   Pour créer une réunion rapidement, parcourez votre calendrier et cliquez sur une date. Cela ouvre l'écran Nouvelle réunion.

3. **Donnez un titre à la réunion, un lieu, une date, une heure, et donnez quelques informations sur son contenu.**

4. **Invitez des personnes en saisissant leur nom dans le champ Ajoutez des participants dont la présence est obligatoire.**

   Au fur et à mesure que vous tapez, Teams suggère des membres de vos équipes.

Figure 9.3

Planifier une réunion dans Teams.

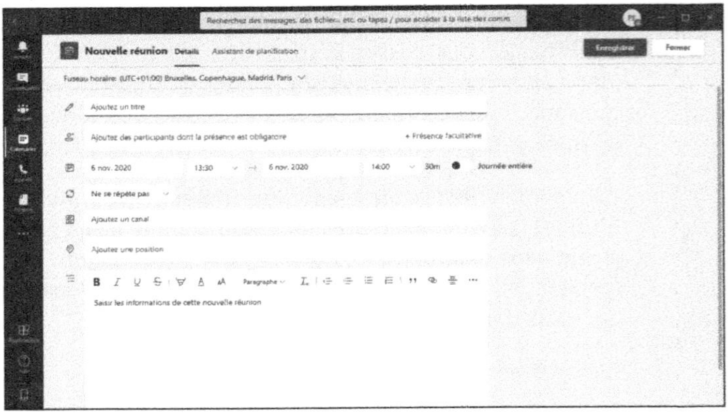

5. **Dans la liste des membres, choisissez les personnes à inviter.**

   Vous pouvez aussi inviter des personnes extérieures à votre organisation si, bien entendu, vous avez activé cette fonction. Pour plus d'informations sur les utilisateurs externes, consultez le Chapitre 7.

   (Facultatif) Teams permet de rendre la réunion disponible et ouverte à toute personne appartenant à un canal. Pour ce faire, choisissez le canal auquel vous souhaitez accéder en cliquant sur Ajoutez un canal. Cliquez sur le canal concerné. Ce faisant, la réunion apparaîtra dans le canal. Lorsque la réunion commence, n'importe quelle personne appartenant à ce canal pourra la rejoindre. En outre, toutes les conversations de la réunion et les enregistrements apparaîtront dans ce canal de Teams.

   Pour moi, cette option est transparente. En effet, même si j'ai besoin d'une réunion avec trois personnes ciblées, je peux donner à chaque membre du canal la possibilité de la rejoindre. Cela permet également à tous les participants de voir l'enregistrement, les journaux des conversations, et tous les fichiers qui ont été partagés. En d'autres termes, la réunion est transparente pour tous les participants du canal, même si l'invitation n'a été adressée qu'à quelques-uns d'entre eux.

Une fois que vous avez ajouté des personnes à une invitation, Teams affiche leur disponibilité. L'assistant de programmation vous informera sur les moments où les personnes invitées à une réunion sont habituellement libres. Pour cela, il se base sur leur calendrier Outlook. Pour plus de détails, vous pouvez cliquer sur l'onglet Assistant de planification pour voir la disponibilité de chaque participant. Cette fonctionnalité est intégrée dans Outlook depuis longtemps, et est maintenant disponible dans Teams.

6. **Pour créer la réunion, cliquez sur le bouton Envoyer en haut à droite.**

7. **Cliquez sur le bouton Fermer.**

La réunion est désormais présente dans votre calendrier. Pour en afficher rapidement les détails, placez le pointeur de la souris dessus, comme sur la Figure 9.4. Si vous accédez au canal concerné par la réunion, sa planification apparaît dans l'un de ses messages, comme l'illustre la Figure 9.5.

Figure 9.4

Une réunion planifiée dans le calendrier de Teams.

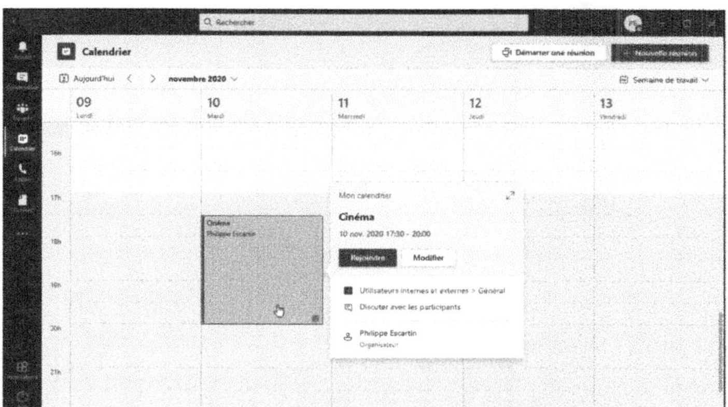

Le calendrier de Teams est lié à Microsoft Outlook. Si vous ouvrez Outlook et que vous regardiez votre calendrier, vous y retrouverez la réunion créée dans Teams, comme le montre la Figure 9.6. Vous pouvez également programmer une réunion dans Teams directement dans Outlook. Pour cela, cliquez sur le bouton Nouvelle réunion Teams de l'onglet Accueil d'Outlook.

Outlook est intégré à de nombreux autres logiciels d'organisation de réunions. Mais, dans la mesure où Teams est fourni avec la majorité des abonnements Office 365, de nombreuses organisations l'adoptent. Cependant, si votre structure utilise un autre programme de réunions, comme GoToMeeting, vous aurez les mêmes avantages que Teams a avec Outlook.

Figure 9.5

Une réunion partagée dans un canal de Teams.

Figure 9.6

Une réunion de Teams se retrouve dans Outlook.

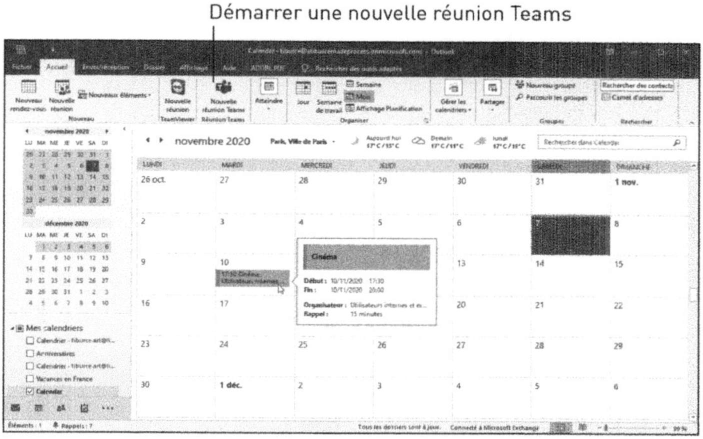

Si vous avez besoin de diffuser un événement auprès d'un grand nombre de personnes, utilisez une fonction appelée Teams Live Events (événements en direct). Si votre abonnement Office 365 propose Teams Live Events, vous disposerez de cette fonctionnalité pour créer une réunion standard ou un événement en direct lorsque vous cliquerez sur le bouton Nouvelle réunion.

Rejoindre une réunion existante

À mon avis, l'une des caractéristiques qui a fait de Teams le produit ayant connu la plus forte croissance de l'histoire de Microsoft, est la facilité avec laquelle il est possible de participer à des réunions. Que vous fassiez partie de l'organisation ou non, vous pouvez rejoindre une réunion Teams en quelques clics de souris.

Il est très facile de rejoindre une réunion lorsque votre organisation utilise Microsoft Office. Si vous êtes familiarisé avec les rappels de réunion qui s'affichent dans Outlook, vous savez alors comment rejoindre une réunion Teams.

Dans Teams, il suffit de cliquer sur la date de la réunion pour afficher une information contenant un bouton Rejoindre (voir Figure 9.7) qui vous permet de vous connecter à la réunion. Cela ouvre la fenêtre de réunion qui permet d'allumer ou d'éteindre votre webcam, ou de mettre votre microphone en sourdine.

Figure 9.7

Rejoindre une réunion Teams.

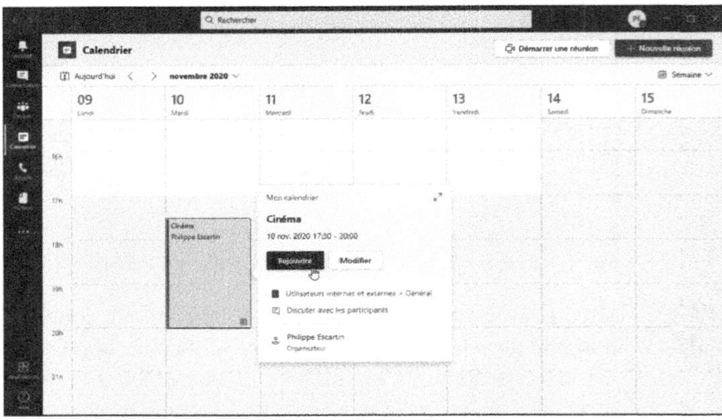

Vous pouvez rejoindre la réunion en ouvrant, dans Outlook, le mail qui vous informe de cette invitation, comme le montre la Figure 9.8.

Vous pouvez installer Teams sur Windows, Mac, et Linux. Si vous utilisez temporairement un ordinateur, optez pour la version Web de Teams. Vous pouvez également installer Teams sur votre périphérique mobile iOS ou Android. Toutefois, les réunions sont plus faciles à suivre confortablement assis à votre bureau en utilisant un clavier, une webcam, et un microphone, autant de matériels disponibles sur un ordinateur portable ou de bureau. L'installation de Teams est traitée au Chapitre 3.

Figure 9.8

Rejoindre une réunion Teams depuis un e-mail reçu dans Outlook.

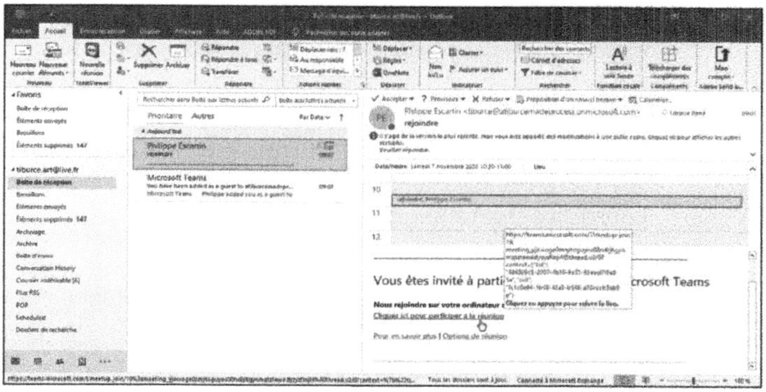

Utiliser Teams pour des conférences téléphoniques

Si vous envisagez d'appeler des personnes pour une réunion en utilisant un numéro de téléphone traditionnel, vous pouvez configurer une audioconférence. Cela exige d'obtenir un plan de numérotation traité au Chapitre 12. Lorsque vous configurez la fonction Audioconférence de Teams, un numéro de téléphone traditionnel sera assigné à la réunion. Les participants établiront alors une communication audio via ce numéro. Cependant, ces participants n'auront qu'une expérience partielle de la réunion car il manquera encore le partage de fichiers et de vidéos.

La fonction Audioconférence n'est pas disponible dans tous les pays. Pour savoir si vous êtes ou non concerné par cette fonctionnalité, ouvrez votre moteur de recherche et lancez une requête sur Audioconférence dans Microsoft Teams. Vous pouvez également effectuer une recherche sur le site Microsoft `https://docs.microsoft.com`.

Utiliser Teams pour passer des appels vidéo

Les réunions ont évolué au fil des ans. Autrefois, tout le monde s'entassait dans une salle en présentiel. Les personnes qui ne pouvaient pas être présentes appelaient un numéro de téléphone pour participer malgré tout à la réunion. Mais tout ceci a changé dès l'apparition de Lync et de Skype. Teams reprend donc les fonctionnalités de produits qui ont fait leurs preuves, et Microsoft a profité du développement de Teams pour faire évoluer sa technologie consacrée aux réunions.

Des réunions et des bavardages

Souvent, une réunion Teams est l'occasion d'une discussion en temps réel où tous les membres de l'équipe publient des messages et en lisent les réponses et les réactions. Le présentateur peut passer en revue les conversations et répondre aux questions dans la limite d'un temps imparti. En outre, les personnes peuvent partager des liens et des fichiers dans la zone de discussion réservée à la réunion. Ce que j'apprécie vraiment dans Teams est qu'il m'est possible de consulter une réunion plus tard, et de prendre ainsi connaissance de toutes les discussions et autre bavardage que j'ai peut-être manqué, notamment en arrivant en retard. Si je manque toute la réunion, je peux en revoir l'enregistrement.

La partie conversation d'une réunion Teams est un extraordinaire moyen de communiquer des informations qui relèvent justement de cette réunion. Par exemple, si quelqu'un parle d'une feuille de calcul Excel spécifique, il lui est possible de coller, directement dans la discussion, un lien vers ce document. Ainsi, tous les participants peuvent y accéder immédiatement.

Pendant des années, Lync fut la référence en matière de conversation et de réunion. Puis ce produit prit le nom de Skype Entreprise, et fut intégré dans Teams. Si vous avez déjà utilisé ces produits par le passé, vous ne serez pas dépaysé dans Teams. Même si l'interface est différente, les concepts restent les mêmes.

Une réunion Teams peut inclure un grand nombre de fonctions différentes. Au niveau le plus élémentaire, une réunion Teams offre un groupe de discussion en ligne, un lien vocal et un écran partagé où les gens peuvent présenter des exposés, partager leur écran et se voir en vidéo interposée.

Une réunion est souvent plus productive et plus inclusive lorsque vous pouvez voir les autres participants et observer leurs réactions et leurs expressions faciales. Teams est souvent plus productif et plus inclusif lorsque la salle de conférence dispose également d'un système vidéo couvrant l'ensemble de la salle. De cette façon, les personnes à l'extérieur et à l'intérieur du lieu peuvent se voir et voir simultanément une présentation. Les personnes situées à l'extérieur voient la présentation et la salle sur leur écran d'ordinateur. Les personnes présentes dans la salle voient la présentation et la vidéo des personnes hors site projetées sur un mur. Cette fonctionnalité rend naturelle et efficace une réunion avec des membres d'une équipe dispersée. Lorsque je participe à une réunion sans vidéo, j'ai la désagréable impression d'en être exclu alors que les autres participants se trouvent à l'intérieur de la salle. En revanche, quand un système vidéo est bien en place, je me sens totalement connecté au reste des participants, car nous nous voyons mutuellement. Pour que cela se produise, il faut disposer d'un matériel spécial conçu pour Teams, et que je traite au Chapitre 10.

Voici comment conduire un appel vidéo dans une conversation Teams :

1. **Cliquez sur l'icône Conversation dans le panneau de navigation de gauche. Ensuite, sélectionnez le message de la personne à appeler.**

   Si vous n'avez aucune conversation en cours avec cette personne, créez-en une via le bouton Nouvelle conversation.

2. **Pour démarrer un appel vidéo, cliquez sur l'icône de la caméra située en haut à droite de la conversation, comme le montre la Figure 9.9.**

L'appel vidéo fait sonner une alerte chez la personne appelée. Vous pouvez cliquer sur l'icône de la vidéo ou de l'audio pour désactiver la caméra ou couper le son comme sur la Figure 9.10.

Figure 9.9

Démarrer une vidéo depuis une conversation.

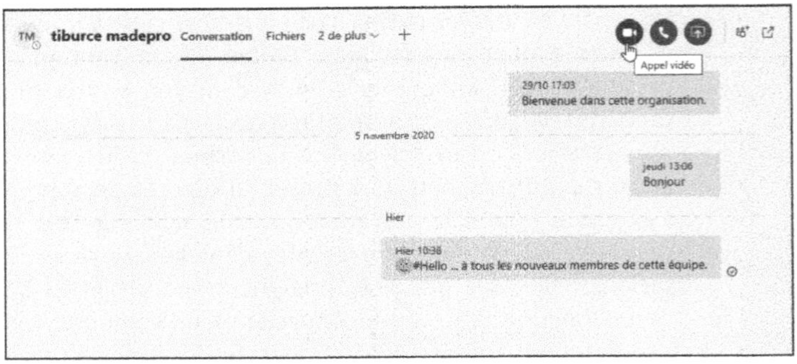

Figure 9.10

Désactiver la vidéo d'un appel.

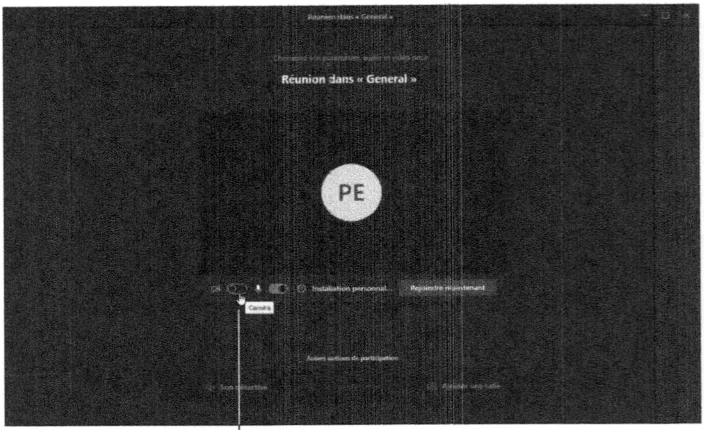

Vous pouvez désactiver votre webcam et votre microphone à tout moment. Par exemple, si vos enfants (notamment en période de confinement Covid-19) se précipitent dans votre bureau, désactivez la vidéo le temps de les faire sortir de la pièce. Idem si votre chien se met à aboyer. Basculez le commutateur de la webcam ou du micro afin de les désactiver. Répétez cette opération pour les réactiver.

3 Lorsque vous en avez fini avec l'appel, cliquez sur le bouton Raccrocher.

Vous pouvez lancer un appel vidéo quasiment depuis n'importe quelle section de Teams. Il vous suffit de passer votre souris sur le nom de la personne que vous souhaitez appeler, et de sélectionner l'icône de la vidéo. Vous pouvez trouver tous vos contacts en sélectionnant l'icône Appels dans le volet de navigation de gauche, puis en sélectionnant Contacts. En général, il suffit de passer la souris sur le nom d'une personne dans un canal, ou de lancer un appel à partir d'une conversation, comme indiqué dans les étapes précédentes.

Pendant une conversation Teams, la plus grande partie de sa fenêtre est couverte par la présentation d'une personne en cours de discussion. Si une présentation n'est pas active, l'écran est alors rempli par la vidéo de la personne qui prend la parole.

Vous pouvez personnaliser la manière dont ces composants apparaissent sur votre ordinateur. Certes, comme nous l'avons vu, il est possible d'activer/désactiver l'image et le son. Mais en plus, vous pouvez cliquer sur l'icône du petit moniteur avec une flèche pointant vers le haut pour afficher les éléments actuellement disponibles sur l'écran de votre ordinateur, et que vous pouvez diffuser sous forme d'une présentation, comme le montre la Figure 9.11.

Figure 9.11

Les options de partage.

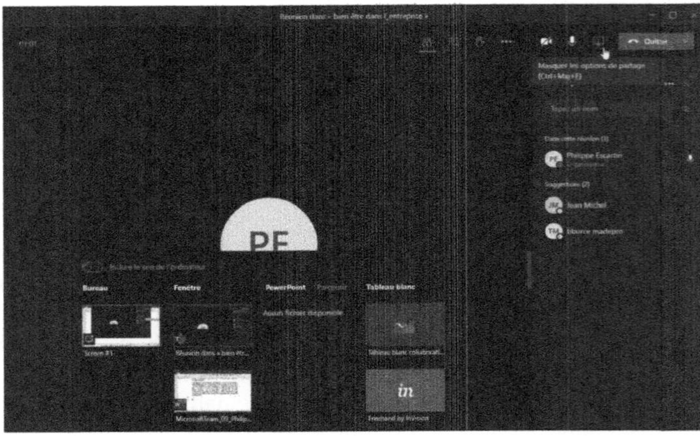

DANS CE CHAPITRE

Découvrir la communication mains libres de Teams

Découvrir le matériel de la salle de conférence

Trouver le périphérique qui couvre vos besoins

Chapitre 10

Quand Teams sort du virtuel

Au cours de ces deux dernières décennies, les réunions et la communication ont connu une véritable révolution. L'Internet et la connectivité ont changé la donne de la communication mondiale. Vous souvenez-vous lorsque vous appeliez, avec votre téléphone fixe, des amis à l'autre bout du monde, et que chacun de leur mot s'accompagnait d'un petit écho vite insupportable ? Le monde nous paraissait immense et nos proches inaccessibles. Nous subissions les contraintes technologiques de l'époque. Puis Skype est arrivé, et j'ai alors pris l'habitude de contacter mes amis partout dans le monde en utilisant l'Internet et ses fabuleuses possibilités de visio. Skype a changé à tout jamais le paysage des communications.

Microsoft Teams offre la même expérience que Skype. Comme vous l'avez découvert dans le précédent chapitre, vous pouvez passer des appels vidéo directement depuis Teams. Ce logiciel propose également de nombreuses fonctionnalités spécialement conçues pour travailler avec des groupes de personnes membres de vos équipes. Avec l'arrivée de Teams, nous observons une accélération de la production de matériels qui en facilitent l'exploitation.

Dans ce chapitre, vous découvrirez quelques-uns des derniers matériels que vos équipes peuvent utiliser, notamment des équipements spécifiquement conçus pour vous en tant qu'individu, comme des casques, mais aussi des appareils conçus pour les salles de réunion et les conférences téléphoniques. Si, comme moi, l'aspect matériel de l'informatique vous passionne, ce chapitre est fait pour vous !

Teams est plus qu'un logiciel

Nous avons tendance, légitimement, à ne voir que l'aspect logiciel de Teams. Pourtant, comme ce produit Microsoft est conçu pour communiquer avec d'autres personnes, il nécessite la mise en œuvre de dispositifs physiques comme des téléphones, des casques, des écrans et des projecteurs pour améliorer cette communication.

Ces matériels existent depuis des années, mais les fabricants commencent à les concevoir pour des scénarios spécifiques et des applications logicielles particulières telles que Teams. Microsoft propose aussi une page Web (`https://www.microsoft.com/fr-fr/microsoft-365/microsoft-teams/across-devices/devices`) qui décrit ces appareils en détail et vous indique où les acheter (voir Figure 10.1).

Les appareils que Microsoft affiche sur sa page de produits sont spécialement conçus pour les conférences et les appels, et sont certifiés pour une utilisation avec Teams. Pour les appareils personnels, comme les casques et les caméras vidéo, vous pouvez utiliser n'importe quel matériel compatible avec votre ordinateur. Pour le reste, comme les salles et les conférences téléphoniques, il est préférable de suivre les recommandations de Microsoft, ou obtenir du fabricant une certification que l'appareil fonctionne bien avec les équipes de Teams.

Figure 10.1

La page Web de Microsoft consacrée au matériel utilisable avec Teams.

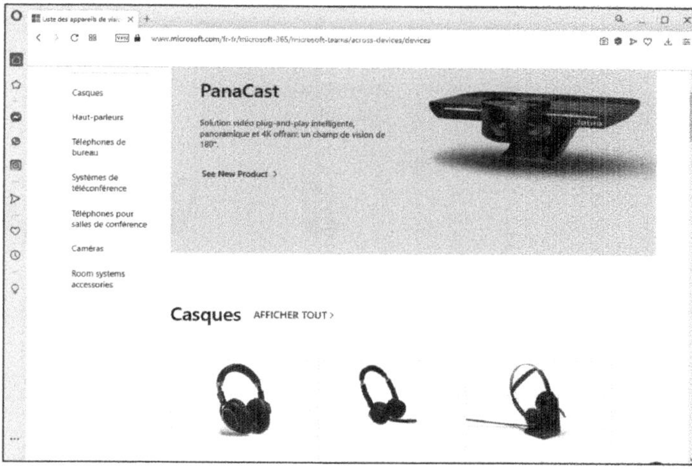

Avoir les mains libres avec Teams

Passer et recevoir des appels téléphoniques avec votre ordinateur devient la nouvelle norme. Certaines organisations ont pleinement adopté cette pratique, tandis que d'autres s'en tiennent à la technologie éprouvée du téléphone traditionnel. Dans les deux cas, il existe des appareils qui vous permettent d'avoir les mains libres lorsque vous êtes en appel ou en réunion.

Les deux principales catégories de ces équipements sont les casques et les haut-parleurs. Si vous travaillez dans un environnement ouvert ou dans un espace partagé, un casque est probablement le meilleur choix. Si vous avez la chance d'avoir un bureau fermé, vous pouvez préférer un haut-parleur. Microsoft propose des casques et des haut-parleurs sur la page Web des produits recommandés, comme le montrent les Figures 10.2 et 10.3.

Figure 10.2

Les casques recommandés pour Teams sur la page Web des produits de Microsoft.

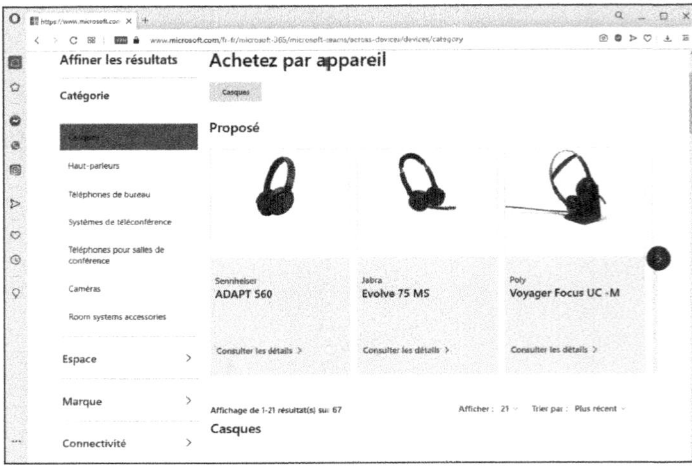

Personnellement, j'opte pour un micro-casque fermé. Je me trouve ainsi immergé dans mon appel, isolé de tout bruit extérieur, comme d'autres conversations, susceptibles de détourner mon attention.

Lorsque j'ai besoin d'ajouter d'autres personnes à la conversation, j'opte pour un téléphone à haut-parleur. Parmi les caractéristiques intéressantes des haut-parleurs, il existe des microphones omnidirectionnels qui captent le son sous tous les angles, et ceci même si vous inclinez la tête ou si vous ne parlez pas directement dans le micro. En réalité, n'importe quel microphone fera l'affaire. En effet, je n'ai pas encore rencontré de microphone qui, fonctionnant avec un ordinateur, ne fonctionnerait pas avec Teams.

Figure 10.3

Les haut-parleurs recommandés sur la page Web de Microsoft.

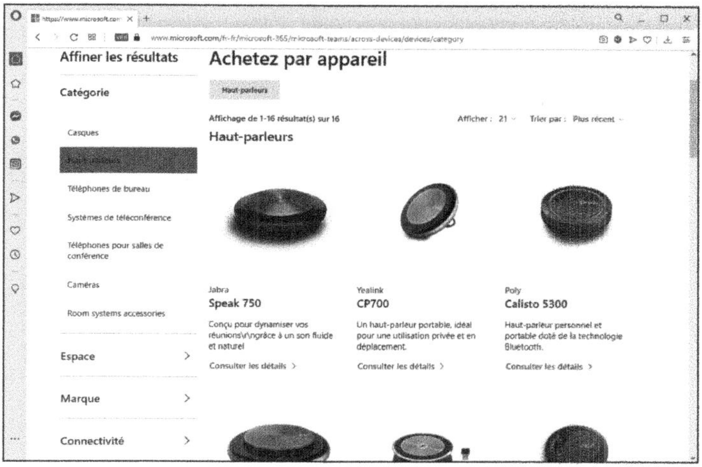

Réunion visuelle avec des caméras

Pour moi, la réussite d'une réunion en ligne repose sur le fait que tous ses intervenants puissent se voir. En effet, la réaction d'une personne en dit bien plus sur le ton de la réunion, et sur la façon dont elle se déroule. Une bonne caméra donne, à une réunion en ligne, l'impression d'être dans une réunion en présentiel.

Les caméras conseillées sur la page Web de Microsoft sont de première qualité, conçues et certifiées pour travailler avec Teams (voir Figure 10.4). Toutefois, comme pour les casques, toute webcam fonctionnant sur votre ordinateur remplira sa fonction dans Teams.

Figure 10.4

Les caméras conseillées sur la page Web Microsoft.

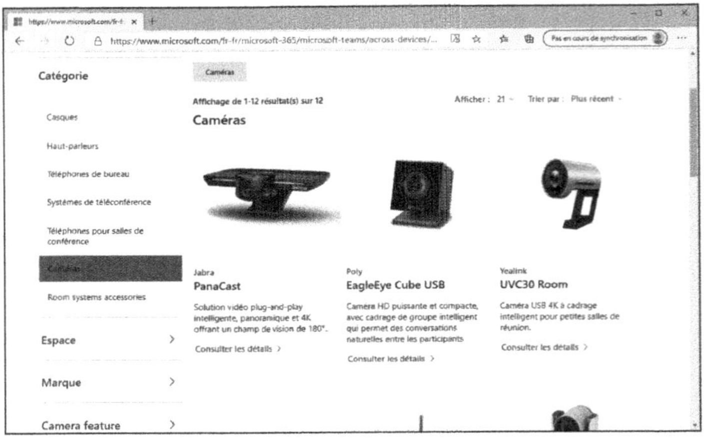

Quoi ? Une caméra à 10 000 € ?!

Sur la page des produits conseillés par Microsoft, vous trouverez une caméra à plus de 10 000 euros, la EagleEye Director 2. Qu'a-t-elle de si spécial ? Eh bien, il m'est arrivé d'assister à une réunion qui utilisait cet appareil. J'ai pu constater qu'elle proposait un très haut niveau d'interaction. Elle est destinée aux réunions regroupant un grand nombre de personnes. La caméra se connecte à un système de microphone intelligent qui lui permet d'effectuer des panoramiques pour filmer la personne qui a pris la parole. Une fois que vous avez expérimenté ce dispositif, il est bien difficile de s'en passer.

J'ai utilisé aussi bien des caméras onéreuses que bon marché. Dans tous les cas, la valeur ajoutée d'une caméra à une réunion est extraordinaire, mais celle apportée par des appareils plus coûteux est discutable. En revanche, les caméras très haut de gamme ont un apport interactif absolument fabuleux. Toutefois, envisagez-les uniquement si cela ne vous met pas en difficulté financière.

Les produits présentés sur la page Web de Microsoft sont les meilleurs. Mais, vous pouvez très bien en trouver dans le magasin informatique proche de chez vous, ou chez des revendeurs en ligne. J'ai constaté que la meilleure expérience vidéo est obtenue avec des webcams 4K assurant une cadence minimum de 30 images par seconde (ips).

La réussite d'une visioconférence dépend de la vitesse de votre réseau et de votre connexion Internet. Vous aurez beau disposer de la meilleure webcam 4K, l'image et le son seront chaotiques si votre vitesse Internet est lente. Par conséquent, s'il y a un secteur où vous pouvez dépenser davantage, c'est bien celui de la rapidité de votre connexion Internet.

Utiliser des téléphones de bureau avec Teams

L'utilisation d'un téléphone de bureau avec Teams offre une nouvelle dynamique intéressante pour vos communications. Pour Teams, un téléphone de bureau ressemble presque à un téléphone traditionnel. Mais, en plus de la voix, un téléphone spécifique à Teams est équipé d'un écran qui peut être utilisé pour des présentations et des visios. Les téléphones de bureau que Microsoft propose sur sa page Web de produits sont présentés à la Figure 10.5. Je conseille ces appareils dès lors qu'ils sont spécifiquement conçus et certifiés pour Teams.

Ces téléphones sont coûteux, car ce sont de véritables petits ordinateurs spécifiquement conçus pour les réunions en ligne. Pour les configurer, connectez-vous au téléphone comme vous le feriez normalement sur votre ordinateur. Le Chapitre 11 traite de la configuration d'un numéro de téléphone et de l'utilisation de Teams en tant que système téléphonique.

Figure 10.5

Les téléphones de bureau pour Teams recommandés par Microsoft.

Transformer une salle de conférence en une salle Teams

Une salle de conférence traditionnelle, également appelée salle de réunion, dispose généralement d'une table avec des chaises tout autour, d'un vidéoprojecteur, et peut-être d'un haut-parleur destiné aux participants à distance. La plupart des organisations disposent d'une telle salle dans leurs locaux. J'ai participé à des réunions dans des centaines de salles disponibles chez mes clients un peu partout dans le monde. Il est assez étonnant de constater qu'elles sont toutes similaires de Manille aux Philippines, en passant par Seattle et Washington.

Teams dispose de fonctionnalités et de dispositifs qui s'ajoutent à ces salles de conférence et les transforment en espaces numériques destinés à accueillir et à inclure tous les participants situés hors du lieu. Un de ces dispositifs prend la forme d'un téléphone de conférence conçu pour Teams, et qui vous permet d'entrer dans la salle de réunion, d'appuyer sur un bouton et de faire en sorte que cette salle rejoigne automatiquement la réunion organisée dans Teams. Un téléphone pour salle de conférence Teams est conçu pour les communications vocales. Vous en verrez un certain nombre sur la page de produits Microsoft illustrée sur la Figure 10.6.

Figure 10.6

Les téléphones pour salles de conférence recommandés sur la page de produits de Microsoft.

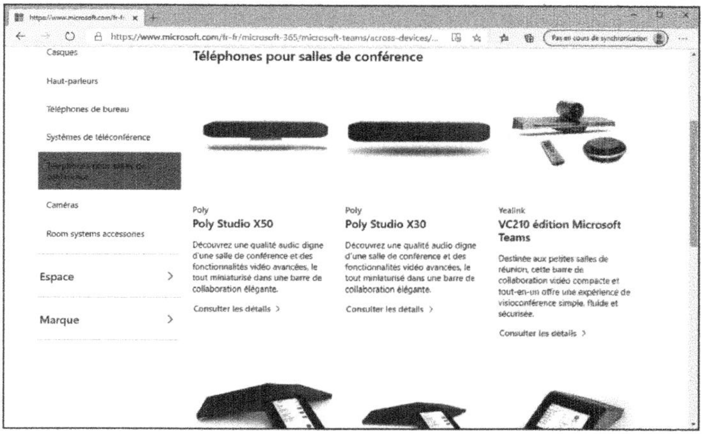

Il existe aussi des systèmes de téléconférence pour Teams que vous pouvez apprécier sur la Figure 10.7. Il s'agit de dispositifs qui combinent un téléphone pour salle de conférence, des caméras, des projecteurs, et des microphones.

Figure 10.7

Les systèmes de téléconférence recommandés sur la page Web Microsoft.

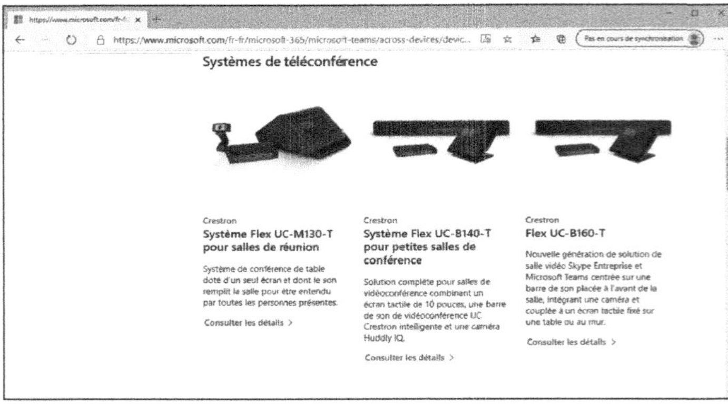

Un système de téléconférence dans Teams comprend tout le matériel nécessaire capable de transformer une salle de réunion traditionnelle en une salle de conférence Teams. Lorsque vous envisagez l'achat de matériels, vérifiez toujours qu'ils sont conçus et certifiés pour fonctionner avec Microsoft Teams.

Rien ne vous empêche d'acheter tous les éléments qui composent un système de téléconférence dans Teams et de les assembler vous-même. L'avantage d'un système clé en main est que vous disposerez de tout ce qui est nécessaire à la mise en œuvre de votre salle de téléconférence. En achetant les éléments séparément, vous devez toujours vérifier que chacun d'eux s'ajustera avec les autres.

Un regard vers l'avenir avec Surface Hub

Le futur de Microsoft Teams semble reposer sur Surface Hub. Il s'agit d'un centre de communication numérique tout-en-un, sorte de TV intelligente intégrée à Teams. Vous pouvez y conduire des réunions comme s'il s'agissait d'une sorte d'ordinateur portable géant, mais vous pouvez également dessiner dessus et la déplacer où bon vous semble puisqu'elle fonctionne sur batterie. Pour en savoir davantage sur ce matériel, rendez-vous sur la page Web www.microsoft.com/fr-fr/surface/business/surface-hub-2.

J'ai récemment eu l'occasion d'utiliser Surface Hub. J'ai vraiment l'impression que c'est l'avenir. Cependant, au jour d'aujourd'hui, son prix dépasse la capacité financière de biens des personnes. En effet, en fonction du modèle, il vous faudra débourser entre 9 000 et 12 000 euros. Google a lancé un produit similaire appelé Jamboard (`https://gsuite.google.com/products/jamboard`). Ces ordinateurs de communication préfigurent la nouvelle vague informatique. Il ne s'agit plus d'ordinateurs personnels, mais d'ordinateurs qui appartiennent à un espace commun et partagé, et qui sont destinés à être utilisés comme tels. Restons attentifs au développement de ces dispositifs pour répondre à nos futurs besoins.

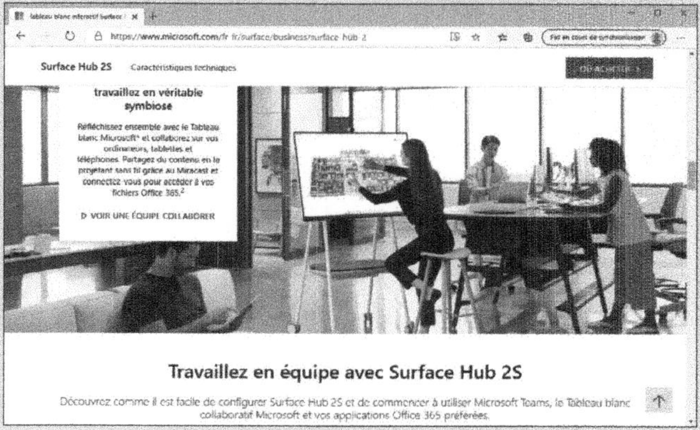

Quatrième partie

Communications vocales avec Teams

Dans cette partie

Découvrez Teams en tant que système téléphonique de votre organisation.

Apprenez à passer et à recevoir des appels *via* Teams avec et sans numéro de téléphone traditionnel.

Configurez Teams pour router les appels entrants et gérer votre boîte vocale, et apprenez à définir un niveau hiérarchique et des files d'attente dans Teams.

Apprenez à désigner des délégués qui travailleront avec Teams en votre nom, et à configurer les autorisations ainsi que les notifications et la confidentialité.

Chapitre 11

Passer et recevoir des appels

DANS CE CHAPITRE

Comprendre la communication vocale moderne

Passer et recevoir des appels dans Teams

Configurer Teams avec un nouveau numéro de téléphone ou un numéro existant

Utiliser Teams comme téléphone en toute décontraction

Communiquer avec la voix est, depuis la nuit des temps, à la base de l'activité humaine. Depuis la fin des années 1800, avec l'avènement du téléphone, de plus en plus de gens ont pu communiquer à distance. Aujourd'hui, les applications Internet telles que Skype ont changé la donne dans ce domaine, Microsoft Teams incarnant une évolution constante de cette technologie. Dans ce chapitre, vous découvrirez comment Teams peut devenir le système téléphonique dans votre organisation. Vous apprendrez, grâce à Teams, à passer et à recevoir des appels. Vous découvrirez comment les numéros de téléphone fonctionnent au sein de Teams, et comment vous pouvez passer des appels même sans posséder de tels numéros. Vous en saurez également un peu plus sur l'historique des numéros de téléphone, et comment vous pourrez les définir dans Teams pour travailler avec un système téléphonique traditionnel.

Passer des appels téléphoniques avec Teams

Dans notre bureau de Seattle, nous n'avons ni système téléphonique ni téléphones traditionnels. À la place, nous disposons d'un réseau très rapide raccordé à une connexion Internet à haut débit. Nous l'utilisons pour passer des appels via nos ordinateurs et nos autres périphériques électroniques. Ainsi, pour appeler un de nos collègues au bureau, nous passons par Teams. Et lorsque nous avons besoin de passer un appel à l'extérieur, pour contacter une personne qui utilise un numéro de téléphone standard, nous passons également par Teams.

Pour recevoir ou passer un appel téléphonique avec Teams en utilisant un numéro de téléphone, vous devez configurer Teams avec la licence appropriée et lui attribuer un numéro de téléphone. Sinon, personne ne pourra composer pareil numéro pour contacter d'autres personnes. Plus loin dans ce chapitre, j'étudie la mise en place de numéros de téléphone dans Teams.

Les réseaux de communication modernes peuvent rapidement devenir confus. Pour mieux les appréhender, il est nécessaire de bien comprendre leur fonctionnement. Des volumes entiers de livres leur ont été consacrés. Le réseau téléphonique public commuté (RTCP) est un précurseur à l'Internet et a utilisé une technologie analogique pour permettre à votre téléphone de communiquer avec celui de quelqu'un d'autre sur le réseau en question. Pour y identifier chaque appareil, il a fallu inventer les numéros de téléphone (voir l'encadré, « Comprendre le fonctionnement des numéros de téléphone » plus loin dans ce chapitre). Si le circuit entre vos téléphones est coupé, votre appel est rejeté.

Internet a permis de résoudre le problème posé par le fait que seuls deux téléphones peuvent communiquer simultanément. De plus, Internet utilise des données numériques appelées paquets pour envoyer des informations sur le réseau. Pour optimiser la communication vocale sur ce réseau numérique – l'Internet – un protocole spécial a été inventé, appelé Voice over Internet Protocol

(VoIP). Aujourd'hui, il existe un étrange mélange de ces deux réseaux, et la terminologie du RTCP se réfère toujours à l'utilisation du réseau téléphonique traditionnel. Toutefois, de nos jours, un mélange de connexions Internet y est imbriqué.

En général, vous ne pouvez utiliser que la technologie VoIP pour appeler, depuis Teams installé sur votre ordinateur et en passant par Internet, une personne qui elle-même répondra via Teams. Aucun numéro de téléphone n'est alors requis. Quand vous devez utiliser un numéro de téléphone réel, vous êtes contraint de passer par le système réglementaire associé au réseau RTCP. Cela concerne les compagnies de téléphone et les organismes de réglementation. Nous pouvons même imaginer, à terme, la disparition du numéro de téléphone tel que nous le connaissons aujourd'hui. Mais pour le moment, nous avons toujours besoin de numéros de téléphone pour communiquer avec des personnes n'utilisant pas une solution VoIP tel que Teams, Skype, Hangouts, Slack, Zoom, et j'en passe.

Appeler un autre utilisateur de Teams

Si vous avez déjà utilisé une application comme Skype pour appeler une autre personne qui utilise cette même application, vous savez à quel point il est facile de communiquer vocalement sur Internet. Teams suit ce même paradigme. Vous pouvez appeler un autre utilisateur de Teams depuis n'importe quel écran de l'application. Vous pouvez appeler immédiatement toute personne dont vous voyez le nom dans Teams. Il vous suffit de passer votre souris dessus et de cliquer sur l'icône du téléphone, comme le montre la Figure 11.1.

Lorsque je travaille au bureau, je préfère utiliser un micro-casque pour passer tous mes appels. Je libère ainsi mes mains pour continuer à travailler tout en parlant. L'utilisation des casques dans Teams est traitée au Chapitre 10.

Figure 11.1

Appeler un autre utilisateur de Teams.

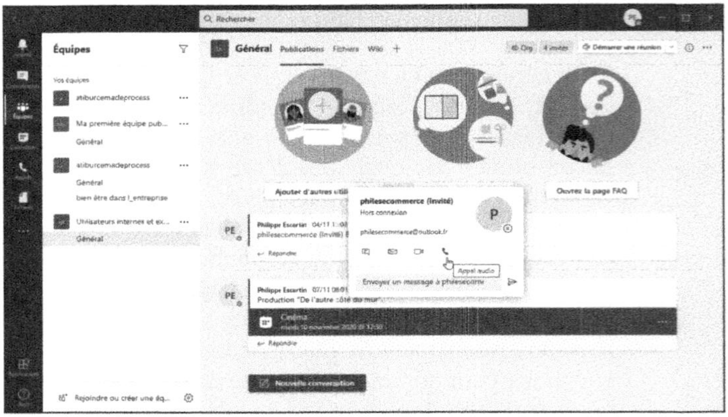

Trouver le tableau de bord des appels

Dans la section précédente, vous avez vu comment la communication, y compris les appels vocaux, est intégrée à l'interface de Teams (Figure 11.1). Teams propose également un tableau de bord des appels spécifique aux communications vocales. Vous y accéderez via l'onglet Appels dans le volet de navigation de gauche, comme sur la Figure 11.2. Notez que cet onglet est absent du volet de navigation si vous n'avez pas configuré les appels vocaux dans Teams. Cette configuration est une tâche d'administrateur dont je parle plus loin dans ce chapitre et au Chapitre 12.

Le tableau de bord des appels permet de voir les numérotations rapides, les contacts, l'historique, et la messagerie vocale, ainsi qu'une section où il est possible de passer un appel :

» **Numérotation rapide :** cet écran vous permet d'ajouter les contacts que vous appelez fréquemment. Cette fonctionnalité est particulièrement utile lorsque vous travaillez avec de très grandes organisations et que la liste des contacts se compose de centaines ou de milliers de personnes.

» **Contacts :** cet écran dresse la liste de tous vos contacts. Ajoutez ici tout type de contact nécessaire à votre activité. Il n'est d'ailleurs pas nécessaire que ces contacts soient des utilisateurs de Teams. Pour ajouter un contact, cliquez sur le bouton Ajouter un contact situé dans le coin supérieur droit de l'écran. Saisissez ensuite un nom. Au fur et à mesure que vous tapez des caractères, Teams vous fait des suggestions basées sur les personnes appartenant à votre organisation. Si Teams ne trouve aucune équivalence, vous ajouterez alors un nouveau contact, mais qui n'appartient pas à votre société.

» **Historique :** cet écran affiche l'historique des appels entrants et sortants.

» **Messagerie vocale :** les messages vocaux que l'on vous a laissés sont centralisés ici. Vous pouvez écouter les messages ainsi que visualiser leurs transcriptions que Teams a déjà réalisées pour vous. J'utilise fréquemment la fonction de transcription, car l'écoute d'un message prend du temps. Je peux alors jeter un rapide coup d'œil à la transcription et savoir instantanément de quoi il retourne. Cela me permet de savoir si le message mérite d'être écouté ou pas, et/ou si je dois y donner suite immédiatement ou plus tard.

Lorsque vous ajoutez un nouveau contact dans Teams, tapez simplement quelques lettres du nom d'une personne ou quelques chiffres d'un numéro de téléphone. Teams lance alors une recherche au sein des contacts de votre organisation et affiche ceux qui se rapprochent le plus des caractères saisis. Pour affiner cette recherche, continuez à entrer des caractères.

Figure 11.2

Ouvrir le tableau de bord des appels de Teams.

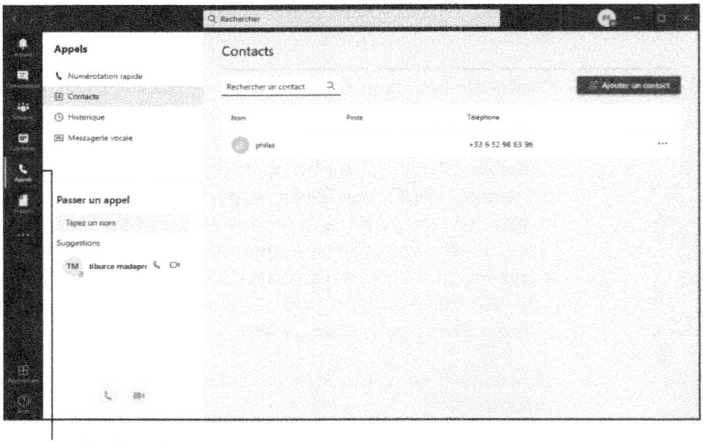

Le tableau de bord Appels propose une section « Passer un appel » (voir la Figure 11.2). Vous constatez la présence de l'icône d'un téléphone à droite de chaque contact. Cliquez dessus pour appeler immédiatement la personne concernée. Je trouve cette section redondante puisque vous pouvez, avec la même technique, appeler un contact depuis n'importe quelle section de Teams. D'ailleurs, je passe la majorité de mes appels depuis des canaux ou des conversations, et ceci sans accéder au tableau de bord des appels. Quelle que soit mon activité dans Teams, je me contente de placer le pointeur de la souris sur le nom d'un utilisateur et de cliquer sur l'icône du téléphone qui apparaît.

Si vous avez configuré un numéro de téléphone dans Teams, vous le trouverez dans le tableau de bord des appels au-dessus de la section Passer un appel, comme sur la Figure 11.3. Si aucun numéro n'a été assigné, cette section sera « vide ».

Figure 11.3

Quand un numéro de téléphone a été assigné à un utilisateur de Teams, il apparaît dans le tableau de bord.

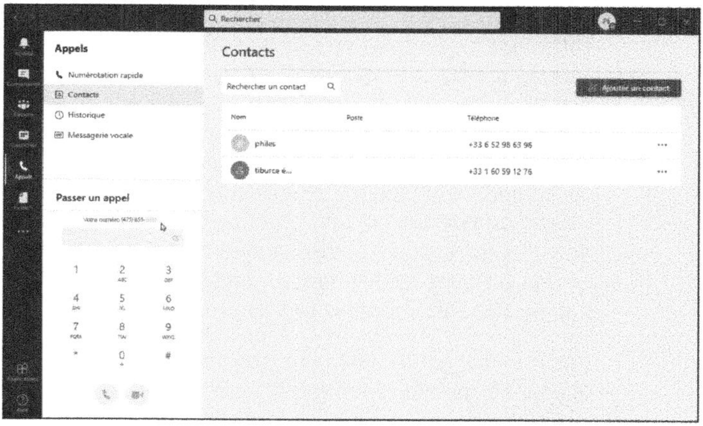

Recevoir un appel dans Teams

Dans la pratique, la réception d'un appel dans Teams semble se dérouler comme n'importe quel type d'appel, qu'il provienne d'un utilisateur de Teams ou d'un téléphone traditionnel. Votre application Teams sonne, et vous déciderez de répondre à l'appel ou de l'ignorer. Teams permet de définir son comportement lorsque quelqu'un vous appelle. Par exemple, vous déciderez que Teams transférera l'appel vers le téléphone de votre bureau entre 9 heures et 11 heures en semaine. En dehors de cette plage hebdomadaire, les appels seront transférés vers votre téléphone portable. Vous pouvez aussi paramétrer Teams pour que l'appel soit entendu sur n'importe quel appareil que vous êtes en train d'utiliser. Ainsi, où que vous soyez, vous restez en contact avec vos clients et collaborateurs. Je traite en détail de cette fonctionnalité au Chapitre 12.

Utiliser Teams avec des numéros de téléphone

Dans Teams, vous pouvez appeler n'importe quelle personne de votre liste de contacts en cliquant sur l'icône du téléphone qui lui correspond. Tout le monde n'utilisant pas Teams ou les communications via Internet, les numéros de téléphone classiques restent toutefois d'actualité. Comme vous pouviez vous en douter, Teams prend en charge cette téléphonie traditionnelle. Vous composerez un numéro de téléphone avec Teams installé sur un ordinateur de bureau ou portable, un smartphone ou une tablette. Le téléphone de votre correspondant ne manquera pas de sonner. De même, si quelqu'un compose le numéro de téléphone configuré avec Teams, l'application Teams sonnera à son tour.

J'utilise souvent Teams pour appeler des personnes depuis mon téléphone mobile. Tout est si facile que l'on oublie rapidement avoir besoin de Teams et d'une connexion Internet pour que tout cela fonctionne parfaitement bien. Finalement, j'utilise principalement la connexion Internet de mon téléphone mobile pour communiquer. Certes, j'ai reçu un numéro de mon opérateur de téléphonie mobile, mais je pourrais tout aussi bien en obtenir un de Microsoft avec Teams, de Google avec Hangouts, ou d'un certain nombre de nouveaux services de ce type. En fait, mon forfait mobile me sert presque exclusivement de connexion Internet quand je ne suis pas à mon bureau. Si Elon Musk réalise son projet d'Internet à haut débit par satellites avec Starlink, je me demande ce que deviendront, dans le futur, les forfaits de téléphonie mobile. Sans doute tout cela migrera vers des offres d'abonnement d'Internet mobile plus alléchantes les unes que les autres.

Pour passer des appels, vous n'avez besoin que de votre application Teams et d'une connexion Internet.

Comprendre le fonctionnement des numéros de téléphone

Un numéro de téléphone est une série de chiffres attribués à un appareil. Quand ce numéro est composé sur le téléphone d'un autre utilisateur, une connexion entre les deux appareils est établie. Les différentes parties d'un numéro identifient le pays, la zone géographique, la région et l'appareil lui-même. L'ensemble du système téléphonique est connu sous le nom de Réseau téléphonique public commuté (RTCP). Il est né en 1875 lorsqu'Alexander Graham Bell a inventé la communication vocale par fil. Ensuite, en 1877, Bell a créé la société Bell Telephone Company. La communication vocale sur une longue distance est alors devenue la norme. Le numéro de téléphone est devenu le mécanisme de connexion avec d'autres personnes.

La communication moderne change ce paradigme. Vous pouvez toujours utiliser un numéro de téléphone pour vous connecter à un autre appareil distant. Toutefois, si vous contactez quelqu'un qui utilise la même application de communication que vous, comme Skype ou Teams, contentez-vous de sélectionner son nom dans votre liste de contacts. Votre voix ne passera plus par le système RTCP, mais bel et bien par Internet en utilisant le protocole VoIP.

Comme vous avez pu le constater dans ce chapitre, vous pouvez utiliser Teams pour téléphoner à d'autres contacts de l'application sur votre réseau local ou même sur Internet. Cependant, si vous souhaitez passer et recevoir des appels en utilisant le système RTCP, vous devrez obtenir une licence et un numéro de téléphone comme expliqué dans ce chapitre.

Le numéro de téléphone ajouté à Teams pour ses utilisateurs apparaît dans le coin inférieur gauche du tableau de bord des appels (voir la Figure 11.2). Lorsqu'une personne appelle le numéro de téléphone, Teams sonne et il est alors possible de répondre. Vous pouvez également composer un numéro de téléphone en l'entrant dans la section Passer un appel.

Ajouter des numéros de téléphone dans Teams

Beaucoup d'organisations utilisent Teams et payent pour un service de téléphonie indépendant. Et la facture peut alors être salée, même pour les petites entreprises. Microsoft propose ce type de service via Teams. Vous pouvez y souscrire par le centre d'administration Office 365 et le centre d'administration Microsoft Teams que je traite en détail aux Chapitres 13 et 14. Dans cette section, je précise les étapes à suivre pour adhérer à un service téléphonique et pour commencer à utiliser des numéros de téléphone dans Teams.

Pour recevoir et passer des appels avec Teams en utilisant un numéro de téléphone, vous devez vous inscrire à un service téléphonique et obtenir une licence. Dans le cas contraire, vos appels seront limités aux autres utilisateurs de Teams.

Obtenir une licence et un abonnement téléphonique

L'octroi de licences est un domaine qui provoque souvent une grande confusion et une grande frustration à l'égard des produits Microsoft. Heureusement, Microsoft a compris le problème que cela pouvait poser aux petites et moyennes entreprises, et propose des solutions. (Les grandes organisations bénéficient généralement d'un compte dédié).

Microsoft a lancé Microsoft 365 Business Voice. Ce service est disponible en France, sans forfait d'appel. Les détails et la page dédiée, illustrée sur la Figure 11.4, sont disponibles ici : `https://docs.microsoft.com/fr-fr/office365/servicedescriptions/microsoft-365-business-voice-service-description`.

Figure 11.4

La page de documentation de Microsoft 365 Business Voice.

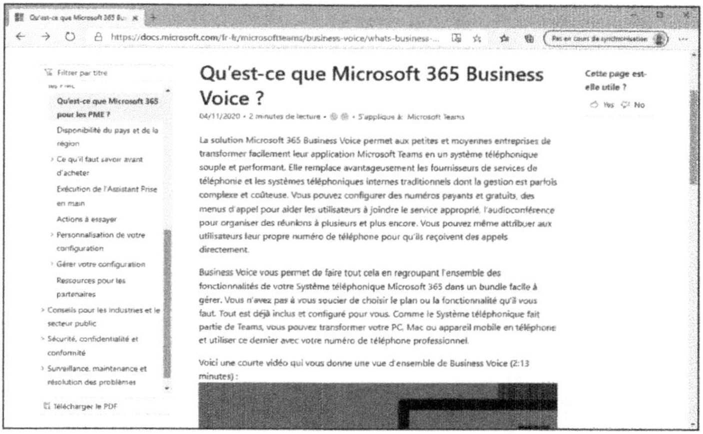

Sans Microsoft 365 Business Voice, vous devrez obtenir une licence pour un système de téléphonie et un abonnement. Pour ce chapitre et le Chapitre 12, j'ai acheté une licence Microsoft 365 E5, et un forfait d'appel. Mais il va sans dire que, très rapidement, je passerai à une licence Microsoft 365 Business Voice. Si votre abonnement Microsoft 365 ou Office 365 n'inclut pas la bonne licence, vous verrez un message d'erreur s'afficher en haut du centre d'administration lorsque vous démarrerez l'assistant d'obtention d'un nouveau numéro, comme sur la Figure 11.5.

Parfois, il peut s'écouler du temps entre l'achat d'une licence incluant des services téléphoniques et la possibilité de créer un nouveau numéro. Donc, si Teams affiche un message comme quoi vous n'êtes pas habilité à créer un numéro, attendez 24 heures avant de vous affoler et de réagir.

Vous pouvez obtenir des licences pour diverses fonctionnalités de Teams comme les conférences, des numéros verts, et des forfaits d'appels. Vérifiez les descriptions de chaque licence pour bien savoir ce que les services incluent. Vous trouverez ces licences sur le site d'administration de Microsoft 365 ou Office 365. Au Chapitre 1, vous avez appris à vous abonner à Microsoft 365 ou Office 365. Une fois connecté à votre tableau de bord Microsoft 365 ou Office 365, vous trouverez les informations sur les licences dans la page Facturation du panneau de navigation.

Figure 11.5

Sans licence, impossible d'ajouter un numéro.

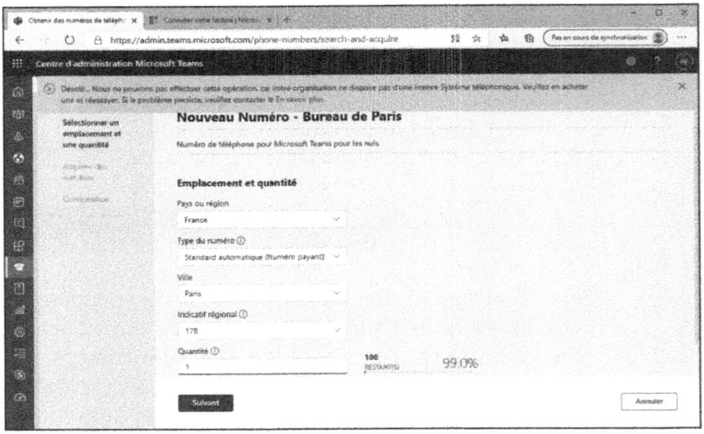

Pour ajouter un numéro de téléphone à un utilisateur de Teams, vous devez également obtenir un forfait d'appel. Il s'agit essentiellement d'un moyen de payer le temps passé à utiliser le réseau téléphonique public commuté (RTCP). Vous trouverez des forfaits pour les appels nationaux et les appels internationaux.

L'intérêt de Teams réside dans le fait que vous pouvez être opérationnel en peu de temps, sans faire appel à des experts à la rémunération très coûteuse. Toutefois, Microsoft propose également de nombreuses fonctionnalités et services spécialement conçus pour les grandes entreprises. Par exemple, Microsoft propose une fonctionnalité de remplacement appelée « Phone System » pour les systèmes traditionnels de Private Branch eXchange (PBX). Un PBX est un système qui permet d'acheminer le trafic téléphonique au sein de votre organisation. Autrefois, un système PBX était un gros appareil qui occupait une petite pièce. L'offre de Microsoft est entièrement virtuelle et réside sur le cloud, même si elle propose les mêmes performances.

Si vous êtes un décideur au sein d'une grande organisation, je vous conseille de vous adresser directement à Microsoft et de demander à un technicien de vous guider dans les fonctionnalités et les licences complémentaires pour Teams.

Inscrire un nouveau numéro de téléphone

Vous pouvez demander un nouveau numéro de téléphone pour un emplacement précis. Microsoft vous attribuera alors un numéro disponible. Voici comment obtenir un tel numéro pour un utilisateur de Teams :

1. **Connectez-vous au centre d'administration Microsoft Teams, et ouvrez l'option Voix dans le panneau de navigation de gauche.**

2. **Dans le menu local qui s'affiche, cliquez sur Numéros de téléphone, comme sur la Figure 11.6.**

   L'écran éponyme apparaît dans la partie droite du centre d'administration.

3. **Cliquez sur le bouton +Ajouter, et suivez les instructions de l'assistant de création d'un numéro de téléphone.**

4. **Donnez un nom à votre commande, tapez une description, et sélectionnez un pays ou une région, comme sur la Figure 11.7.**

5. **Choisissez ensuite le type de numéro à assigner.**

   Dans cet exemple, j'ai opté pour un numéro de téléphone standard. Vous pouvez aussi choisir File d'attente des appels et Pont de conférence dédié. Vous en saurez davantage à ce sujet au Chapitre 12.

Figure 11.6

Ouvrez la page Numéros de téléphone du centre d'administration Microsoft Teams.

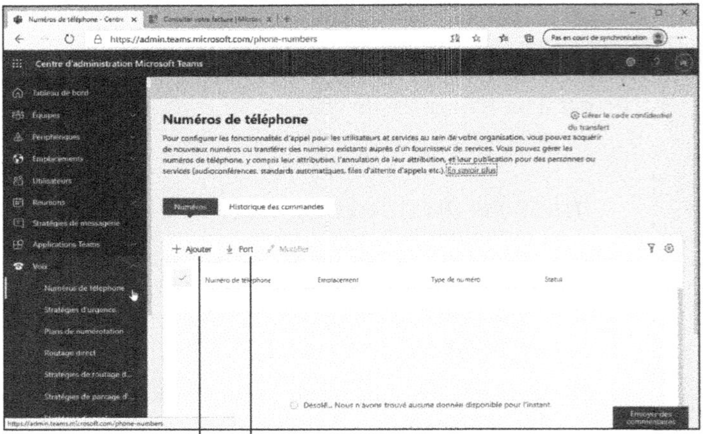

Cliquez ici pour ajouter un numéro

Cliquez ici pour ajouter un numéro existant

6. **Choisissez la ville où est basé ce numéro de téléphone.**

   Lorsque vous cliquez sur ces menus locaux, vous obtenez une liste des pays et des villes, comme sur la Figure 11.8.

7. **Sélectionnez l'indicatif dans la liste proposée, puis le nombre de numéros souhaités, et enfin cliquez sur suivant, comme sur la Figure 11.9.**

   Si l'indicatif proposé par Teams n'est pas correct, choisissez-le tout de même afin d'ajouter votre numéro. Ensuite, contactez le support technique de Microsoft pour obtenir le bon indicatif.

Figure 11.7

Sélectionner le type de numéro de téléphone.

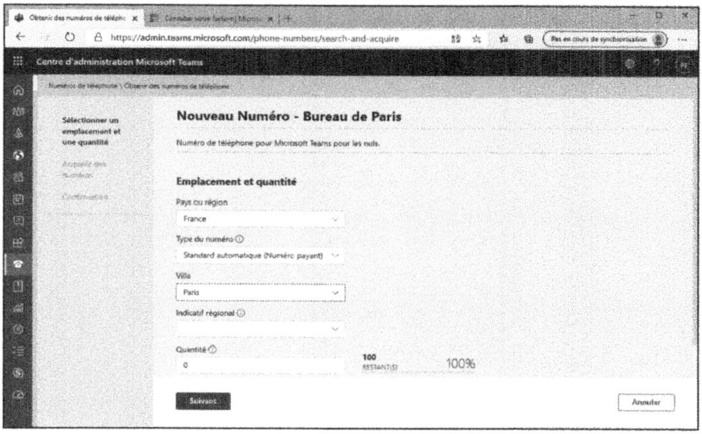

J'ai rencontré plusieurs problèmes et erreurs en essayant de commander un nouveau numéro de téléphone. Il m'a fallu ouvrir un ticket d'assistance pour soumettre ces problèmes. En général, lorsque vous rencontrez des difficultés, ouvrez une demande de support. Par expérience, je peux vous assurer que Microsoft réagit très rapidement, et le support s'évertuera à résoudre votre souci le jour même. Vous pouvez ouvrir un ticket depuis le centre d'administration Office 365.

Figure 11.8

Ajouter le lieu où est localisé le numéro de téléphone.

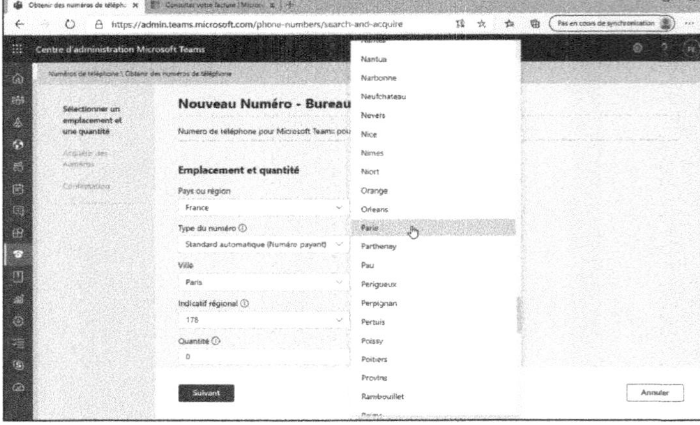

Figure 11.9

Remplir la fiche de commande d'un nouveau numéro de téléphone.

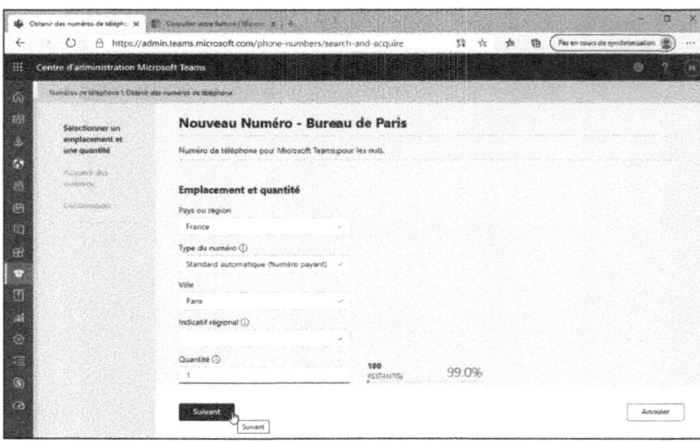

8. **Vérifiez votre demande de numéro, puis cliquez sur Commander, comme sur la Figure 11.10.**

   Une fois que votre nouveau numéro a été approuvé, une page de confirmation s'affichera pour passer commande.

9. **Une fois terminé, votre nouveau numéro de téléphone apparaît dans la page Numéros de téléphone du centre d'administration Microsoft Teams, comme sur la Figure 11.11.**

   Vous pouvez maintenant assigner le numéro de téléphone à un utilisateur de Teams.

⚠ Comme je vous l'ai déjà expliqué, Teams est sans cesse mis à jour par Microsoft. Il est possible que la procédure d'ajout d'un numéro ait évolué au moment où vous lirez ces lignes. Mais globalement, elle ne devrait pas être complètement différente. Seuls quelques ajustements seront peut-être nécessaires.

Figure 11.10

Passez commande d'un nouveau numéro de téléphone.

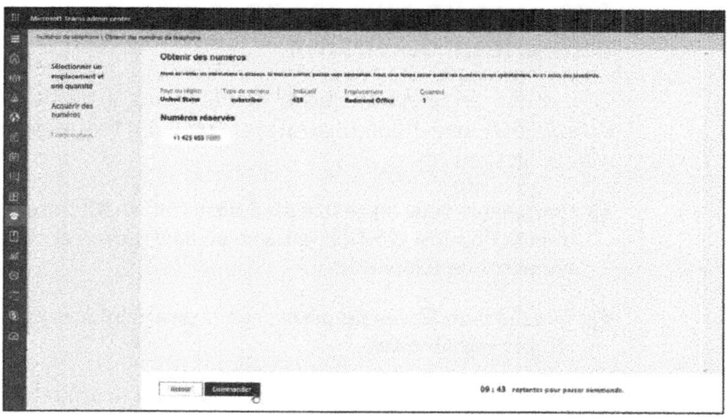

Figure 11.11

Un nouveau numéro de téléphone dans le centre d'administration Microsoft Teams.

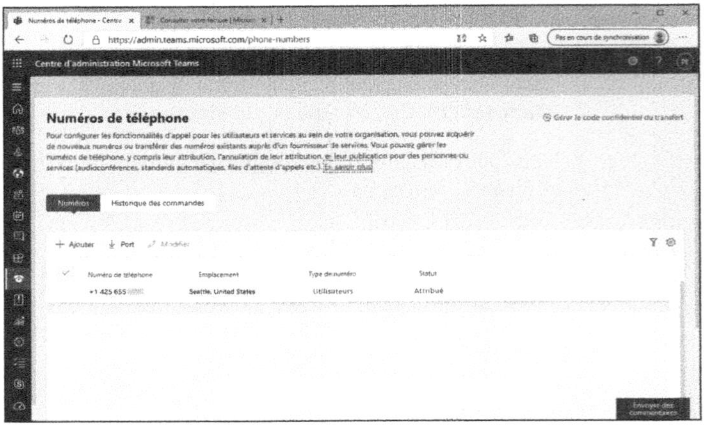

Assigner un numéro de téléphone à un utilisateur de Teams

Ce numéro de téléphone ainsi obtenu n'est attribué à personne. Utilisez le centre d'administration Microsoft Teams pour procéder à cette attribution :

1. **Connectez-vous au centre d'administration Microsoft Teams, ouvrez l'option Voix du panneau de navigation, et choisissez Numéros de téléphone.**

2. **Dans la liste de vos numéros, choisissez celui à assigner, et cliquez sur Modifier.**

   Le panneau des modifications apparaît sur la droite de l'écran.

3. **Recherchez l'utilisateur auquel attribuer ce numéro de téléphone.**

Si vous ne voyez pas un utilisateur spécifique, vérifiez qu'une licence lui a été assignée. Pour cela, accédez au centre d'administration de Microsoft 365 ou Office 365 (voir le Chapitre 1), puis ouvrez les utilisateurs actifs comme sur la Figure 11.12.

4. **Indiquez l'emplacement de cet utilisateur et cliquez sur Appliquer.**

   L'utilisateur de Teams est alors assigné à un numéro de téléphone. Tout appel lui sera alors transmis vers ce numéro.

Figure 11.12

Pour assigner un plan d'appel via le centre d'administration Microsoft 365 ou Office 365.

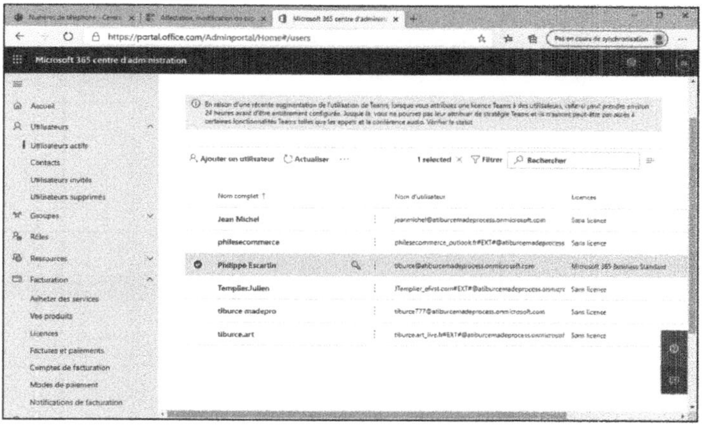

Ajouter un numéro existant à Teams

Si vous possédez un numéro de téléphone, vous pouvez l'ajouter à Teams. La procédure à suivre est assez proche de celle permettant d'obtenir un nouveau numéro. Toutefois, il vous faudra choisir Port au lieu de +Ajouter. Comme le montre la Figure 11.13, un écran de prise en main apparaît. Cliquez sur suivant pour lancer l'assistant comme sur la Figure 11.14. Conformez-vous aux étapes de l'assistant.

Figure 11.13

Pour transférer un numéro de téléphone.

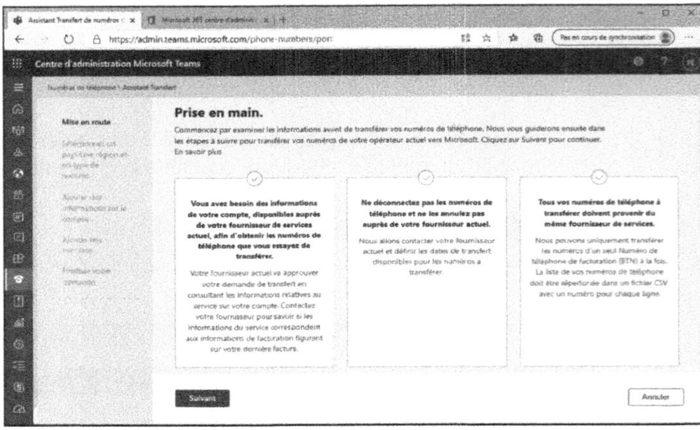

Figure 11.14

Conformez-vous aux étapes de l'assistant.

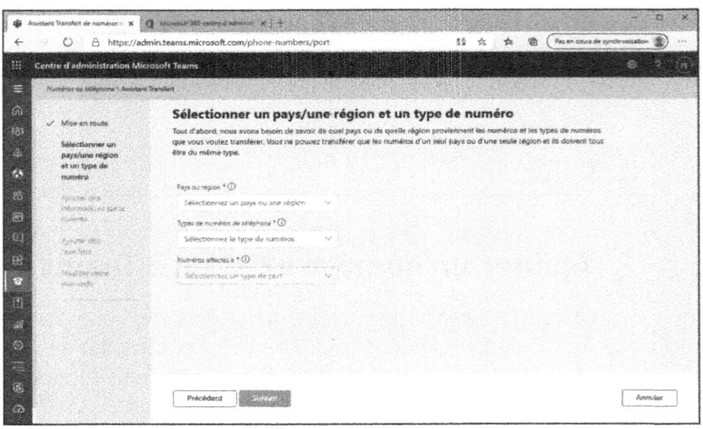

Dissocier ou modifier le numéro de téléphone attribué à un utilisateur

Vous pouvez dissocier ou modifier le numéro de téléphone qui a été attribué à un utilisateur de Teams. Vous y procéderez sur la page du centre d'administration Microsoft Teams où vous avez procédé à l'attribution.

Pour dissocier ou modifier le numéro attribué à un utilisateur :

1. **Connectez-vous au centre d'administration Microsoft Teams, et cliquez sur Numéros de téléphone, comme vous avez pu le voir sur la Figure 11.6 bien plus haut dans ce chapitre.**

2. **Sélectionnez le numéro concerné, puis choisissez Modifier.**

   Le panneau permettant d'apporter des modifications apparaît.

3. **Cliquez sur le X situé à proximité du nom de la personne dont vous souhaitez dissocier le numéro. Confirmez votre action via Appliquer.**

4. **Pour assigner un autre numéro de téléphone, suivez la même procédure, choisissez Modifier, puis attribuez un nouveau numéro à l'utilisateur concerné.**

Configurer un téléphone pour Microsoft Teams

De nombreuses organisations avec lesquelles je travaille préfèrent encore utiliser un téléphone traditionnel pour passer et recevoir des appels. Plusieurs dispositifs ont été mis en place spécifiquement pour répondre aux besoins de ces utilisateurs.

Au Chapitre 10, je traite des téléphones spécialement conçus pour Teams. Un téléphone destiné à Teams ressemble à un téléphone ordinaire mais équipé d'un écran. Un des produits vus sur la page Web des produits Microsoft est représenté sur la Figure 11.15. Ce genre de téléphone exécute l'application Teams, et permet de se connecter à Teams comme vous le feriez avec l'application Teams installée sur votre ordinateur ou votre appareil mobile.

Figure 11.15

Un téléphone pour Teams typique.

Une fois que vous êtes connecté au téléphone, vous pouvez composer un numéro comme s'il s'agissait d'un téléphone traditionnel. Vous pouvez également utiliser l'écran d'affichage pour sélectionner un contact Teams et l'appeler vocalement. Le grand intérêt de ces appareils est de pouvoir communiquer avec des personnes qui continuent à utiliser un téléphone traditionnel.

Chapitre 12

Utiliser Teams comme opérateur personnel

DANS CE CHAPITRE

Personnaliser les appels entrants

Limiter les autorisations

Utiliser une messagerie vocale

Configurer des périphériques et les files d'attente de votre organisation

Dans le passé, seuls les cadres supérieurs avaient des assistants administratifs qui répondaient à leurs appels et les acheminaient vers qui de droit. Avec Microsoft Teams, chacun peut définir des règles de transfert des appels entrants, et gérer sa propre messagerie vocale. Teams pourra transcrire les messages vocaux pour que vous puissiez les lire et déterminer ainsi leur niveau de priorité. Autrefois, les fonctions avancées du système vocal, telles que les chaînes téléphoniques et les files d'attente, étaient l'apanage des plus grandes organisations. Désormais, Teams procure ces fonctionnalités aux organisations de toute taille.

Dans ce chapitre, vous indiquerez à Teams où et quand effectuer vos appels. Vous découvrirez comment créer des règles pour renvoyer automatiquement les appels et spécifier quand et comment recevoir des appels afin de rester concentré sur votre travail. Vous verrez également comment mettre en place une messagerie vocale dans Teams, et comment l'utiliser intelligemment. Enfin, vous apprendrez à désigner des délégués qui interviendront en votre nom dans Teams. Ils obtiendront les autorisations nécessaires et mettront en place des systèmes de notification et de protection de la vie privée, des appels automatiques, et des files d'attente pour votre organisation.

Configurer vos périphériques audio dans Teams

Un téléphone traditionnel est assez simple. Il comprend généralement un socle et un combiné équipé d'un haut-parleur et d'un microphone. Ainsi, vous pouvez entendre l'appel et parler à la personne située à l'autre bout du fil. Lorsque vous utilisez Teams pour passer et recevoir des appels, vous pouvez installer plusieurs appareils audio et les configurer de différentes manières. Par exemple, vous pouvez brancher un haut-parleur et un casque sur votre ordinateur. Vous pourrez aussi préférer que le haut-parleur émette un son quand vous recevez un appel, vous évitant alors de porter un casque. Vous pouvez également préférer répondre à l'appel et communiquer avec votre interlocuteur uniquement à l'aide de votre casque. Ou, si d'autres personnes autour de vous ont besoin d'entendre l'appel, vous pouvez changer de téléphone pour utiliser le haut-parleur. Voici comment configurer l'ensemble de ces dispositifs dans Teams :

1. **Connectez-vous à Teams, et choisissez Paramètres dans le menu local de votre profil, comme sur la Figure 12.1.**

   L'écran Paramètres apparaît.

2. **Dans l'écran Paramètres, choisissez Périphériques.**

   Les haut-parleurs, les microphones, et les caméras qui équipent votre ordinateur sont affichés ici, comme le montre la Figure 12.2. Dans les différents menus locaux, choisissez le périphérique à utiliser comme microphone, haut-parleur, et webcam. Il est également possible de définir une sonnerie secondaire qui dirigera l'alerte vers un haut-parleur externe ou vers celui du téléphone, tout en répondant à l'appel via un micro-casque.

3. **Pour tester vos réglages, cliquez sur le bouton Passer un appel test.**

   Vous entendrez un enregistrement sonore (une voix de femme) qui vous guidera dans la procédure de test de vos périphériques. Après l'enregistrement, une page de résultats s'affichera, comme sur la Figure 12.3. Si un appareil ne fonctionne pas correctement, un triangle rouge s'affiche à droite de son nom.

   Comme Teams utilise Internet, il est important de disposer d'une connexion rapide. J'utilise généralement ce test pour voir si je rencontre des problèmes de réseau qui pourraient perturber mes appels téléphoniques.

4. **Une fois les réglages effectués, fermez la fenêtre en cliquant sur son icône X en haut à droite.**

   Les paramètres sont alors automatiquement sauvegardés.

Figure 12.1

Pour accéder aux paramètres de votre profil.

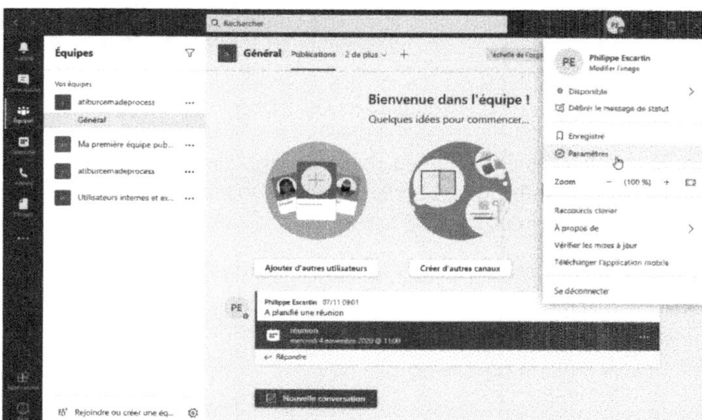

Figure 12.2

La section Périphériques de l'écran Paramètres de Teams.

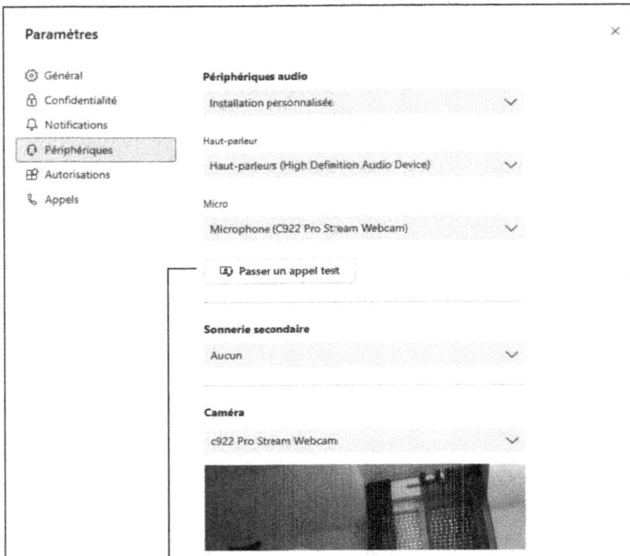

Cliquez ici pour tester vos réglages

Si vous êtes déjà en réunion dans Teams, vous pouvez changer de périphérique en choisissant la commande Paramètres de périphériques, comme sur la Figure 12.4.

Figure 12.3

Tester un appel.

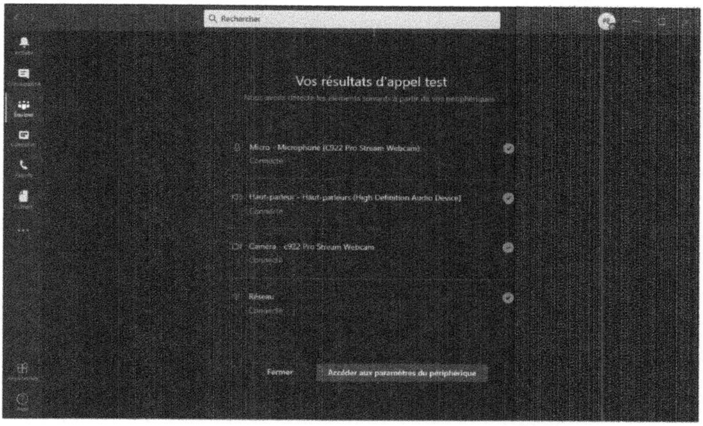

Figure 12.4

Ouvrir les paramètres des périphériques pendant une réunion dans Teams.

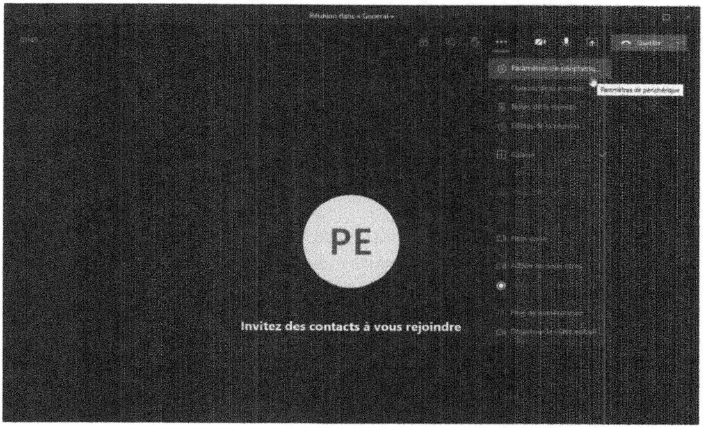

Personnaliser la réception des appels

Vous pouvez personnaliser Teams pour recevoir les appels au moment le plus adapté à votre situation. Pour cela, vous définirez des règles spécifiant le comportement que doit adopter Teams face aux appels entrants. Ainsi, Teams pourra vous appeler sur l'appareil que vous utilisez actuellement, ou bien il pourra transférer vos appels vers votre messagerie vocale, vers un autre numéro de téléphone, ou même vers un groupe de personnes. Vous pouvez même demander à Teams d'effectuer ces tâches uniquement lorsque vous ne répondez pas.

Teams étant une application, elle présente l'avantage de pouvoir être installée sur de nombreux appareils. Par conséquent, installez Teams sur votre ordinateur portable ou de bureau, votre smartphone, et votre tablette. Lorsque vous configurez la gestion des appels de Teams, l'application est capable de les transférer vers n'importe lequel de ces appareils dès l'instant où vous êtes connecté à Teams. Comme Teams ne se soucie pas de savoir quelle version de l'application est en cours d'utilisation, vous pouvez même utiliser sa version Web sans installer Teams sur vos différents périphériques.

Personnellement, j'aime configurer mon smartphone de telle sorte qu'il sonne si quelqu'un m'appelle sur le numéro de mon bureau.

Voici comment procéder pour qu'un autre téléphone sonne si on appelle mon numéro Teams :

1. **Connectez-vous à Teams, ouvrez le menu local de votre profil et choisissez-y Paramètres.**
2. **Dans la section gauche de l'écran Paramètres, cliquez sur Appels.**

3. **Veillez à activer l'option Sonnerie d'appel. Dans le menu local Si sans réponse, choisissez Nouveau numéro ou Contact.**

   Vous avez aussi la possibilité de choisir, sur cet écran, Transférer mes appels.

4. **Entrez le numéro de téléphone à appeler lorsqu'une personne appelle votre numéro de téléphone Teams.**

   Vous pouvez entrer un contact Teams en lieu et place d'un numéro de téléphone.

5. **Une fois ce paramétrage terminé, fermez cette fenêtre par un clic sur la croix X en haut à droite.**

   Vos réglages sont automatiquement sauvegardés.

Restreindre les appels avec Ne pas déranger

Lorsque vous définissez votre statut sur Disponible, Occupé, Ne pas déranger, De retour bientôt, ou Apparaître absent, vous affectez aussi la manière dont vous recevez vos appels téléphoniques (voir le Chapitre 3 pour plus de détails sur les options de votre statut). À certains moments de la journée, j'ai vraiment besoin de fixer mon statut sur Ne pas déranger, comme le montre la Figure 12.5. Ainsi, je ne reçois aucun appel téléphonique. Cependant, en cas d'urgence, il faut que les membres de ma famille puissent me joindre.

Pour cela, ouvrez le menu local de votre profil et pointez sur le statut actuellement actif. Dans le sous-menu qui s'ouvre, choisissez tout simplement l'option Ne pas déranger.

Figure 12.5

Pour ne pas être dérangé.

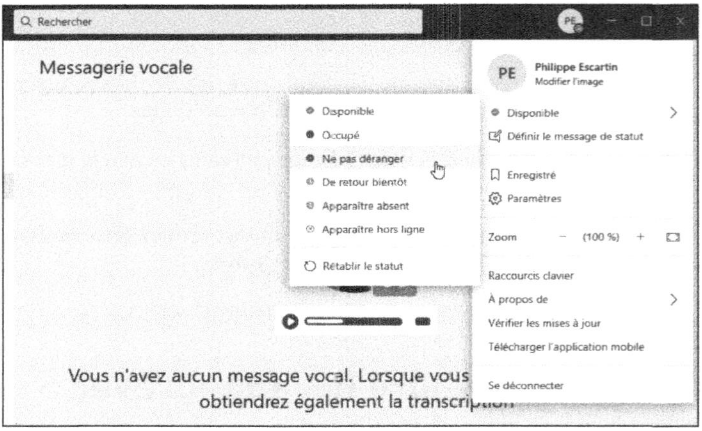

Voici comment ajouter des exceptions permettant alors à certaines personnes de vous contacter malgré ce statut :

1. **Fixez votre statut sur Ne pas déranger.**

   Immédiatement, un message apparaît en haut de l'interface, comme le montre la Figure 12.6. Il affiche un lien qui permet de paramétrer les appels d'urgence.

2. **Cliquez sur le lien Modifiez les paramètres.**

   Vous accédez aux paramètres de confidentialité illustrés sur la Figure 12.7.

3. **Dans la section Ne pas déranger, cliquez sur le bouton Gérer l'accès prioritaire.**

4. **Ajoutez la personne ou le numéro de téléphone qui pourra vous contacter par conversation, messages, et appels.**

5. **Fermez cette fenêtre pour sauvegarder cet ajout.**

Figure 12.6

Utilisez ce message pour paramétrer les appels d'urgence.

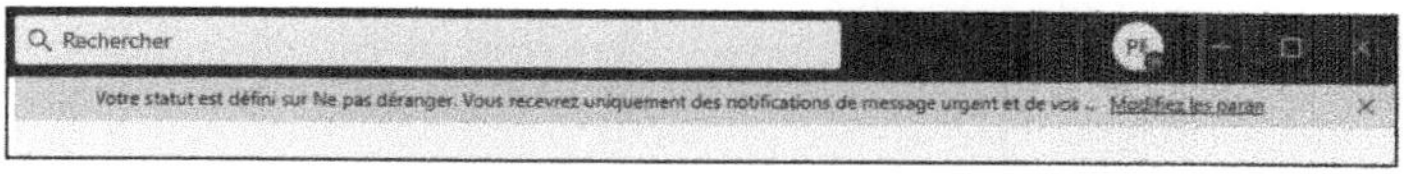

Figure 12.7

Gérez ici les appels prioritaires.

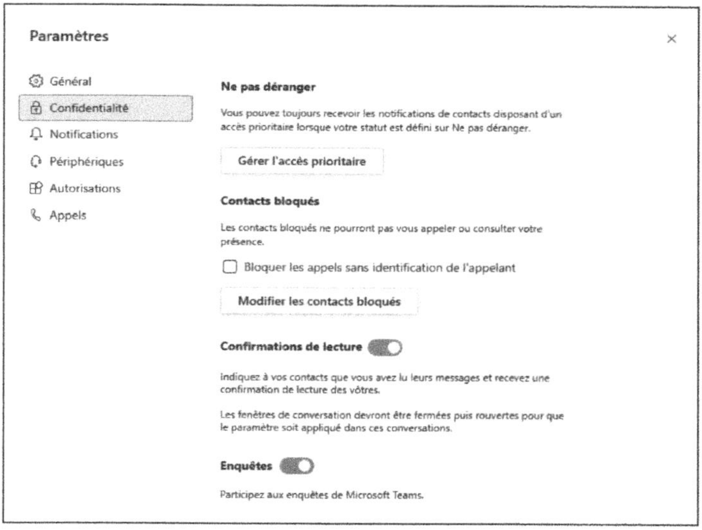

Lorsque vous statut n'est pas défini sur Ne pas déranger, vous pouvez tout de même configurer des accès prioritaires. Dans ce cas, ouvrez le menu local de votre Profil, et cliquez sur Paramètres. Dans la fenêtre Paramètres qui apparaît, choisissez Confidentialité et reprenez la procédure ci-dessus à partir de l'Étape 3.

Déléguer des accès

Si vous travaillez avec un assistant administratif, ou si vous souhaitez déléguer l'accès à votre compte Teams à une autre personne, autorisez-la à accéder aux fonctions du compte en question, et ceci en votre nom, mais sans pour autant partager votre mot de passe. Cette possibilité s'avérera très pratique quand un administrateur aura besoin d'un contrôle total sur votre calendrier et sur votre système de communication. Lorsque vous désignez ainsi un délégué, il pourra passer et recevoir des appels à partir du numéro de téléphone de Teams, et intervenir en votre nom dans des réunions.

Lorsque vous ajoutez un délégué à votre compte, il disposera d'un contrôle total sur vos fonctions dans Teams, et y agira en votre nom.

Voici comment désigner un délégué :

1. **Connectez-vous à Teams et, dans le menu local de votre profil, choisissez Paramètres.**

2. **Dans la section gauche de l'écran Paramètres, cliquez sur Général.**

3. **En bas des options, choisissez Gérer les délégués, comme sur la Figure 12.8.**

   L'écran éponyme s'ouvre sur l'onglet Personnes prises en charge. Il liste les personnes qui disposent d'une délégation. De son côté, l'onglet Vos délégués montre les personnes désignées comme étant des délégués.

4. **Cliquez sur Vos délégués, et saisissez le nom d'un utilisateur de Teams à désigner, comme sur la Figure 12.9.**

5. **Définissez les autorisations de délégation.**

   Vous l'autoriserez à passer et/ou à recevoir des appels.

6. **Cliquez sur le bouton Ajouter.**

❼ **Fermez la fenêtre par un clic sur le bouton X en haut à droite afin de sauvegarder vos modifications.**

Figure 12.8

Gérer les délégations de Teams.

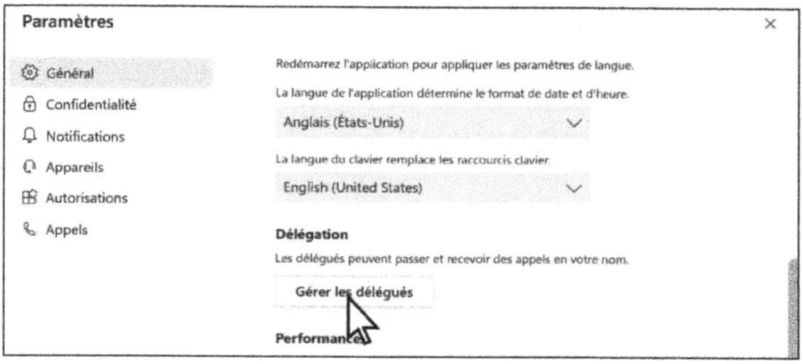

Figure 12.9

Ajouter un nouveau délégué.

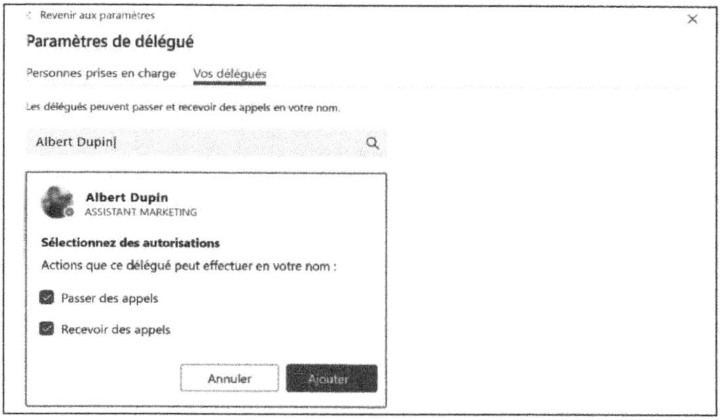

Vous pouvez modifier la portée de la délégation, mais aussi la supprimer en reprenant la procédure ci-dessus puis en ouvrant le menu local Autres options (trois points) à côté du nom du délégué.

Découvrir la messagerie vocale de Teams

Force est de constater qu'un appel téléphonique survient toujours quand vous n'avez pas le temps d'y répondre. Heureusement, la messagerie vocale est un dispositif qui permet aux personnes de laisser un message quand vous ne pouvez pas prendre l'appel. Teams est équipé d'une messagerie vocale que vous devez configurer avant que vos correspondants puissent y déposer des messages.

Voici comment procéder :

1. **Connectez-vous à Teams, ouvrez le menu local de votre profil, et cliquez sur Paramètres.**

2. **Dans l'écran Paramètres, choisissez Appels.**

3. **Cliquez sur le bouton Configurer la messagerie vocale.**

   Cette action ouvre la fenêtre Messagerie vocale illustrée sur la Figure 12.10. Vous pouvez enregistrer un message d'accueil, définir les règles de réponse aux appels, choisir la langue d'accueil, et définir une synthèse vocale personnalisée. Vous pouvez également déclencher le message d'absence quand un évènement planifié dans le calendrier survient, lorsque vous avez une réponse automatique définie dans Outlook, et enfin lorsque votre statut indique que vous êtes absent.

Figure 12.10

L'écran Messagerie vocale de Teams.

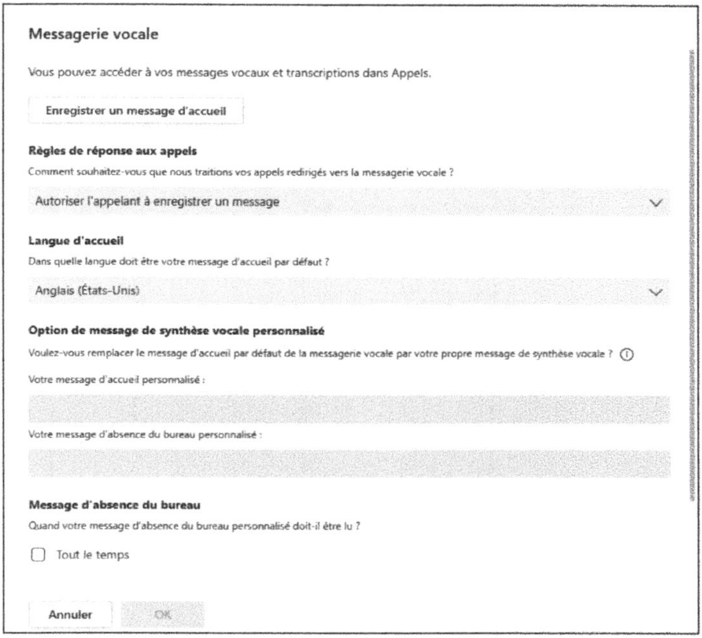

Quand une personne vous appelle et que vous ne répondez pas, vous pouvez renvoyer l'appel vers la messagerie vocale, vers une autre personne, ou laisser le choix à l'appelant. J'aime beaucoup cette dernière possibilité que vous pouvez définir dans le menu local Règles de réponse à l'appel illustrée sur la Figure 12.11.

4. **Cliquez sur OK pour enregistrer vos réglages.**

Figure 12.11

Les règles de réponse aux appels.

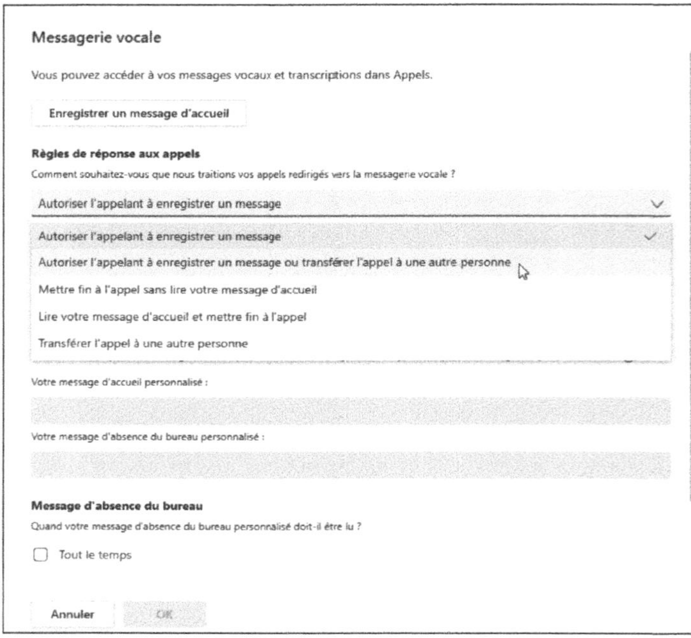

Comprendre les types de numéros de téléphone

Au Chapitre 11, vous avez appris comment obtenir et assigner un numéro de téléphone dans Teams, numéro qui peut être attribué à différents utilisateurs. Teams propose quatre types de numéros de téléphone : utilisateur, pont de conférence, file d'attente, et standard automatique, sur lesquels voici quelques explications :

» **Utilisateur :** ce numéro de téléphone basique est assigné à une personne. Envisagez-le comme un numéro de téléphone classique que vous utiliseriez pour passer et recevoir des appels dans

Teams. (Le Chapitre 11 traite de l'attribution d'un numéro à un utilisateur de Teams.)

» **Pont de conférence :** un pont de conférence est un numéro que vous utilisez pour de grandes réunions. Ainsi, plusieurs personnes peuvent appeler avec le même numéro et parler toutes ensemble. Lorsque je me suis abonné au plan Microsoft 365 E5, un pont de conférence m'a été automatiquement attribué pour l'utiliser dans Teams.

» **File d'attente** : une file d'attente est une ligne où le premier arrivé est le premier servi, puis le premier sorti. Dans Teams, cette file fonctionne de la même manière. Par exemple, imaginez un numéro de téléphone que les utilisateurs appellent pour obtenir une aide. Pour pouvoir répondre à tous, vous allez créer une file d'attente. Votre technicien prend les correspondants au fur et à mesure que les appels arrivent, et les nouveaux appelants sont mis en attente jusqu'à ce que le technicien ait fini l'appel en cours et passe alors au suivant. Les personnes dans la file d'attente entendent généralement de la musique et un message qui leur rappelle le temps d'attente restant.

» **Standard automatique** : lorsque vous avez besoin de router des appels vers différentes personnes ou services, il vous faut mettre en œuvre un standard automatique. Il dresse une sorte d'arborescence téléphonique. Par exemple, lorsque vous composez un numéro, vous pourriez tomber sur un enregistrement qui vous explique que, pour le service des ventes, vous devez composer le 1, pour un support technique le 2, et pour une question sur votre facturation le 3. C'est exactement ce que permet la fonction de standard automatique de Teams.

Un pont de conférence, une file d'attente, et un standard automatique peuvent obtenir un numéro gratuit ou payant.

En fonction de la version de Teams que vous utiliserez au moment où vous lirez ce livre, l'ensemble de ces numéros ne sera pas forcément disponible pour votre zone géographique.

Répondre aux appels d'une file d'attente

Une file d'attente centralise des appels auxquels vous répondez dans leur ordre d'arrivée. La file d'attente est un concept simple qui a toujours été considéré comme une fonction de téléphonie réservée aux grandes organisations. Microsoft Teams permet aux structures de toute taille de mettre en œuvre cette fonction de file d'attente. Lorsqu'un appel arrive dans une file d'attente, il est envoyé à un utilisateur de Teams qui peut alors y répondre. Si toutes les personnes pouvant répondre sont déjà en ligne, l'appelant est mis en attente jusqu'à ce que quelqu'un soit disponible.

Pour configurer une file d'attente, vous devez disposer d'un compte de ressource. Envisagez ce type de compte comme un compte Office 365 destiné à des ressources plutôt qu'à des comptes usuels qui sont, quant à eux, destinés à des personnes. Vos comptes de ressource sont gérés dans le centre d'administration de Microsoft Teams en choisissant, dans le panneau de navigation de gauche, Paramètres à l'échelle de l'organisation. (Consultez les Chapitres 13 et 14 pour plus de détails sur le centre d'administration Microsoft Teams et sur la configuration des comptes de ressource.)

Voici comment paramétrer une file d'attente :

1. **Ouvrez votre navigateur Web préféré et connectez-vous au centre d'administration à l'adresse `https://admin.teams.microsoft.com`.**

   Reportez-vous au Chapitre 13 pour plus de détails sur la connexion au centre d'administration Microsoft Teams.

2. **Dans le panneau de navigation, ouvrez l'option Voix, et choisissez Files d'attente.**

   L'écran Files d'attente apparaît dressant la liste des files d'attente existantes.

3. **Cliquez sur le bouton +Ajouter pour créer une nouvelle file d'attente.**

4. **Configurez la nouvelle file d'attente et cliquez sur Enregistrer.**

Une fois la nouvelle file d'attente créée, elle s'affiche dans la liste des files d'attente existantes.

En fonction de la version de Teams que vous utilisez, la fonctionnalité File d'attente ne sera pas proposée.

Les files d'attente peuvent devenir très vite complexes, et leur mise en œuvre et leur fonctionnement dépassent le cadre de ce livre. Pour en savoir davantage à ce sujet, consultez la page Web `https://docs.microsoft.com/fr-fr/microsoftteams/create-a-phone-system-call-queue`.

Router les appels avec un standard automatique

Un standard automatique est un système téléphonique qui route les appels entrants vers les personnes ou les services compétents. Lorsque le correspondant arrive sur un standard automatique, il entend un enregistrement qui lui soumet une liste de propositions, comme « pour Anglais, tapez 1… pour Espagnol, tapez 2 ». Le standard automatique route l'appel en fonction du choix que fait l'appelant. Il est alors dirigé vers le service ou la personne compétente.

Voici comment mettre en place un standard automatique dans Teams :

1. **Ouvrez votre navigateur Web préféré, et connectez-vous au centre d'administration Microsoft Teams à l'adresse `https://admin.teams.microsoft.com`.**

   Pour plus d'informations sur le centre d'administration Microsoft Teams, consultez le Chapitre 13.

2. **Dans le panneau de navigation de gauche, choisissez Voix puis Standard automatique.**

   L'écran éponyme apparaît listant les répondeurs existants.

3. **Cliquez sur +Ajouter pour créer un nouveau standard automatique.**

4. **Configurez le nouveau répondeur en suivant les étapes de l'assistant.**

5. **Dans chaque étape de l'assistant, cliquez sur Suivant, puis Soumettre.**

La mise en place d'un standard automatique dépend de nombreuses options préalables à mettre en œuvre qui dépassent le cadre de cet ouvrage. Pour en savoir plus sur ce sujet, consultez la page Web à l'adresse suivante : `https://docs.microsoft.com/fr-fr/microsoftteams/create-a-phone-system-auto-attendant`.

Cinquième partie

Devenir administrateur Microsoft Teams

Dans cette partie

Découvrez les coulisses du centre d'administration Microsoft Teams.

Comprenez qu'il n'est pas nécessaire d'être un spécialiste en informatique pour administrer Teams.

Trouvez comment se connecter au centre d'administration Microsoft Teams et familiarisez-vous avec son interface et les paramètres que vous pouvez contrôler.

Ajoutez de nouveaux utilisateurs et configurez leurs paramètres.

Apprenez à accomplir des tâches comme la configuration des équipes, des messages, et d'autres paramètres dans toute votre organisation.

Découvrez comment configurer les politiques des applications et de navigation dans Teams, ainsi que la gestion des appareils tels que les téléphones de bureau et de conférence.

DANS CE CHAPITRE

Se familiariser avec le centre d'administration Microsoft Teams

•

Ajouter des utilisateurs à Office 365 et à Teams

•

Découvrir les tâches nécessaires pour agir en tant qu'administrateur Teams

Chapitre 13
Découvrir le centre d'administration Microsoft Teams

Le centre d'administration Microsoft Teams est le lieu où toutes les actions se déroulent en coulisses. C'est ici que vous déterminerez les applications qui seront mises à la disposition des autres utilisateurs du programme, que vous configurerez les paramètres d'accès externe et d'accès invité, que vous ajouterez de nouvelles équipes et que vous configurerez les équipes existantes, que vous configurerez les réunions et les paramètres vocaux, et que vous définirez les stratégies des utilisateurs individuels, et j'en passe. Les grandes organisations ont généralement un service informatique spécialisé qui s'occupe de tous les problèmes techniques. Si ce n'est pas votre cas, vous serez sans doute amené à intervenir dans le centre d'administration Microsoft Teams, et ceci quelle que soit votre fonction dans l'organisation. Microsoft a pris conscience que la plupart des administrateurs de Teams n'étaient pas des spécialistes en informatique. Il a donc facilité l'expérience du centre d'administration Microsoft Teams.

Dans ce chapitre, vous découvrirez comment accéder et vous connecter au centre d'administration Microsoft Teams. Ensuite, vous jetterez un rapide coup d'œil au centre pour vous familiariser avec l'interface et les paramètres que vous pouvez contrôler. Puis, vous apprendrez comment ajouter de nouveaux utilisateurs. Dans le chapitre suivant, vous explorerez les tenants et les aboutissants du centre d'administration afin de configurer Teams pour qu'il réponde précisément à vos besoins.

Accéder et se connecter au centre d'administration Microsoft Teams

Dans le Chapitre 1, vous avez découvert comment souscrire un abonnement à Office 365. Chacun des services de Microsoft 365 et Office 365 dispose d'un site Web d'administration dédié à la gestion desdits services.

Microsoft 365 et Office 365 font référence à un abonnement à différents types de services. Ainsi, Office 365 est axé sur les produits Office, tandis que Microsoft 365 comprend d'autres abonnements comme celui réservé au système d'exploitation Windows. Bien entendu, les services auxquels vous pouvez prétendre dépendent de l'abonnement que vous aurez souscrit.

Voici comment accéder au centre d'administration Microsoft Teams *via* le site d'administration d'Office 365 :

1. **Ouvrez votre navigateur Web, et naviguez jusqu'à www.office.com.**

2. **Connectez-vous à votre compte Office 365.**

   Utilisez alors les identifiants que vous avez définis au Chapitre 1 lorsque vous avez souscrit votre abonnement Office 365.

3. **Dans le lanceur d'application affiché verticalement sur la gauche, cliquez sur Admin, comme sur la Figure 13.1.**

   Le centre d'administration Office 365 s'affiche. Vous y gérez Teams, vos utilisateurs, et l'assignation des licences de tous vos services. Les principaux paramètres d'Office 365 sont groupés dans le panneau de navigation situé sur la gauche de la page.

Vous y trouverez aussi des liens vers les différents centres d'administration, dont celui de Teams.

Si vous ne disposez pas des privilèges d'administration, l'option App sera absente du lanceur d'applications.

4 Pour ouvrir le centre d'administration Microsoft Teams, cliquez sur Teams dans la section Centres d'administration, comme vous pouvez le voir sur la Figure 13.2.

Vous ne voyez pas Teams ? Alors cliquez sur la mention Afficher tout visible sous l'option Personnaliser la navigation du panneau de gauche.

Une fois que vous cliquez sur Teams, un nouvel onglet de votre navigateur Web affiche le centre d'administration Microsoft Teams, comme sur la Figure 13.3. La page par défaut est le tableau de bord de Teams qui montre une vue de la configuration de Teams pour votre organisation.

Figure 13.1

Ouvrir le centre d'administration Microsoft Teams depuis le lanceur d'applications.

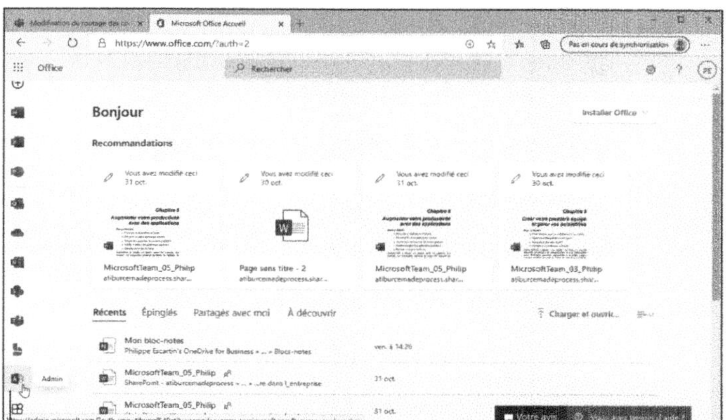

L'app Admin

Figure 13.2

Ouvrir le centre d'administration Microsoft Teams depuis celui d'Office 365.

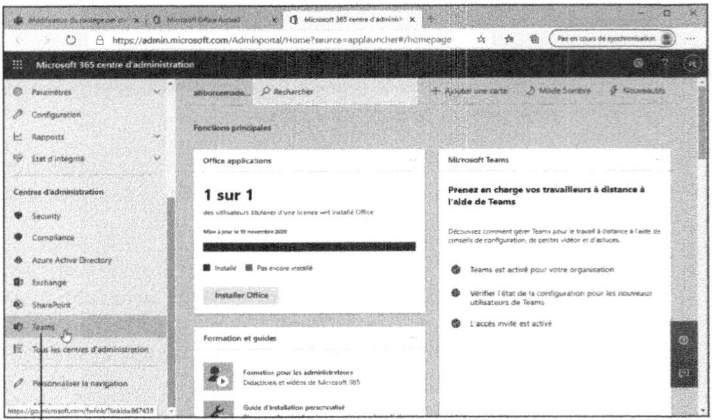

Cliquez pour ouvrir le centre d'administration Microsoft Teams

Voici un raccourci pour accéder directement au centre d'administration Microsoft Teams depuis votre navigateur Web :

1. **Dans le champ d'adresses de votre navigateur Web, entrez `https://admin.teams.microsoft.com`.**

   Si vous êtes déjà connecté à votre compte Microsoft 365 ou Office 365, le centre d'administration Microsoft Teams s'ouvre immédiatement.

2. **Si vous n'étiez pas connecté, entrez vos identifiants Microsoft 365 ou Office 365 pour vous connecter et parvenir au tableau de bord du centre d'administration Microsoft Teams.**

   Microsoft a progressé en matière d'identification. Il suffit d'être connecté à un des centres Microsoft, comme office.com pour se connecter rapidement et automatiquement à un autre centre, comme celui de Teams.

Figure 13.3

Le centre d'administration Microsoft Teams.

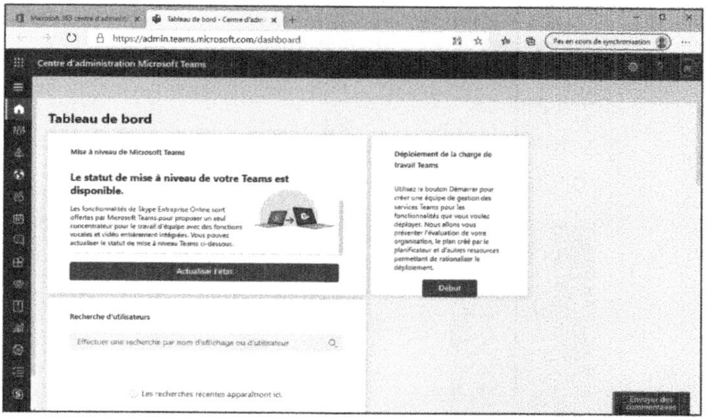

Se familiariser avec le centre d'administration Microsoft Teams

Les centres d'administration Microsoft présentent l'ensemble de ses éléments de la même manière : les options de paramétrage sont affichées dans le volet de navigation situé sur le côté gauche de la page, et les détails de l'option sélectionnée apparaissent dans la partie droite. Comme je l'ai mentionné dans la section précédente, le tableau de bord de Teams s'ouvre par défaut lorsque vous y accédez pour la première fois. Vous pouvez toujours revenir au tableau de bord où que vous soyez dans le centre d'administration en le sélectionnant dans le volet de navigation de gauche (icône de la maison).

Vous trouverez ci-après une petite présentation de chacune des options disponibles dans le centre d'administration Microsoft Teams :

» **Équipes :** utilisez ces paramètres pour gérer vos équipes et leurs stratégies. Vous pouvez ajouter des équipes et configurer des équipes existantes. (Le Chapitre 3 traite du processus de création des nouvelles équipes.) La Figure 13.4 montre la page Gérer les équipes de votre organisation.

Figure 13.4

La page de gestion des équipes de Teams.

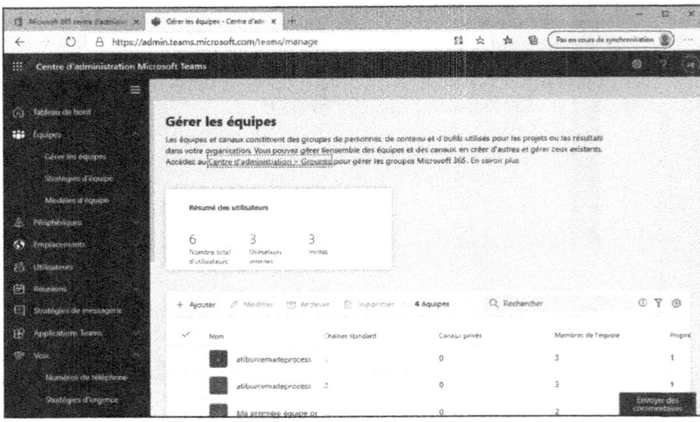

» **Périphériques :** ces paramètres sont utilisés pour configurer et gérer vos périphériques sur le réseau. Vous pouvez définir des fichiers de configuration qui seront utilisés pour des périphériques approuvés par votre organisation.

» **Emplacements :** vous déclarez ici les emplacements géographiques physiques des membres de Teams. Vous pouvez définir des étiquettes de rapport concernant des bureaux spécifiques, et configurer jusqu'à 911 emplacements qui seront utilisés par des services d'urgence. Ces emplacements peuvent être utilisés pour des utilisateurs, des bureaux et des bâtiments.

- **Utilisateurs :** dans cette section, vous pouvez voir des informations sur des utilisateurs de Teams et configurer et définir les stratégies des utilisateurs individuels. La liste des utilisateurs est illustrée sur la Figure 13.5, et celle des paramètres de stratégies sur la Figure 13.6. L'ajout de nouveaux utilisateurs à Microsoft 365 ou Office 365 ainsi qu'à Teams est traité plus loin dans ce chapitre.

- **Réunions :** ces paramètres sont utilisés pour configurer des réunions dans Teams. Vous pouvez configurer ici des ponts de conférence, des stratégies de réunion, des paramètres, des stratégies d'événements en direct, et des paramètres d'événements en direct. La Figure 13.7 montre la page des paramètres de réunion.

- **Stratégies de messagerie :** vous définissez ici quelles fonctions seront disponibles dans les conversations et les canaux. Une stratégie à l'échelle de l'organisation par défaut est définie, et vous pouvez en ajouter d'autres.

Figure 13.5

La page de gestion de tous les utilisateurs de Teams.

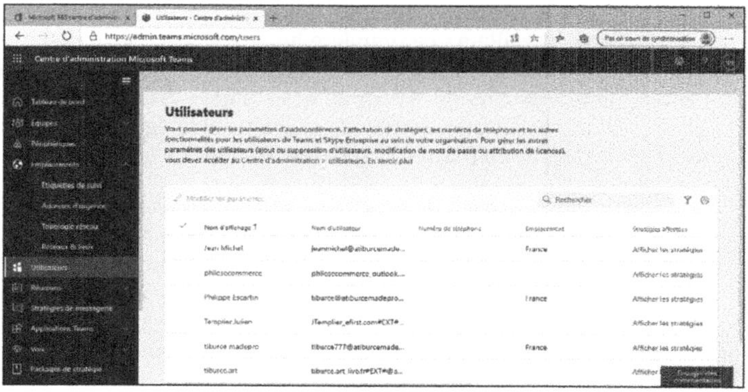

Figure 13.6

Configurer une stratégie pour un utilisateur.

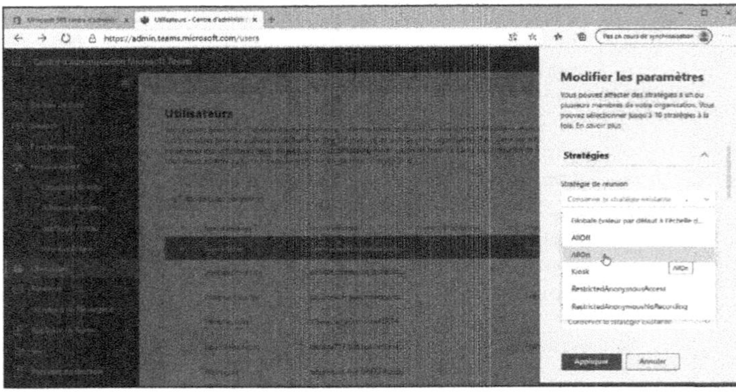

- **Applications Teams :** ces paramètres sont utilisés pour configurer des stratégies et des autorisations sur la manière dont les collaborateurs de Teams pourront utiliser des applications. Par exemple, Teams prévoit une stratégie par défaut pour les personnes qui ont un premier contact avec les clients, comme les hôtesses de caisse derrière leur caisse (souvent appelées « travailleurs de première ligne »). La stratégie relative à ces travailleurs garantit que l'application Shifts, qui est utilisée pour suivre le temps de travail des équipes, est épinglée et accessible à tous les employés soumis à cette stratégie. La stratégie de l'application Firstline Worker est visible sur la Figure 13.8.

- **Voix :** permet de configurer les paramètres des appels vocaux. Le Chapitre 12 couvre la procédure d'ajout des numéros de téléphone ainsi que la configuration des standards automatiques et des files d'attente.

Figure 13.7

La page des paramètres des réunions.

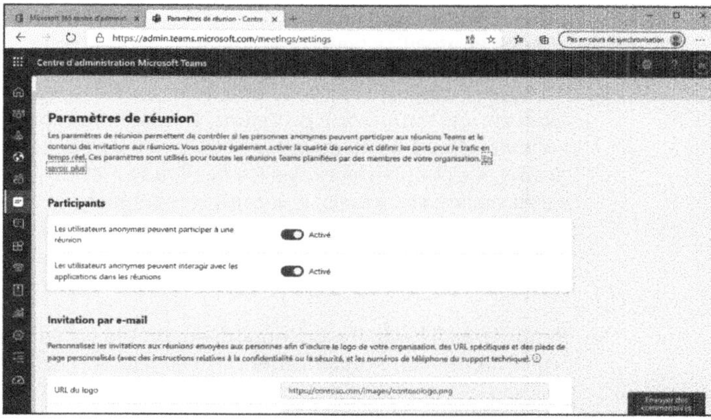

Figure 13.8

Une stratégie d'application pour les travailleurs de la première ligne.

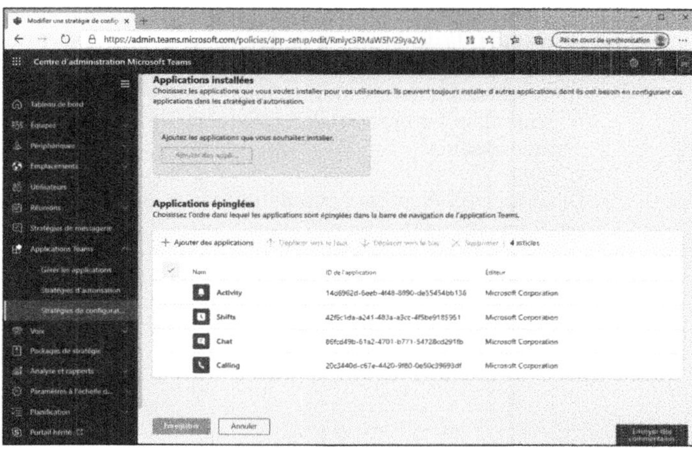

» **Packages de stratégie :** vous paramétrez ici des packages de groupe de stratégies prédéfinies que vous appliquerez à des groupes d'utilisateurs. Par exemple, pour un usage éducatif, il existe des packages de stratégies prédéfinies pour les enseignants, et un autre pour les étudiants.

» **Analyse et rapports :** ici vous afficherez et téléchargerez des rapports sur l'utilisation de Teams. Il existe des rapports sur l'activité des utilisateurs, pour l'utilisation de l'application Teams, les périphériques, les événements en direct, les messages vocaux et textuels, et les utilisateurs bloqués. Je trouve ces rapports incroyablement utiles pour planifier les capacités réseau et comprendre la manière dont une organisation a adopté Teams. La Figure 13.9 illustre un rapport d'activité.

» **Paramètres à l'échelle de l'organisation :** ces paramètres affectent toute votre organisation. Ils peuvent être définis pour des accès externes et d'invités, ainsi que pour les paramètres généraux de Teams. Vous pouvez également configurer des vacances et définir des comptes de ressource qui sont utilisés pour des fonctionnalités vocales, comme les standards automatiques qui sont traités au Chapitre 12.

» **Planification :** vous trouverez ici des outils qui vous aideront à planifier le déploiement de Teams. Vous disposez d'un outil de conseiller Teams et d'un outil de planification réseau. J'attends de Microsoft qu'il continue à ajouter des outils dans cette section pour aider les organisations à adopter et à déployer plus largement Teams.

Il existe deux éléments supplémentaires dans ce panneau de navigation : Portail hérité et Tableau de bord de qualité des appels.

Consultez le Chapitre 14 pour plus d'informations sur la mise en place de ces paramètres dans le centre d'administration Microsoft Teams.

Figure 13.9

Un rapport d'activité.

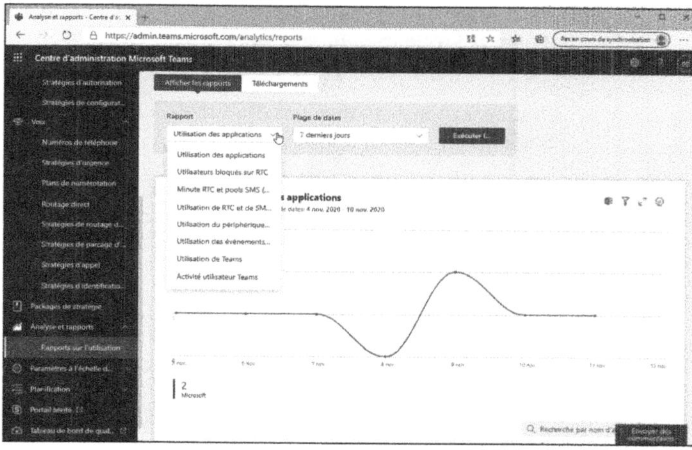

Ajouter de nouveaux utilisateurs à Office 365 et à Teams

Pour ajouter des utilisateurs à Teams, vous devez préalablement les ajouter à Office 365 et leur attribuer une licence incluant le service Microsoft Teams.

Vous pouvez ajouter gratuitement des utilisateurs invités qui, comme nous le savons, ont des pouvoirs limités. Pour en savoir davantage à ce sujet, reportez-vous au Chapitre 7.

Pour ajouter de nouveaux utilisateurs à Office 365 et leur attribuer une licence Teams :

1. **Connectez-vous au centre d'administration Office 365 à l'adresse `www.office.com`, et entrez vos identifiants.**

2. **Dans le lanceur d'application à gauche, cliquez sur Admin.**

Le centre d'administration Office 365 s'ouvre dans la partie droite de la page.

3 **Dans le panneau gauche, ouvrez la section Facturation, et cliquez sur Licences pour voir vos licences en cours, comme sur la Figure 13.10.**

J'ai souscrit un abonnement d'un mois à Microsoft 365 Business Standard.

Pour connaître les produits Microsoft qui incluent Teams, ouvrez votre moteur de recherche préféré et lancez une recherche sur la documentation Microsoft consacrée aux licences Microsoft Teams.

Figure 13.10

Vérification des licences dans le centre d'administration Office 365.

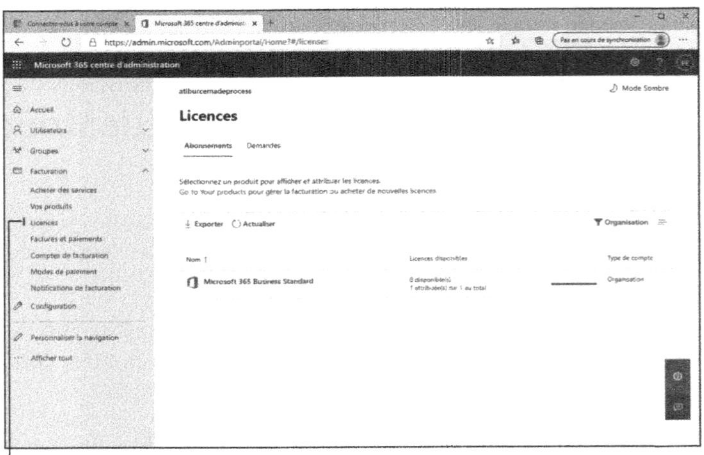

Licence disponible

4 **Dans le panneau de navigation situé à gauche, ouvrez la section Utilisateurs, et choisissez Utilisateurs actifs. Ensuite, cliquez sur le bouton Ajouter un utilisateur.**

5 **Suivez les étapes de l'assistant pour créer ce nouvel utilisateur.**

Lorsque vous accédez à l'écran d'attribution d'une licence à un utilisateur, vérifiez que vous avez sélectionné une licence qui inclut Teams. Si vous souhaitez assigner un numéro de téléphone à un utilisateur, vous devez aussi assigner un plan d'appel, comme sur la Figure 13.11. Pour plus d'informations sur les numéros de téléphone, consultez le Chapitre 12.

Une fois que l'utilisateur a été créé, il ou elle peut se connecter aux services d'Office 365 pour qui la licence est valide.

Figure 13.11

Ajouter des licences dans Teams et un plan d'appel lors de la création d'un nouvel utilisateur.

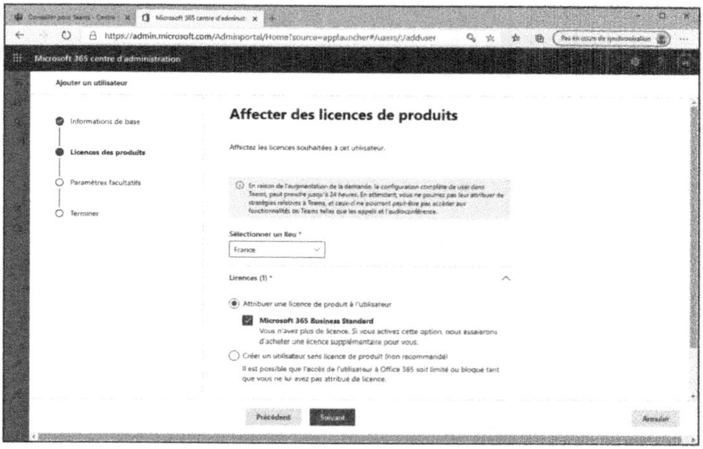

J'ai noté qu'il fallait patienter quelques heures avant que votre nouvel utilisateur apparaisse dans un canal ou une conversation.

C'est dans le centre d'administration Office 365 que vous gérez les utilisateurs de tous les services Microsoft. Si vous êtes responsable de toutes les tâches administratives de votre organisation, vous passerez le plus clair de votre temps dans le centre d'administration. Bien souvent, dans les petites organisations, la personne qui a acheté Office 365 endosse le rôle d'administrateur. Microsoft a conçu des centres d'administration conviviaux que des non-spécialistes peuvent utiliser pour configurer correctement les divers services de Teams.

Gérer les utilisateurs de Teams

Une fois que vous avez ajouté un utilisateur à Office 365, vous trouverez, dans le centre d'administration Microsoft Teams, des paramètres qui lui sont spécifiques, comme indiqué précédemment sur la Figure 13.5. Vous pouvez ouvrir les paramètres d'un utilisateur en sélectionnant son nom dans la liste, puis en choisissant l'option Modifier les paramètres, ou vous pouvez cliquer sur le nom de l'utilisateur dans la liste proposée. Une fois qu'un utilisateur est sélectionné, vous pouvez définir les paramètres de ses équipes. Les paramètres de chaque utilisateur comprennent les informations sur le compte, la voix, l'historique des appels et les stratégies. La Figure 13.12 montre les paramètres d'un compte.

Figure 13.12

Les paramètres du compte d'un utilisateur de Teams.

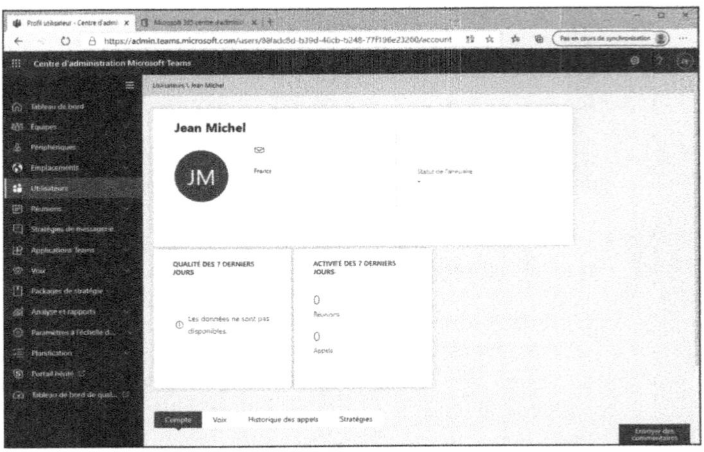

En outre, en haut de la page des paramètres de l'utilisateur, vous trouverez un tableau de bord qui indique le numéro de téléphone, l'adresse, et l'adresse électronique. Vous trouverez aussi des informations sur la qualité des appels qu'un utilisateur a expérimentés dans Teams, mais aussi sur son activité.

Vous trouverez des paramètres spécifiques à Teams dans le centre d'administration Microsoft Teams, et des paramètres généraux sur l'utilisateur dans le centre d'administration de Microsoft 365 ou Office 365.

L'onglet Compte contient des informations de coexistence. Cela se réfère aux utilisateurs qui sont passés de Skype Entreprise à Teams. Si vous débutez dans Teams, ne vous préoccupez pas de cela. Si vous êtes un vieux de la vieille d'Office 365 et que certaines personnes de votre organisation utilisent encore Skype Entreprise, utilisez ce paramètre pour procéder à leur migration vers Teams.

Dans l'onglet Voix, vous configurez les paramètres relatifs aux appels de l'utilisateur. Vous pouvez définir où les personnes sont autorisées à passer des appels sortants, s'ils peuvent créer des appels de groupe, des appels retardés, et des délégations d'appel. La Figure 13.13 montre les paramètres d'appel sortant d'un utilisateur.

L'onglet Historique des appels dresse la liste des appels. Il contient des informations utiles sur le moment où l'appel a été passé, les personnes qui ont été appelées, la durée de l'appel, son type, et comment il a été passé, comme sur la Figure 13.14.

Enfin, dans l'onglet Stratégies, vous configurez les stratégies de l'utilisateur. Il en existe un grand nombre : pour la navigation, les messages, les canaux, les autorisations des applications, les appels, pour ne citer qu'elles. Au Chapitre 14, je traite d'une stratégie pour applications.

Figure 13.13

Les paramètres Voix pour configurer les fonctionnalités d'appel.

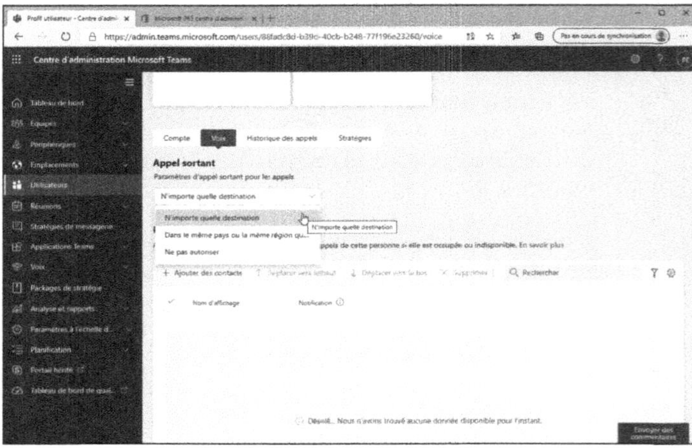

Figure 13.14

Historique des appels d'un utilisateur.

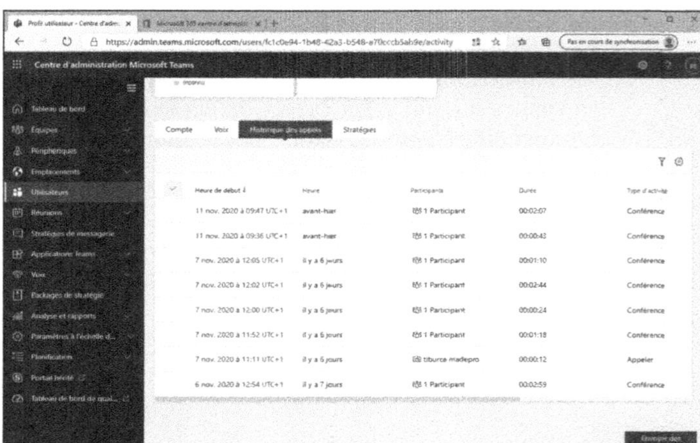

DANS CE CHAPITRE

Découvrir les tâches d'administration

Paramètres de Teams qui embrassent la globalité de votre organisation

Créer des stratégies pour les applications de Teams

Gérer des périphériques

Chapitre 14

Approfondir l'administration de Teams

Que vous soyez devenu « administrateur par accident » ou que vous soyez élevé au rang d'administrateur Microsoft Teams de votre organisation, il vous faudra approfondir le centre d'administration Microsoft Teams, et vous familiariser avec ses fonctionnalités. Même si vous n'êtes pas un administrateur, il est bon de connaître les paramètres et les options qui vont déterminer le comportement de Teams. La navigation dans Teams répond-elle à vos besoins ? Un paramètre vous permettra de contrôler cet aspect de l'application. Vous ne pouvez pas supprimer les messages d'un canal ? Une option est dédiée à cette tâche. Teams propose tellement de paramètres que je ne peux absolument pas tous les traiter dans ce livre.

Dans ce chapitre, vous découvrirez en profondeur le centre d'administration Microsoft Teams, et vous apprendrez comment exécuter des tâches communes telles que la configuration des équipes, des messages, et d'autres paramètres, dans toute votre organisation. Vous apprendrez à configurer des stratégies pour les applications et la navigation dans Teams, ainsi qu'à gérer les périphériques comme des téléphones de bureau et de conférences.

Configurer Teams

C'est une lapalissade que de dire que la configuration de Teams se fait dans le centre d'administration Microsoft Teams. Teams est une sorte de centre de gestion d'interactions entre des personnes appartenant à la même organisation. Vous pourrez alors gérer le fonctionnement des équipes, et configurer des stratégies en intervenant sur des paramètres affichés dans le panneau de navigation de gauche.

Pour gérer les paramètres d'une équipe de votre organisation, cliquez sur l'onglet Équipes dans le panneau de navigation verticalement organisé sur le bord gauche de l'interface. Cliquez sur Gérer les équipes pour obtenir la liste de vos équipes, comme sur la Figure 14.1. Pour afficher les réglages d'une équipe, cliquez sur son nom. Ses détails apparaissent comme sur la Figure 14.2.

Figure 14.1

Cliquer sur Gérer les équipes pour afficher la liste des équipes de votre organisation.

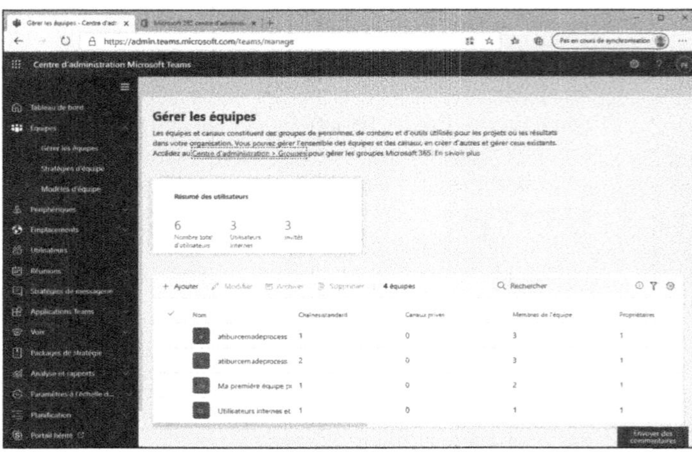

Figure 14.2

Affichage des paramètres d'une équipe dans le centre d'administration Microsoft Teams.

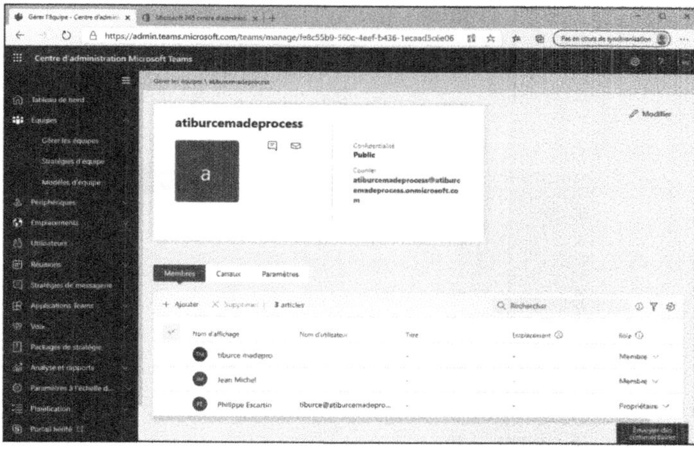

Par défaut, tout membre de votre organisation peut créer de nouvelles équipes. Avec l'option Gérer les équipes, vous garderez un œil sur le nombre d'équipes qui ont été créées, et si elles sont publiques ou privées. Lorsque je participe au déploiement des équipes Microsoft dans une organisation, je travaille avec les administrateurs afin de leur apprendre à surveiller le nombre d'équipes qui apparaissent dans l'organisation.

Actuellement, il n'existe pas de paramètre permettant de désactiver la création de nouvelles équipes. Si vous souhaitez y procéder, vous devez aller dans les paramètres du « tenant » Microsoft 365 ou Office 365, et y désactiver la création de groupes.

Lorsque vous consultez les détails d'une équipe, vous pouvez ouvrir des onglets pour voir les membres de l'équipe et ses canaux associés. Un onglet pour les paramètres généraux de l'équipe vous renseigne sur la configuration des canaux et des conversations.

Pour modifier ces paramètres, cochez une équipe puis cliquez sur le bouton Modifier, comme le montre la Figure 14.3. Ici, vous pouvez autoriser des personnes à supprimer ou à modifier leurs messages, mais aussi à créer ou à supprimer des canaux dans l'équipe.

Figure 14.3

Sélectionner une équipe puis cliquer sur Modifier.

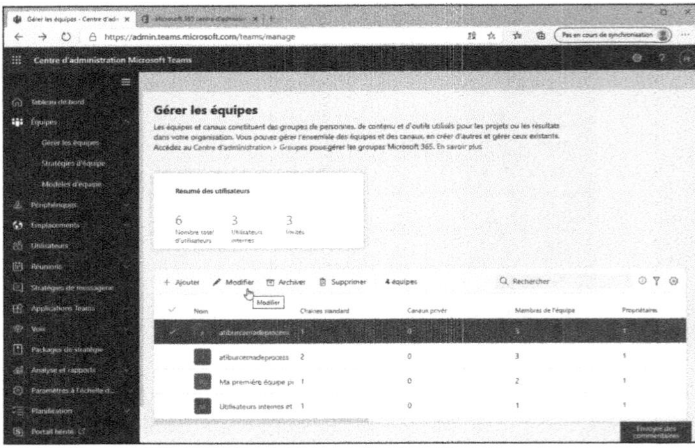

Notez la présence d'un bouton Archiver à droite du bouton Modifier. Lorsqu'une équipe n'est plus utile, archivez-la ! Vous pourrez la réintégrer si nécessaire. Je traite de l'archivage des équipes au Chapitre 16.

Configurer les réunions

Il existe de nombreux paramètres pour que les réunions planifiées dans Teams répondent exactement à vos besoins. Ouvrez la section Réunions dans le panneau de navigation de gauche pour définir vos paramètres de réunions, de ports de conférence, et d'événements en direct.

En fonction de votre abonnement Office 365 ou Microsoft 365 et de la configuration de Teams, vous ne disposerez pas de l'ensemble des paramètres présentés dans cette section.

Ponts de conférence

Un pont de conférence est un numéro de téléphone destiné aux grandes réunions. Il permet à des personnes de rejoindre la réunion à partir d'un téléphone traditionnel. Vous pouvez ajouter des numéros verts et des numéros d'appel gratuit, et demander aux appelants d'enregistrer leur nom et de s'annoncer à tous les participants à la réunion. Dans le volet de navigation de gauche, vous trouverez les paramètres Pont de conférence sous l'onglet Réunions. Toutefois, si vous n'avez pas souscrit à une licence vocale, vous ne verrez pas l'option Pont de conférence dans la navigation.

Choisissez Paramètres des ponts de conférence pour accéder à une liste des ponts de conférence existants. Cliquez sur le bouton +Ajouter afin d'ajouter un nouveau numéro de téléphone pour le pont de conférence.

Consultez les Chapitres 11 et 12 pour plus d'informations sur les ponts de conférence et pour l'ajout de numéros de téléphone dans Teams.

Stratégies de réunion

Les stratégies occupent une place prépondérante dans Teams. Une stratégie est un groupement de paramètres que vous définissez et assignez à vos équipes, vos utilisateurs, ou vos canaux. Les stratégies pullulent dans le centre d'administration Microsoft Teams. Par exemple, la Figure 14.4 montre la page Stratégies de réunion. Elle regroupe des paramètres relatifs aux réunions. Mais vous trouverez également des stratégies pour les équipes, les messages, les appels, et bien d'autres encore.

Figure 14.4

Les stratégies de réunion.

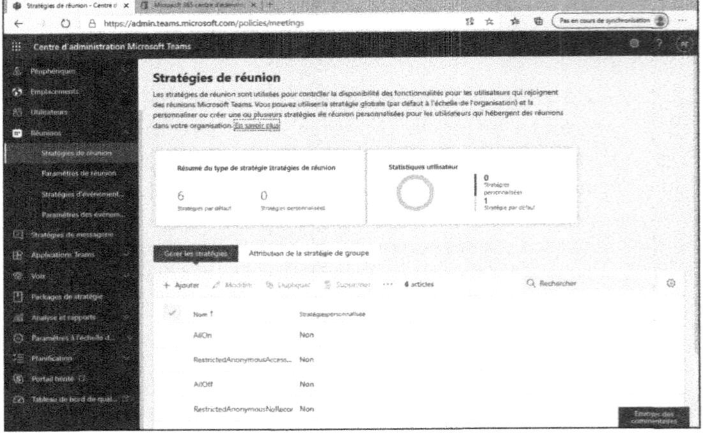

Microsoft a établi pour vous des stratégies par défaut. Bien entendu, vous pouvez les personnaliser et en créer de nouvelles en partant de zéro. Plus loin dans ce chapitre, je vous apprendrai à créer et à configurer des stratégies.

Paramètres de réunion

Il est conseillé de consacrer du temps à la compréhension des Paramètres de réunion. Ils permettent de définir le comportement des réunions pour différents utilisateurs de Teams. Par exemple, vous pouvez autoriser ou non des personnes anonymes à rejoindre des réunions, définir la mise en forme et l'envoi des invitations, et configurer la manière dont les réunions fonctionneront sur le réseau. L'écran Paramètres de réunion est illustré sur la Figure 14.5.

Figure 14.5

Configurer le fonctionnement des réunions de Teams.

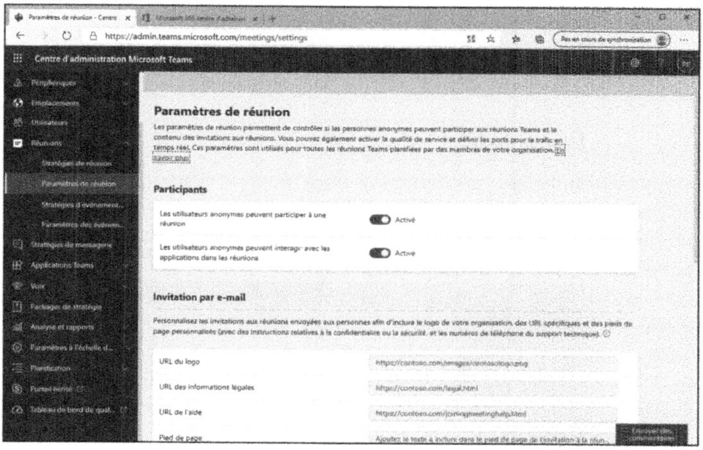

Stratégies d'événements en direct

Les événements en direct permettent de diffuser des réunions et des présentations auprès de plusieurs personnes simultanément. Pensez à organiser un webinaire où les gens s'inscrivent et dans lequel vous faites une démonstration, diffusez une présentation, ou organisez une discussion sur un produit ou un service, ou encore une présentation. Parmi les produits concurrents dans ce domaine, citons GoToMeeting (`www.gotomeeting.com`) et WebEx (`www.webex.com`). Bien qu'ayant utilisé d'autres serveurs, je préfère utiliser désormais Teams Live Events qui fait partie de mon abonnement actuel. Je n'ai rencontré aucune difficulté avec des participants à mes événements qui utilisaient des appareils très différents les uns des autres.

En tant qu'administrateur de Teams, vous pouvez définir le fonctionnement des événements en direct pour les membres de votre organisation. Microsoft a, là aussi, créé pour vous une stratégie par défaut. Bien entendu, vous pouvez ajuster cette stratégie et en créer d'autres. Dans ce cas, vous pourrez planifier les événements, en autoriser la transcription pour vos standards, et indiquer qui pourra rejoindre ces événements et qui pourra les enregistrer. La Figure 14.6 montre une nouvelle stratégie réservée à des utilisateurs et des groupes spécifiques. Les deux autres options sont Tous et Tous les membres de l'organisation.

Figure 14.6

Configurer des nouveaux événements en direct et spécifier les personnes pouvant s'y joindre.

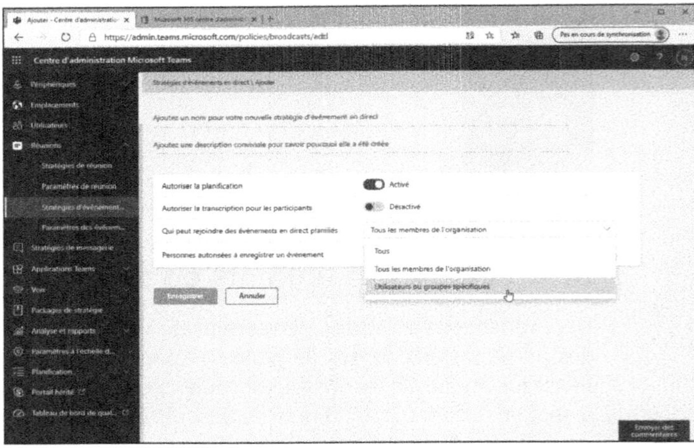

Paramètres des événements en direct

En plus de créer des stratégies d'événements en direct, vous pouvez définir des paramètres qui s'appliqueront à tous vos événements en direct, quelle que soit la stratégie appliquée. Ainsi, vous configurerez une adresse Web personnalisée qui pourra être utilisée par des personnes qui participent à l'événement et qui ont besoin d'assistance. Vous pourrez aussi activer l'utilisation d'un fournisseur de distribution vidéo tiers, comme sur la Figure 14.7.

Figure 14.7

Utiliser un fournisseur de distribution vidéo tiers pour tous les événements en direct de votre organisation.

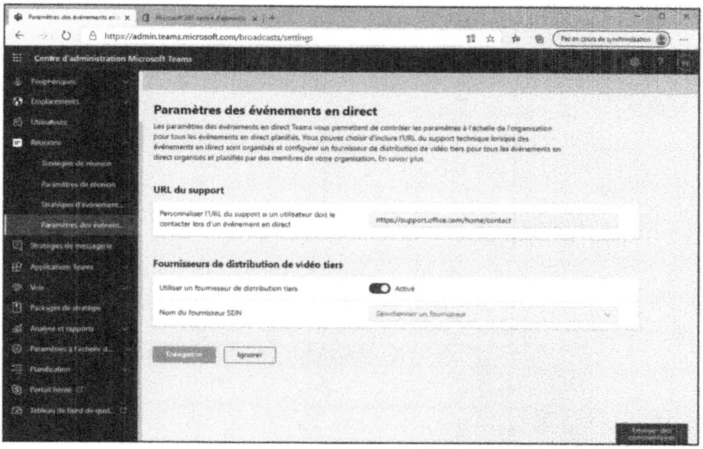

Ajuster les paramètres applicables à l'ensemble de votre organisation

Vous pouvez configurer des paramètres qui affecteront le comportement global de Teams pour la totalité de votre organisation. Par exemple, vous autoriserez des invités à rejoindre des équipes, et vous définirez les limites de leurs actions, comme cela est détaillé au Chapitre 7.

L'intégration du courrier électronique aux canaux des équipes est une possibilité très utile. Vous pouvez envoyer un courrier électronique à une adresse mail spéciale, courriel qui apparaîtra dans le canal d'une équipe. Pour cela, accédez aux Paramètres à l'échelle de l'organisation via le panneau de navigation de gauche, puis cliquez sur Paramètres de Teams. Faites défiler le contenu de l'écran Paramètres Teams pour afficher la section Intégration de la messagerie, comme le montre la Figure 14.8. L'adresse mail est générée automatiquement, et vous pouvez l'obtenir via la commande Obtenir l'adresse e-mail du menu local Autres options (trois points) affiché à droite du nom d'un canal, comme indiqué sur la Figure 14.9.

Pour éviter les spams et les courriels indésirables, vous limiterez l'usage de la messagerie à certains domaines. Ainsi, les membres extérieurs à l'organisation ne pourront pas envoyer des mails sur le canal par défaut.

Figure 14.8

Intégrer la messagerie dans les canaux de Teams.

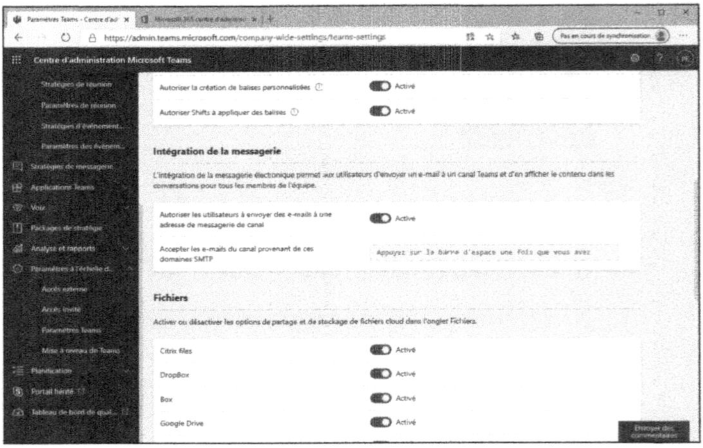

Figure 14.9

Obtenir l'adresse mail d'un canal.

Identifier l'emplacement des bureaux et des bâtiments

La nature d'Internet permet d'être connecté au monde et de pouvoir ainsi utiliser tous ses services où que vous soyez. Des systèmes téléphoniques qui fonctionnent via Internet, comme celui de Teams, posent question. Comment garder la trace de l'emplacement physique d'une organisation, comme ses bureaux et ses bâtiments, si ses membres utilisent des services basés sur Internet comme la version Web de Teams ? En effet, dans ce cas, les membres de Teams peuvent utiliser cette application et passer des appels depuis n'importe quel endroit du monde. Le centre d'administration Microsoft Teams dispose d'une composante de navigation appelée Emplacements, que vous pouvez utiliser pour définir des lieux physiques et les adresses des services d'urgence.

Pour fournir, aux services d'urgence, des informations essentielles en cas d'urgence, il est essentiel de maintenir à jour les adresses en question. Vous pouvez ajouter des emplacements physiques tels qu'un bureau individuel ou un espace de travail ouvert à un étage spécifique du bâtiment afin que les services d'urgence sachent exactement où se rendre en cas de problème.

Pour ajouter un emplacement à un utilisateur de Teams :

1. **Ouvrez votre navigateur Web et connectez-vous au centre d'administration Microsoft Teams à l'adresse https://admin.teams.microsoft.com.**

2. **Dans le panneau de gauche, ouvrez l'option Emplacements, et sélectionnez Adresses d'urgence.**

3. **Cliquez sur +Ajouter pour ajouter une nouvelle adresse d'urgence, comme le montre la Figure 14.10.**

4. **Entrez un nom, une description, et enfin l'adresse.**

   La Figure 14.11 montre la géolocalisation de l'adresse indiquée.

5. **Enregistrez vos modifications en cliquant sur le bouton éponyme situé en bas de cette page.**

   L'emplacement apparaît partout où vous avez besoin d'indiquer cette position. Par exemple, il sera proposé lorsque vous définirez l'emplacement d'un numéro de téléphone.

Figure 14.10

Ajouter une nouvelle adresse d'urgence pour un utilisateur de Teams.

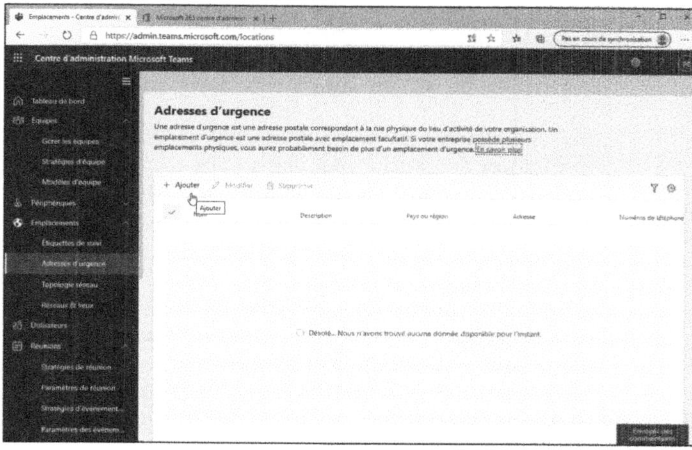

Figure 14.11

Géolocalisation de l'adresse d'urgence.

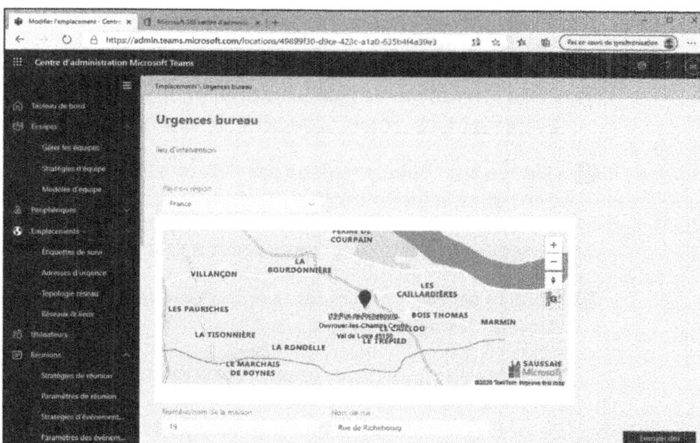

Ajouter des applications par défaut

Le Chapitre 5 explique comment installer des applications dans Teams pour lui ajouter des fonctionnalités. En tant qu'administrateur de Teams, vous spécifierez les applications disponibles pour l'ensemble de votre organisation.

Six applications sont épinglées par défaut dans le panneau de navigation de gauche de Teams sous forme d'onglets : Activité, Conversation, Équipes, Calendrier, Appels, et Fichiers. Elles correspondent à la stratégie par défaut définie à l'échelle de l'organisation.

Vous pouvez ajouter une nouvelle application par défaut au niveau de la stratégie à l'échelle de l'organisation qui s'affichera dans le panneau de navigation pour tous vos utilisateurs. Trello (`https://trello.com`) est une application de gestion des tâches très populaire implémentée dans de nombreuses organisations.

Pour ajouter une application à la stratégie par défaut de Teams et utilisable par tous les utilisateurs :

1. **Ouvrez votre navigateur Web, et connectez-vous au centre d'administration Microsoft Teams à l'adresse `https://admin.teams.microsoft.com`.**

2. **Dans le panneau de gauche, développez l'option Applications Teams, et cliquez sur Stratégies de configuration.**

3. **Cliquez sur Globale (valeur par défaut à l'échelle de l'organisation) pour sélectionner cette option.**

   La stratégie s'affiche et montre les applications par défaut.

4. **Dans la section Applications épinglées, cliquez sur le bouton Ajouter des applications.**

   Le panneau Ajouter des applications épinglées s'affiche sur la droite de votre écran.

5. **Tapez Trello dans le panneau de recherche, comme sur la Figure 14.12.**

Grâce aux Stratégies d'autorisation accessibles depuis l'option Applications Teams du panneau de navigation, vous pouvez définir les applications qui seront disponibles ici.

Figure 14.12

Ajouter l'application Trello à la stratégie par défaut à l'échelle de l'organisation.

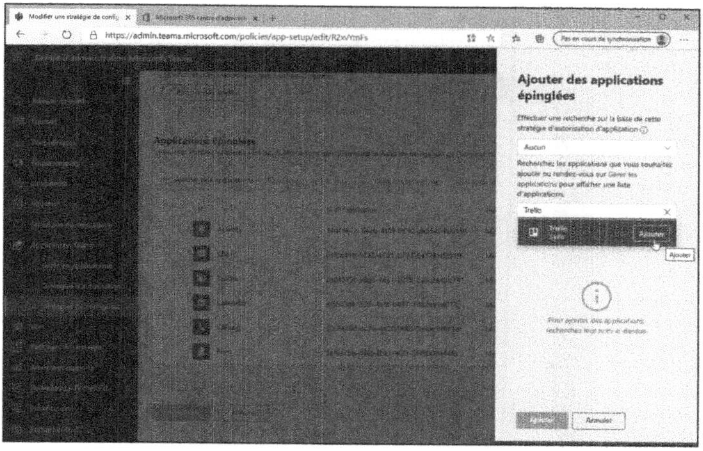

6. **Cliquez sur le bouton Ajouter qui apparaît lorsque vous placez le pointeur de la souris sur la proposition que vous soumet Teams.**

7. **Confirmez votre choix par un clic sur Ajouter en bas du panneau Ajouter des applications épinglées.**

8. **Enfin, cliquez sur le bouton Enregistrer.**

   La stratégie inclut désormais l'application Trello dans le panneau de navigation de gauche, comme le montre la Figure 14.13.

Cette modification de la stratégie peut prendre un peu de temps avant de se refléter dans le panneau de navigation de Teams. Parfois, vous devrez patienter 24 heures. Donc, ne vous affolez pas tant que cette durée d'attente n'est pas écoulée.

En plus d'opérer des changements au niveau des applications disponibles pour tous les membres de Teams, vous pouvez également modifier la stratégie du paramétrage des applications pour chacun des utilisateurs. Pour cela, vous interviendrez dans la page des paramètres Utilisateurs du centre d'administration Microsoft Teams.

Figure 14.13

l'application Trello s'affiche dans le panneau de navigation de Teams.

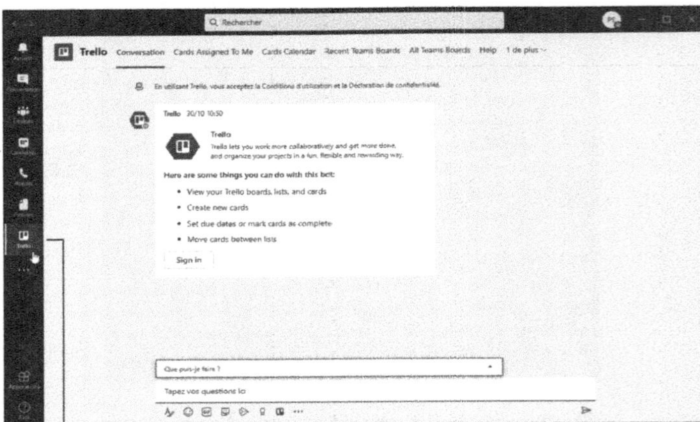

Icône de l'application Trello

Pour mettre à jour la stratégie de configuration d'un utilisateur de Teams :

❶ **Depuis le panneau de navigation de gauche du centre d'administration Microsoft Teams, choisissez l'option Utilisateurs.**

La liste des utilisateurs de Teams apparaît dans l'écran principal.

❷ **Sélectionnez un utilisateur, puis cliquez sur Modifier les paramètres.**

3. **Dans le panneau qui apparaît sur la droite, modifiez toutes les stratégies que vous jugez utile de modifier, comme le montre la Figure 14.14.**

Vous pouvez développer vos propres applications. Vous les téléchargerez et les ajouterez à la navigation par défaut pour tous les utilisateurs de Teams. Vous découvrirez cette faculté sous l'option Stratégies de configuration des Applications Teams (panneau de navigation de gauche). Ouvrez la stratégie Globale, et ajoutez vos propres applications.

Figure 14.14

Modifier les stratégies d'un utilisateur.

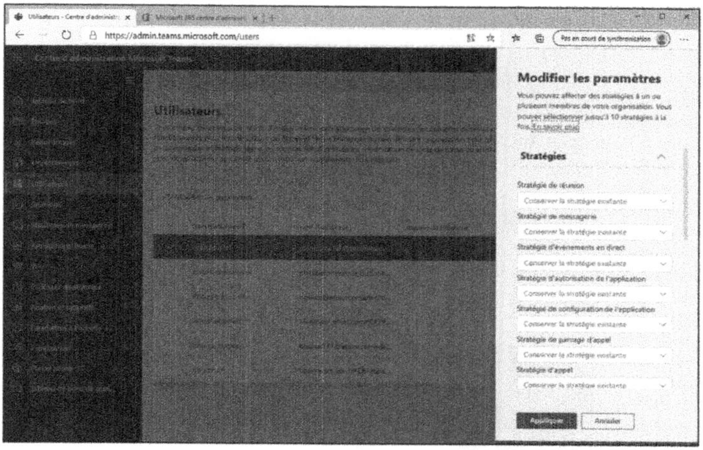

Les stratégies de paramétrage des conversations et des canaux

Teams inclut des paramètres spécifiques aux messages des canaux et aux conversations qui, je vous le rappelle, sont traités au Chapitre 4. Cette fois encore, vous définissez les paramètres de la stratégie, puis vous l'attribuez à des actions réalisées dans Teams.

Pour les réunions, les stratégies sont identifiées sous le nom de Stratégies de messagerie présent dans le panneau de navigation de gauche.

Les stratégies de messagerie permettent de configurer le fonctionnement des conversations et des canaux de Teams. Vous définirez des options qui permettent de supprimer des messages, de prévisualiser des URL collées dans un message, d'activer ou pas des accusés réception permettant de savoir quand un message a été lu.

Comme toute stratégie de Teams, chaque utilisateur se voit automatiquement assigner la stratégie Globale (valeur par défaut à l'échelle de l'organisation). Cliquez dessus pour modifier les réglages illustrés sur la Figure 14.15. Vous pouvez créer une nouvelle stratégie de messagerie, que vous assignerez à des utilisateurs spécifiques ou à des équipes par un clic sur le bouton +Ajouter de l'écran Stratégies de messagerie qui apparaît quand vous choisissez cette option dans le panneau de navigation de gauche. La Figure 14.16 montre une nouvelle stratégie créée, que vous pouvez ajuster à tout moment par un clic sur le bouton Modifier.

Figure 14.15

Configurer la stratégie de messagerie.

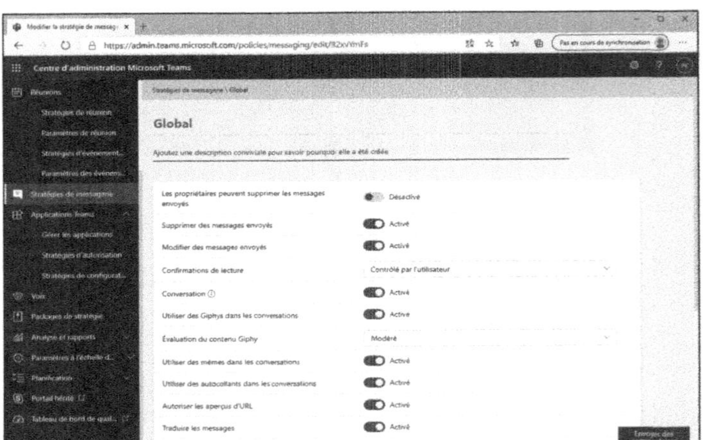

Pour les grandes organisations, il est courant de créer de nombreuses stratégies personnalisées pour affiner l'utilisation de Teams par vos collaborateurs. Les organisations de taille plus modeste se contentent généralement de la stratégie par défaut.

Figure 14.16

Une stratégie de messagerie personnalisée.

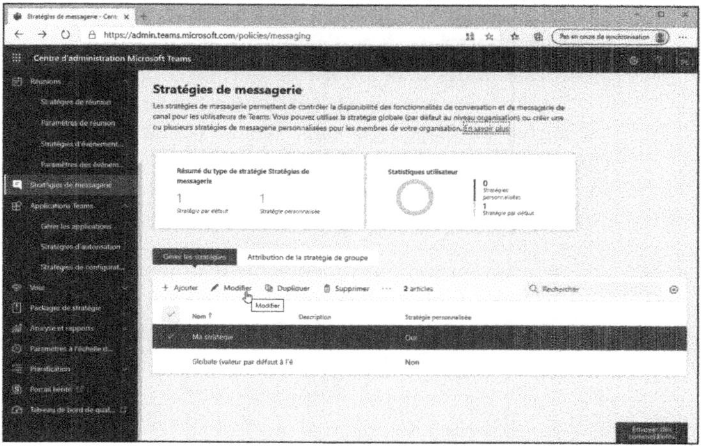

Gérer les périphériques de votre organisation

Au Chapitre 10, je traite des périphériques utilisables dans Teams, comme les téléphones de conférence et de bureau. Vous pouvez gérer ces matériels dans le centre d'administration Microsoft Teams.

Utiliser un téléphone spécialement conçu pour Teams revient à utiliser un ordinateur qui ressemblerait à un téléphone. Vous allumez le téléphone et le connectez à votre réseau. Ensuite, vous l'utilisez pour vous connecter avec vos identifiants Office 365. Dans ce cas, vous vous passerez de votre ordinateur. Ces appareils sont parfaits pour les personnes qui n'utilisent pas quotidiennement un ordinateur. Ils utiliseront le grand écran du téléphone pour participer à des réunions, et voir les présentations sans recourir à un autre matériel.

Lorsqu'un utilisateur raccorde un téléphone certifié Teams et s'y connecte pour la première fois, l'appareil s'affiche dans la section de gestion des périphériques du centre d'administration Microsoft Teams. Pour accéder à la liste des appareils, ouvrez Périphériques dans le panneau de navigation. Choisissez Téléphones IP pour gérer ces matériels dans l'écran éponyme. Vous pourrez créer des configurations personnalisées que vous téléchargerez sur le périphérique lui-même, et installerez une sécurité et mettrez à jour d'autres logiciels. Que vous fassiez partie d'une petite ou d'une grande entreprise, le centre de gestion des périphériques est l'emplacement idéal pour suivre tous vos périphériques Teams en cours d'utilisation.

Il est important de vérifier que les périphériques que vous souhaitez utiliser dans Teams portent cette certification. Reportez-vous au Chapitre 10 pour plus d'informations sur l'utilisation des périphériques dans Teams.

Sixième partie

Adapter Teams à votre entreprise

Dans cette partie

Découvrez comment Teams peut être utile pour les propriétaires d'entreprises individuelles, et voyez comment tirer le meilleur parti de Teams pour les petites et moyennes organisations.

Apprenez à dimensionner Teams à mesure que votre entreprise se développe, et découvrez pourquoi Teams donne le meilleur de lui-même avec une connexion Internet rapide.

Approfondissez les scénarios spécifiques aux entreprises quand Teams est utilisé dans de grandes organisations.

Examinez certaines des fonctionnalités avancées de Teams, telles que la voix sur le cloud, la conformité, et les rapports.

Comprenez les besoins des différentes industries en matière de logiciels et de systèmes de communication, et comment Teams peut s'adapter aux nécessités de votre secteur d'activité.

Découvrez comment vous pouvez tirer parti de Teams pour le travail par roulement, et comment Teams peut être utilisé dans les secteurs de l'éducation, de la santé, du conseil, et de l'administration.

DANS CE CHAPITRE

Découvrir la valeur de Teams pour les chefs d'entreprise individuelle

Intégrer Teams dans les organisations de petite et moyenne taille

Tirer le meilleur parti de Teams, quelle que soit la taille de votre entreprise

Apprendre de l'expérience des autres

Chapitre 15

Utiliser Teams dans les organisations de taille moyenne

Les organisations de petite taille et de taille moyenne se retrouvent dans une situation délicate quand elles prennent de l'envergure. La plupart des organisations démarrent avec un petit groupe de personnes voire avec un seul individu. Dans ce dernier cas, les outils que vous utiliserez seront très différents de ceux nécessaires à une entreprise de plus grande taille. Heureusement, Microsoft Teams est évolutif. Ainsi, vous l'adapterez à vos besoins en fonction de la croissance de votre activité et de votre organisation.

Dans ce chapitre, vous apprendrez à utiliser Teams dans les petites et moyennes organisations. Vous découvrirez des trucs et des astuces permettant d'utiliser Teams lorsque vous êtes l'unique propriétaire de votre structure jusqu'à diriger une organisation de taille moyenne comptant 250 personnes. Vous apprendrez à bien commencer avec Teams, à adopter l'application, et à la faire évoluer à mesure que votre organisation se développe. Mais, avant toute chose, commençons par vérifier un élément essentiel au gain de productivité de Teams : votre connexion à Internet.

Se focaliser sur Internet

Pour que votre expérience de Teams soit réussie, quelle que soit la taille de votre entreprise, vous devez prioritairement focaliser votre attention sur votre connexion Internet. Comme Teams est un service basé sur le cloud, toutes les communications passées en dehors de votre réseau local utilisent Internet. Si l'envoi de données sur la toile est fortement optimisé, les appels vidéo et audio s'octroient une grande partie de la bande passante. Si votre connexion Internet est trop lente, ces deux médias seront perturbés, et ils ne permettront pas de travailler correctement. En bref, avec une mauvaise connexion à l'Internet, votre expérience de Teams sera catastrophique.

Microsoft Teams échange, en mode peer-to-peer, des données entre les périphériques de votre réseau local. Ce trafic peut s'avérer essentiel pour les grandes entreprises (dont je parle au Chapitre 16). Les petites et moyennes structures se satisferont amplement de la majorité des équipements réseau disponibles sur le marché. Si votre organisation répond à ces critères, il semble important que votre administrateur réseau consulte la section du Chapitre 16 consacrée aux réseaux.

Microsoft peut délivrer des tonnes de graphiques, de tableaux et de diagrammes pour aider les organisations à vérifier que leur connexion Internet permet une expérience réussie de Teams. Le Chapitre 16 approfondira ce sujet, car les réseaux et les connexions Internet des grandes organisations sont complexes. En revanche, les petites et moyennes organisations ont des options de connexion bien plus modestes.

Je conseille d'utiliser une connexion Internet dont la bande passante est d'au moins 2 mégabits par seconde (Mbps). En effet, Microsoft affirme que Teams peut délivrer du contenu vidéo haute définition (HD) sur une bande passante de 1,2 Mbps. Par expérience, j'ai constaté qu'il est préférable de privilégier une connexion de 2 Mbps par personne. De facto, si cinq personnes travaillant dans votre bureau veulent passer simultanément des appels avec Teams, il vous faudra une bande passante de 10 Mbps.

En France, cherchez des solutions auprès des fournisseurs d'accès destinés aux entreprises. La Figure 15.1 montre un site qui donne des conseils sur l'Internet nécessaire aux organisations, quelle que soit leur taille. La notion de vitesses symétriques est importante, car Teams envoie des données dans les deux sens de circulation pour les appels vidéo et audio. Toutefois, si les vitesses de download (descendantes) et d'upload (ascendantes) sont toutes deux suffisamment rapides, alors ne vous préoccupez pas des vitesses de connexion symétriques. Par exemple, vous pourriez profiter d'une vitesse de download de l'ordre du gigabit, capable de s'adapter à une quantité massive de trafic, et d'une vitesse d'upload limitée à 30 Mbps qui s'avérera alors suffisante pour une organisation de dix personnes.

Figure 15.1

Pour des informations sur l'Internet des entreprises.

Lorsque vous consultez les offres de connexion à Internet, vérifiez la vitesse de la bande passante descendante et ascendante. Certaines entreprises offrent des vitesses descendantes très rapides et ascendantes très lentes. Cela s'explique par le fait que les applications, telles que les services de streaming vidéo, utilisent principalement la bande passante descendante et n'ont pas besoin d'une vitesse ascendante très rapide. Dans Teams, les données circulent à la fois de manière ascendante et descendante de votre ordinateur vers l'Internet. Par conséquent, vous devez vous assurer que votre bande passante est suffisante dans les deux sens.

Un gigabit est égal à mille mégabits. Les connexions Internet à 1 gigabit sont très répandues dans les villes. En revanche, de nombreuses zones rurales restent mal desservies en connexion Internet à très haut débit, voire ne seront jamais raccordées (zones blanches).

Comprendre comment Teams s'ajuste à votre organisation

Il n'y a pas de règle absolue sur la taille d'une organisation et la façon dont vous devez utiliser Teams. J'ai travaillé avec des organisations de toutes tailles, et j'ai observé comment chacune d'entre elles utilisait Teams. J'ai alors découvert qu'elles suivaient sensiblement toutes le même parcours avec Teams. La Figure 15.2 montre les trois groupes de petites et moyennes entreprises en fonction du nombre d'employés.

Beaucoup d'organisations démarrent avec une seule personne, parfois accompagnée d'un partenaire. Ici, l'utilisation de Teams est très spécifique.

Une autre manière d'utiliser Teams apparaît dans les organisations comptant entre 2 et 25 personnes. Sa taille est suffisante pour désigner une personne comme administrateur de Teams, mais reste suffisamment petite pour que chacun sache ce qui se passe avec les autres.

Figure 15.2

Trois groupes de petites et moyennes entreprises.

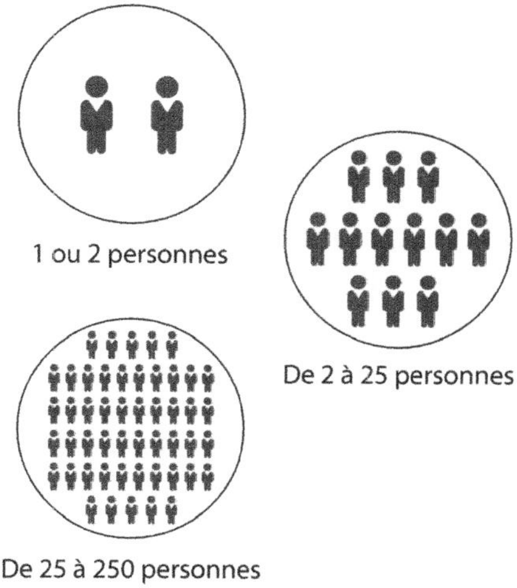

La dernière forme d'utilisation de Teams concerne les organisations qui emploient entre 25 et 250 personnes. Il s'agit donc d'entreprises de taille moyenne. Force est alors de constater que le nombre de personnes est si élevé qu'il est bien difficile d'envisager que chacun soit tenu au courant des activités des autres. Les tâches sont alors suffisamment nombreuses pour que les rôles et la façon dont les gens utiliseront Teams soient clairement définis. C'est dans ce type de structure que la gouvernance commence à prendre forme. Voyons comment chaque type d'organisation peut utiliser Teams et en profiter pleinement.

Rester simple (1 ou 2 personnes)

Teams ne doit pas être négligé par les organisations unipersonnelles. En effet, vous pourrez inviter d'autres personnes pour collaborer et communiquer, et utiliser l'application pour organiser des réunions et des audioconférences. Que vous soyez un indépendant ou une organisation composée de deux personnes, restez simple. Ne vous souciez pas des autorisations à donner dans la mesure où vous serez administrateur de l'ensemble des abonnements à Microsoft 365 ou Office 365, et de tous les services qui y sont liés.

Bien que vous n'ayez pas à vous préoccuper des autorisations, vous devrez vous familiariser avec les tâches administratives de base dont je traite dans de nombreux chapitres de ce livre, et que j'approfondis en décrivant le centre d'administration Microsoft Teams dans les Chapitres 13 et 14. Mais, il vous faudra passer du temps dans les centres d'administration de Microsoft 365 ou d'Office 365 pour votre abonnement et pour vous familiariser avec l'administration d'autres services utilisables dans Teams, tels que SharePoint.

En tant qu'organisation composée de une ou deux personnes, vous devez vous concentrer sur les utilisateurs invités. En effet, la grande majorité des personnes avec qui vous communiquerez par l'intermédiaire de Teams seront des invités dont je parle au Chapitre 7. Les organisations de plus grande taille communiquent presque exclusivement avec leurs collaborateurs internes. C'est tout à fait le contraire qu'il se passe avec des autoentrepreneurs qui travaillent seuls. Ils communiqueront, sauf schizophrénie notoire, avec des personnes extérieures à leur organisation.

Soyez prudent avec le processus d'invitation dans vos équipes, canaux, et conversations. J'ai vu des organisations de toutes tailles être très ennuyées par les collaborations extérieures. Teams met fortement l'accent sur la collaboration avec les personnes qui appartiennent à votre organisation. Pour les personnes extérieures, vous devez vous pencher sur le comportement de Teams que j'expose au Chapitre 7.

Faites également attention à l'endroit où vous partagez un fichier avec des utilisateurs invités. Par défaut, ils n'ont pas accès aux emplacements de stockage comme SharePoint. Mais des problèmes risquent de surgir quand vous partagez, dans une conversation avec un invité, un fichier particulier. Il m'est arrivé d'être confronté à trois copies d'un même fichier sans parvenir à identifier la personne qui l'avait partagée. Une copie se trouvait sur OneDrive, une autre sur le site SharePoint en arrière-plan, et une dernière sur le site SharePoint de l'organisation. Ajoutez à cela que, dans certains cas, j'ai aussi enregistré une copie sur mon ordinateur local ! Il a fallu alors apporter quelques modifications mineures au dossier lors d'une conférence téléphonique afin de rapatrier le dossier là où il devait être. Comprenez alors que la façon dont Teams affiche les fichiers provenant de divers emplacements sur le cloud n'est pas toujours évidente.

Enfin, j'ai constaté que les conférences téléphoniques et les numéros de téléphone étaient incroyablement précieux pour les organisations de toutes tailles. Même si vous êtes un ou deux dans votre organisation, vous pouvez vous inscrire aux services vocaux et obtenir un numéro de téléphone, un numéro gratuit et des numéros de conférence téléphonique, exactement comme s'il s'agissait d'une organisation de plus grande taille.

Passer au niveau supérieur (de 2 à 25 personnes)

Lorsqu'une organisation compte entre 2 et 25 personnes, vous devez commencer à réfléchir sur la répartition de certaines tâches dans Teams, ainsi qu'à la distinction, au sein des équipes, entre les utilisateurs internes et les utilisateurs invités. Les organisations de cette taille sont encore suffisamment petites pour qu'il soit facile de garder une trace de vos équipes et de vos canaux. Il est également courant, pour une telle organisation, de ne gérer que quelques équipes, et de veiller à ce que chacun de ses membres appartienne effectivement à une équipe. Toutefois, lorsque votre structure atteint cette taille, vous pouvez envisager de séparer les équipes en équipes comprenant des invités, et en équipes qui sont exclusivement destinées aux membres internes de votre organisation, comme le montre la Figure 15.3. (J'explique comment procéder au Chapitre 3).

Figure 15.3

Créer une équipe réservée aux utilisateurs invités.

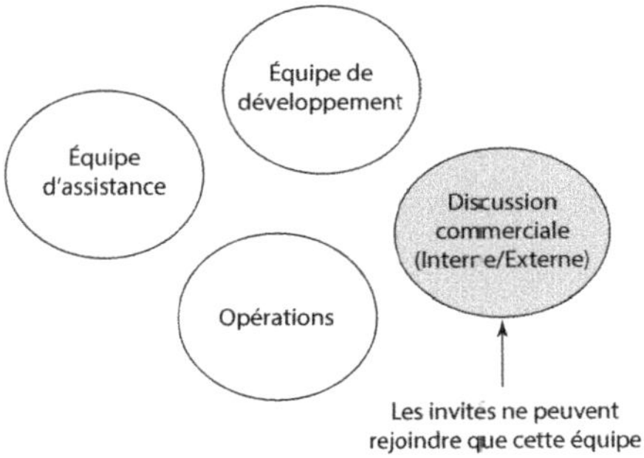

Vous devez également commencer à réfléchir à la désignation d'un administrateur. J'ai pu constater que, dans les organisations de cette taille, une ou deux personnes acceptent généralement d'assumer les tâches administratives d'Office 365 et de Teams. Cela inclut l'ajout de nouveaux utilisateurs, l'achat et la gestion des licences, la configuration des paramètres d'administration qui concernent tous les membres de l'organisation, etc.

Quiconque souscrit un abonnement Microsoft 365 ou Office 365 devient automatiquement administrateur de l'ensemble de l'abonnement, y compris de Teams. Il arrive souvent qu'une personne soit chargée de souscrire ces abonnements et de découvrir alors qu'elle est l'administrateur par défaut. J'aime identifier cette personne en tant qu'« administrateur accidentel ». La bonne nouvelle est que vous pouvez remplacer cet administrateur par défaut.

J'ai remarqué que la plupart des organisations de cette taille passent la majeure partie de leur temps dans Teams, et à collaborer et partager rapidement des fichiers sans quitter l'application. De nombreuses applications peuvent être installées et apparaître sous forme d'onglets pour améliorer la productivité de votre organisation. Par exemple, vous pouvez ajouter des onglets pour SharePoint, et même pour des fichiers Excel. De plus, à l'instar d'une organisation de une ou deux personnes, vous serez probablement en interaction avec des utilisateurs invités. Pour en savoir plus à ce sujet, consultez le Chapitre 7.

Grandir (de 25 à 250 personnes)

Selon mon expérience, une entreprise de 25 à 250 personnes est arrivée à un stade où elle a besoin d'adapter ses processus et de commencer à réfléchir au respect et à la séparation des tâches. Par exemple, la personne responsable de l'achat des licences Microsoft 365 ou Office 365 peut appartenir au service des achats, et la gestion du centre d'administration Microsoft Teams peut incomber à une personne du département informatique. Enfin, un utilisateur expérimenté de chaque équipe pourrait en devenir l'administrateur, y compris au niveau de ses applications.

Avec une organisation de cette taille, le nombre d'équipes et de canaux peut rapidement devenir écrasant. Lorsque cela vous arrive, vous devez rapidement réfléchir à des procédures de conformité qui permettront de garder une trace de toutes les équipes et de tous les canaux. Il est probable que tous les membres de votre organisation soient présents dans chacune des équipes. De ce fait, le paysage des équipes et des canaux risque de devenir très rapidement complexe et insurmontable.

Il est stupéfiant de voir comment, même au sein d'une organisation de taille moyenne, le nombre d'équipes et de canaux peut croître à une vitesse exponentielle. Par défaut, n'importe qui peut créer une nouvelle équipe et un nouveau canal. Je conseille donc de limiter le nombre des équipes, et de réduire vos canaux à des besoins vraiment essentiels.

Le moment est venu d'élaborer une stratégie concernant les équipes publiques et privées, et l'appartenance à une équipe. Par exemple, vous pouvez créer des équipes privées réservées à des secteurs spécifiques de l'organisation, tels que le secteur juridique, les ressources humaines, et la comptabilité. Vous souhaiterez peut-être que les dirigeants disposent d'un lieu privé pour communiquer entre eux, et vous voudrez sans doute créer des équipes

« à tout faire » qui regrouperont tous les membres de l'organisation sur des sujets concernant tous les employés. Tout le monde bénéficiera ainsi de la même information. Vous pouvez archiver les équipes que vous ne souhaitez plus suivre et gérer. La gestion des équipes à grande échelle, y compris leur archivage, est un sujet traité au Chapitre 16.

Quand une équipe n'est plus active, archivez-la de manière à conserver ses canaux et ses messages, ce qui permettra d'aérer votre application. La Figure 15.4 montre l'écran Gérer les équipes qui permet de les archiver, comme cela est détaillé au Chapitre 16.

Figure 15.4

L'écran Gérer les équipes affiche toutes les équipes de votre organisation.

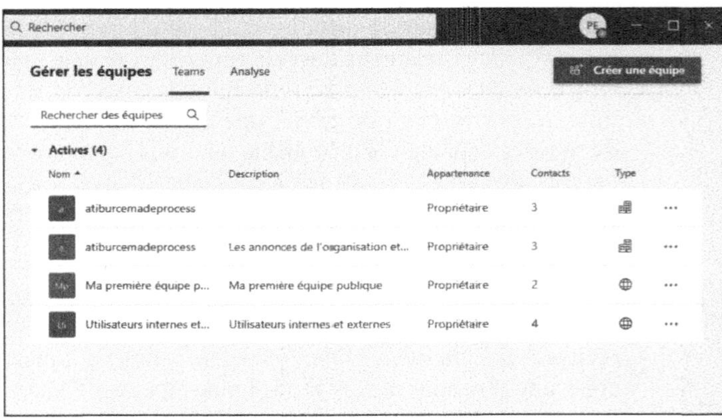

C'est aussi le moment où les utilisateurs individuels peuvent commencer à régler les alertes pour n'être avertis que des activités qu'ils jugent indispensables. Parmi les fonctionnalités que je trouve utiles, citons les notifications et le masquage des équipes et des canaux. Pour plus d'informations sur ce sujet, consultez le Chapitre 8.

Lorsque votre organisation comptera 250 personnes, vous adopterez rapidement des fonctionnalités conçues pour les plus grandes entreprises comptant des dizaines de milliers de membres. Ces fonctionnalités entendent des clouds privés, des scénarios hybrides, et des connexions dédiées à Microsoft. Le Chapitre 16 couvre certaines des fonctionnalités conçues pour les grandes entreprises.

Chapitre 16

Fonctionnalités pour les grandes entreprises

DANS CE CHAPITRE

Comprendre comment Teams fonctionne avec de grandes entreprises

Découvrir certaines fonctionnalités avancées de Teams

Approfondir les scénarios spécifiques aux entreprises

Aller encore plus loin avec Teams dans une grande organisation

Les grandes entreprises ont des besoins spécifiques en matière de logiciels et de systèmes de communication. Ces organisations doivent gérer des problèmes aussi sensibles que la compatibilité, l'établissement de rapports, et bien d'autres choses encore. Bien que Teams soit un nouveau produit, il a été conçu pour intégrer les solutions de Skype Entreprise afin de répondre aux besoins des grosses structures.

Dans ce chapitre, vous apprendrez à utiliser Microsoft Teams dans de grandes entreprises, c'est-à-dire en le déployant sur la totalité de votre organisation, et en ne perdant jamais le contrôle sur vos équipes et vos canaux. Vous découvrirez des fonctionnalités avancées de Teams, comme la voix sur le cloud, la conformité, et l'établissement de rapports. Je vous indiquerai aussi quelques trucs et astuces propres aux grandes organisations.

Gérer de nombreuses équipes

Vous accédez à l'ensemble des équipes créées dans votre organisation *via* l'écran Gérer les équipes. Vous l'afficherez par un clic sur l'onglet Équipes, puis sur l'icône de l'engrenage en bas de la liste identifiée sur la Figure 16.1. Si vous êtes un utilisateur invité, un lien Gérer les équipes remplacera l'icône de l'engrenage.

Si vous êtes un utilisateur invité d'un compte Teams, vous n'avez pas la possibilité de créer une nouvelle équipe. Vous ne verrez alors que le lien Rejoindre ou créer une équipe à gauche de l'icône de l'engrenage.

Figure 16.1

Pour accéder à l'écran Gérer les équipes.

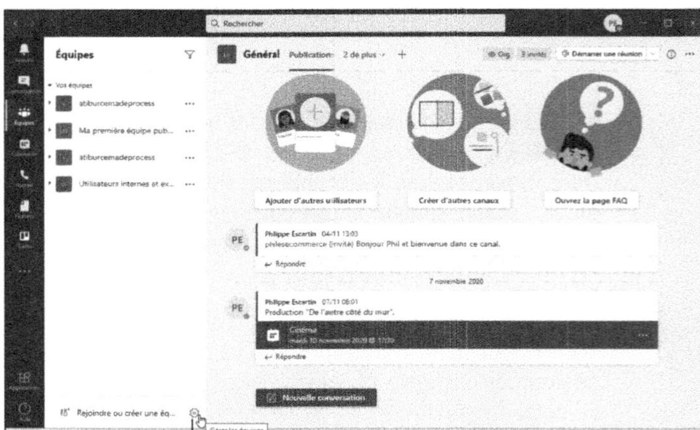

Icône de l'engrenage

L'écran Gérer les équipes liste toutes les équipes de votre organisation, comme sur la Figure 16.2, y compris celles qui ont été archivées. La première colonne montre le nom des équipes suivi d'une description. La troisième colonne affiche l'appartenance, et la quatrième le nombre de personnes que contient l'équipe.

La colonne Type spécifie le type auquel appartient l'équipe et, enfin, le menu Autres options (trois petits points), dont le contenu est visible sur la Figure 16.3. Vous y trouverez des options qui permettent de gérer vos équipes sans être obligé de les afficher et d'en ouvrir les paramètres.

Figure 16.2

L'écran Gérer les équipes liste toutes les équipes de l'organisation.

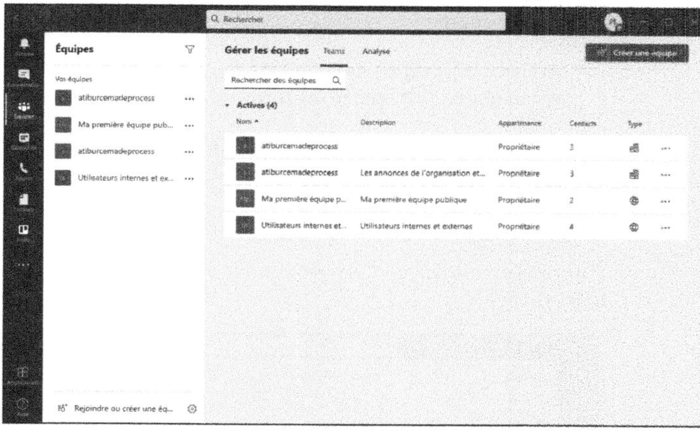

Voici le contenu du menu Autres options :

» **Gérer l'équipe :** cette option ouvre les paramètres de l'équipe concernée. Vous y gérerez les membres, les invités, et les canaux. Vous y modifierez l'image de l'équipe, configurerez les autorisations des membres et des invités, afficherez les analyses, et ajouterez et configurerez des applications. Je traite de ces paramètres au Chapitre 3.

» **Ajouter un canal :** permet d'ajouter un canal à l'équipe.

» **Ajouter un membre :** avec cette option, vous ajouterez un nouveau membre ou un invité à l'équipe.

» **Quitter l'équipe :** permet de vous retirer d'une équipe.

» **Modifier l'équipe :** permet de modifier le nom, la description, ou les informations de confidentialité de l'équipe. Ces informations sont Publiques, Privées, ou à l'Échelle de l'organisation, comme décrit au Chapitre 3.

» **Obtenir un lien vers l'équipe :** cette option permet d'afficher et de copier le lien direct vers l'équipe concernée. Je trouve cette fonctionnalité très utile pour les grandes organisations comptant des centaines ou des milliers d'équipes afin de se joindre rapidement à un groupe de personnes qui communiquent au sein de la même équipe.

» **Archiver l'équipe :** cette option permet d'archiver l'équipe, archive qui en enregistre les informations.

» **Supprimer l'équipe :** permet de supprimer l'équipe. Cela détruit toutes les informations de l'équipe.

Figure 16.3

Les trois points cachent le menu lccal Autres options d'une équipe particulière.

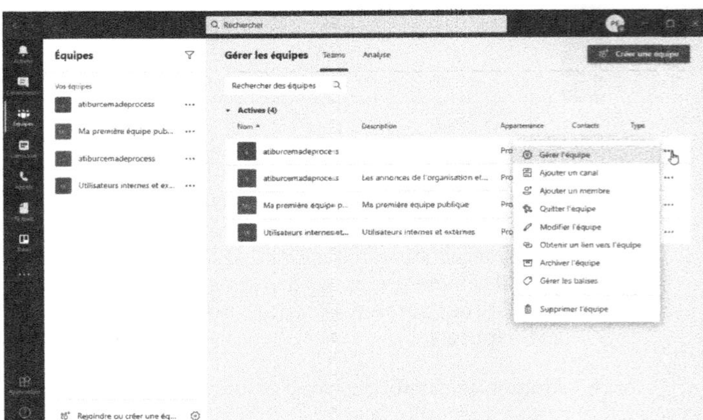

Archiver une équipe

L'archivage retire une équipe, mais préserve toutes ses informations. Voici comment archiver une équipe :

1. **Cliquez sur l'icône de l'engrenage située en bas de la liste des équipes pour ouvrir l'écran Gérer les équipes.**

   L'écran éponyme apparaît comme sur la Figure 16.1.

2. **Cliquez sur les trois petits points à droite de l'équipe. Dans le menu local qui s'ouvre, exécutez la commande Archiver l'équipe, comme sur la Figure 16.4.**

   Un message s'affiche comme sur la Figure 16.5.

3. **Cochez l'option Autoriser l'accès du site SharePoint en lecture seule pour les membres de l'équipe.**

Chaque équipe est associée à un site SharePoint qui fonctionne en arrière-plan. Pour éviter toute confusion future, je conseille vivement de cocher la case indiquée à l'Étape 3. En effet, si le site en question n'est pas configuré en lecture seule, certaines personnes continueront à l'utiliser ignorant que l'équipe associée n'est plus active.

Figure 16.4

Archiver une équipe depuis son menu local Autres options.

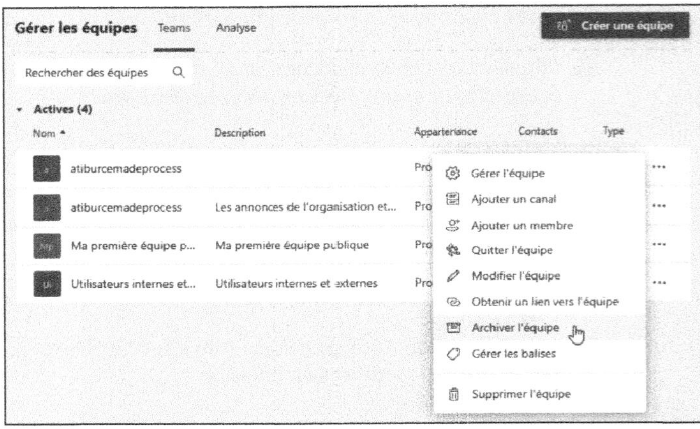

Figure 16.5

Cocher l'option qui place le site SharePoint en lecture seule.

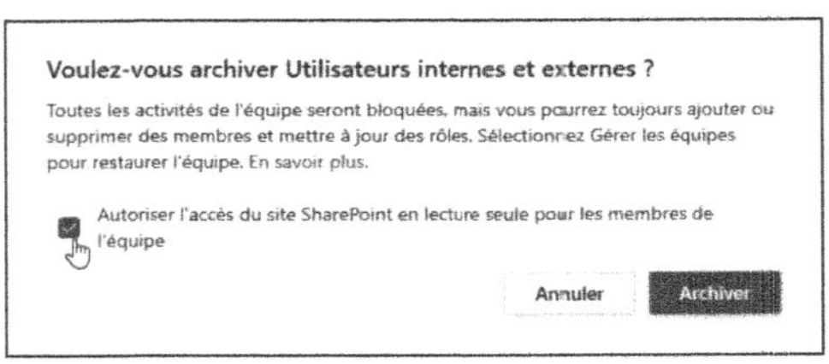

4 Cliquez sur le bouton Archiver pour basculer l'équipe dans ce mode.

L'équipe s'ajoute à la liste des équipes archivées, comme sur la Figure 16.6. Pour restaurer une équipe archivée, ouvrez son menu local Autres options, et exécutez la commande Restaurer l'équipe, comme sur la Figure 16.7.

Figure 16.6

Les équipes archivées sont placées dans une section nommée Archivée(s).

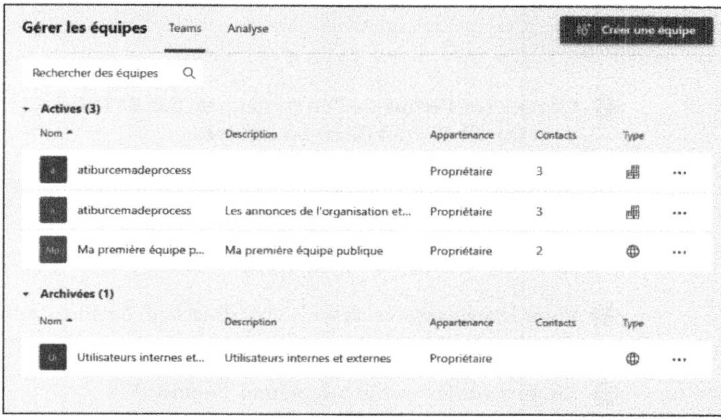

Figure 16.7

Pour restaurer une équipe archivée.

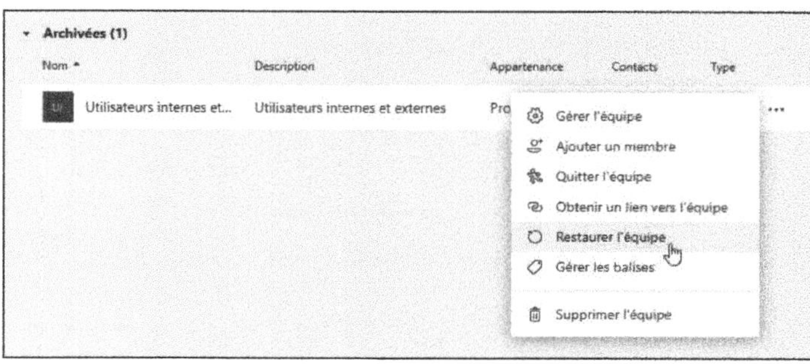

Supprimer une équipe

En général, je conseille d'archiver des équipes car vous ne pouvez pas savoir si vous n'aurez pas besoin de la restaurer un jour ou l'autre. Cependant, si vous êtes certain qu'une équipe n'est plus utile, supprimez-la en suivant ces étapes :

1. **Cliquez sur l'icône de l'engrenage en bas de la liste des équipes pour ouvrir l'écran Gérer les équipes.**
2. **Ouvrez le menu local Autres options, et exécutez la commande Supprimer l'équipe, comme sur la Figure 16.8.**

   La boîte de dialogue éponyme apparaît.
3. **Lisez le message et, si vous êtes d'accord, cochez l'option Je comprends que tout sera supprimé, comme sur la Figure 16.9.**
4. **Cliquez sur le bouton Supprimer l'équipe.**

   L'équipe disparaît de la liste des équipes, et toutes ses informations seront détruites.

Figure 16.8

Pour supprimer une équipe.

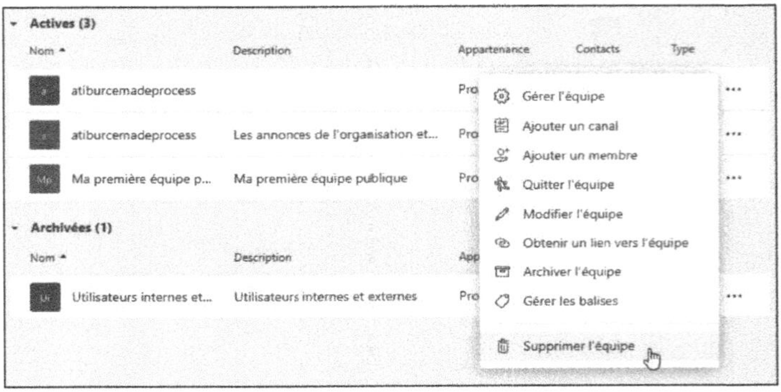

Figure 16.9

Confirmez que vous acceptez le fait que toutes les informations de l'équipe seront détruites.

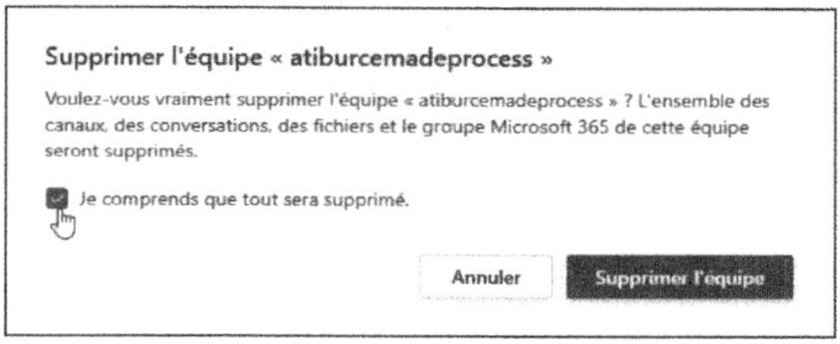

Faire appel aux ingénieurs réseau

Les réseaux et les connexions Internet sont des équipements sensibles qui déterminent la réussite ou l'échec d'une utilisation de Teams. Donc, il est important d'avoir, dans vos équipes, des ingénieurs réseau. Teams envoie et reçoit un flux constant de trafic réseau entre votre réseau interne et les centres de données Microsoft où Teams est hébergé. En outre, Teams envoie des données sur votre réseau local en mode *peer-to-peer*. Cela signifie que si vous appelez quelqu'un qui travaille dans la pièce d'à côté en utilisant Teams, vos ordinateurs peuvent communiquer directement sans passer par Internet. Comme Teams utilise intensément à la fois votre réseau local et votre connexion Internet, la bande passante et les besoins devront être pris en considération pour tous les appareils qui utiliseront Teams. Les fonctions des équipes, telles que les appels vidéo et audio, le partage d'écran et les conférences téléphoniques, peuvent absorber une part importante du trafic de votre réseau, et il est nécessaire que ces besoins soient compris et satisfaits dès le début de vos activités avec Teams.

Microsoft procure un guide réseau de deux manières :

» **Du client à la périphérie réseau de Microsoft :** cette mesure va du dispositif client Teams à la périphérie du réseau Microsoft, que Microsoft appelle de façon confuse « Microsoft Edge » – le même nom que son navigateur Web. Cela signifie que le trafic réseau va du périphérique sur lequel Teams est installé (comme votre ordinateur de bureau ou votre ordinateur portable), passe à travers le réseau interne de votre organisation, et termine sa course sur l'Internet et le réseau Microsoft.

» **De la périphérie réseau du client à celle de Microsoft :** cette mesure part de la périphérie de votre réseau jusqu'à celle du réseau Microsoft. En d'autres termes, le trafic sur l'Internet.

Microsoft a intégré de grandes capacités d'absorption sur son réseau, au point d'être convaincu qu'une fois que le trafic arrivera sur son réseau, il n'y aura aucun problème. Lorsque, en matière de réseau, vous entendez le terme « Microsoft Edge », sachez qu'il ne s'agit pas d'une référence au navigateur, mais à la périphérie du réseau Microsoft.

Le guide de réseau destiné à Teams, que vous trouverez sur le site de Microsoft, est extrêmement technique. Comme mentionné précédemment dans cette section, le trafic réseau se divise en deux catégories : client vers la périphérie du réseau Microsoft, et de la périphérie du réseau du client vers la périphérie du réseau Microsoft. Avec chaque catégorie, Microsoft inclut des valeurs pour des éléments tels que la one-way latency et la round-trip latency. La latence fait référence au délai qui s'écoule entre le moment où une donnée quitte un ordinateur et celui où elle arrive dans un autre. Microsoft fournit également des détails sur la perte de données qui se produit lorsque deux ordinateurs communiquent entre eux. L'Internet est conçu de telle sorte que certaines données peuvent être perdues lors de leur transmission sur un réseau, mais la connexion globale reste correcte. On parle ici de perte de paquets. Concrètement, un élément de l'équipement du réseau situé quelque part au milieu de ce réseau ne fournit pas les données comme prévu. Dans ce cas, les données sont perdues et l'ordinateur récepteur doit envoyer une requête pour que ces données lui soient de nouveau envoyées. Ces aspects techniques dépassent le cadre de ce livre, mais ils sont d'une importance capitale pour les ingénieurs réseau.

Les ingénieurs réseau assurent la légitimité du trafic sur leurs réseaux. Ils sont censés bloquer tout trafic malfaisant. Pour cela, ils mettent en place un *pare-feu*. Il s'agit d'un dispositif matériel ou logiciel qui filtre le trafic réseau en se basant sur une infinité de variables. Par exemple, pour un ordinateur qui fait tourner un serveur Web, seul le trafic Web sera autorisé, bloquant alors tous les autres trafics réseau.

Le trafic réseau des services Microsoft utilise un nombre de type de ports et de protocoles hallucinant. Tous ces éléments sont essentiels à la faciliter d'utilisation de Teams. Une personne avisée a dit un jour que la simplicité était la chose la plus difficile à obtenir.

En plus de l'accès aux ports et aux protocoles, vous trouverez également des conseils sur le service de noms de domaine (DNS). Il faudra d'ailleurs que vous prêtiez attention à la résolution du DNS. Microsoft Teams s'attend à pouvoir trouver des adresses IP (Internet Protocol) pour des noms de services spécifiques. Microsoft tient à jour une liste des ports et des entrées DNS de protocole sur son site Web, liste qui est régulièrement mise à jour. Vous la découvrirez à l'adresse `https://docs.microsoft.com/fr-fr/microsoft-365/enterprise/urls-and-ip-address-ranges?view=o365-worldwide`.

Microsoft met à votre disposition sur YouTube une superbe vidéo qui vous guide en détail dans la configuration du réseau. Vous pouvez la trouver en ouvrant votre navigateur Web et en visitant https://aka.ms/teams-networking.

Diviser pour mieux régner

Il y a un nombre stupéfiant de rôles (43 à l'heure actuelle) que vous pouvez utiliser pour répartir les tâches administratives dans Microsoft 365 ou Office 365. Microsoft les décrit dans une documentation. Cette liste comprend le rôle d'administrateur de Teams. Il est décrit comme étant la personne qui possède un accès complet aux équipes et Centre d'administration Skype, qui gère les groupes et les requêtes des services d'Office 365, et le suivi de l'état de service. D'autres rôles sont liés à d'autres services et caractéristiques, comme l'administration de la facturation, de la conformité, de la sécurité, de la licence, et de l'utilisateur, pour n'en citer que quelques-uns.

Vérifier l'état de service de Teams se réfère à l'état des services qui constituent la souscription à un abonnement Microsoft 365 ou Office 365. Teams est un de ces services. Il en existe beaucoup d'autres, y compris SharePoint pour la gestion de contenu, et Exchange pour la messagerie électronique.

Je conseille aux entreprises de se familiariser avec les différents types d'administrateurs de Microsoft 365 et Office 365, et à tirer parti de leur utilisation pour répartir et concentrer les tâches. Vous trouverez les rôles d'administration et des descriptions à l'adresse suivante : `https://docs.microsoft.com/fr-fr/office365/admin/add-users/about-admin-roles?view=o365-worldwide`.

Les grandes organisations peuvent tirer profit de la création de rôles et de niveaux d'administration et de contrôle spécifiques.

Microsoft Teams est un service qui fait partie de l'abonnement souscrit à Microsoft 365 ou Office 365. Par conséquent, l'administration de Teams est étroitement liée à l'administration de tous les services offerts par ces abonnements. Faites également attention aux rôles d'administration dans SharePoint. Au moment où ce livre a été imprimé, Microsoft venait tout juste de réorganiser et de placer SharePoint, OneDrive et Teams sous la direction de Jeff Teper. Jeff étant spécialiste SharePoint réputé, les liens ténus qui existent entre SharePoint et Teams deviennent évidents. Il est amusant d'observer que, lors de la conférence Microsoft Ignite de 2019, l'un des leaders de la communauté a mis en scène un mariage simulé entre Teams et SharePoint. Cette mise en scène a certainement préparé le terrain à la réorganisation des applications que nous observons aujourd'hui.

Créer une stratégie pour conserver ou supprimer du contenu

Le centre d'administration Microsoft Teams dispose d'options de personnalisation et de configuration de Teams destinées aux grandes organisations. Un groupement de paramètres de configuration s'appelle une *stratégie*. Il en existe un très grand nombre dans Teams. Aux Chapitres 13 et 14, je traite des stratégies définissables dans le centre d'administration Microsoft Teams.

Une des stratégies les plus utiles aux grandes organisations concerne les rétentions de contenu que vous pouvez mettre en œuvre pour qu'un contenu ne puisse pas être supprimé. Vous pouvez également définir une stratégie de suppression de données après l'expiration d'une certaine durée. Les stratégies de rétention sont définies dans le Centre de sécurité et de conformité Office 365.

Pour créer une stratégie de rétention :

1. **Ouvrez votre navigateur Web, et connectez-vous au Centre de sécurité et de conformité de Microsoft à l'adresse https://protection.office.com.**

   Seuls les administrateurs d'un abonnement Microsoft 365 ou Office 365 peuvent se connecter au Centre de sécurité et de conformité.

2. **Dans le panneau de navigation de gauche, ouvrez l'option Gouvernance des informations, et choisissez Rétention.**

3. **Cliquez sur le bouton Créer pour lancer la création d'une nouvelle stratégie de rétention comme sur la Figure 16.10.**

Figure 16.10

Créer une stratégie de rétention dans le Centre de sécurité et de conformité Office 365.

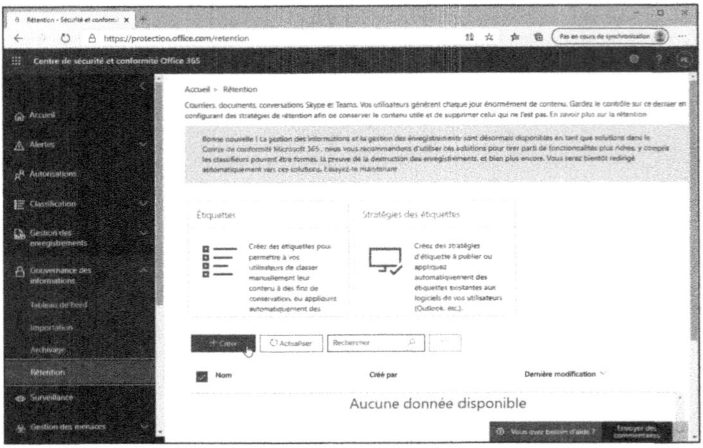

❹ **Donnez un nom à la stratégie et ajoutez une description, puis cliquez sur Suivant.**

❺ **Sélectionnez ensuite la durée de la rétention, puis cliquez sur Suivant.**

Il est possible de définir une stratégie pour une durée indéfinie.

❻ **Choisissez les services de stratégie de rétention auxquels elle va s'appliquer.**

Faites défiler le contenu de la page pour voir tous les services disponibles à activer ou pas, comme sur la Figure 16.11.

❼ **Indiquez les équipes et les utilisateurs auxquels la stratégie de rétention s'appliquera ou non, puis cliquez sur Suivant.**

Par défaut, toutes les équipes et tous les utilisateurs sont concernés par la stratégie.

❽ **Passez en revue vos paramètres, puis cliquez sur le bouton Créer cette stratégie, tel que le montre la Figure 16.12.**

Figure 16.11

Les services concernés ou non par la stratégie de rétention.

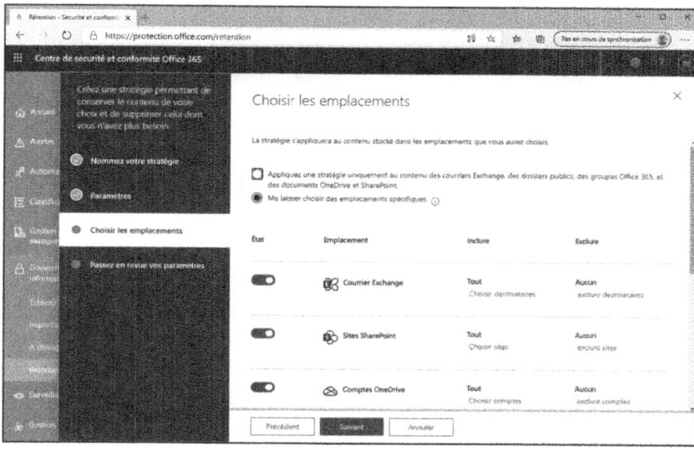

Figure 16.12

Passer en revue les paramètres avant la création de la stratégie.

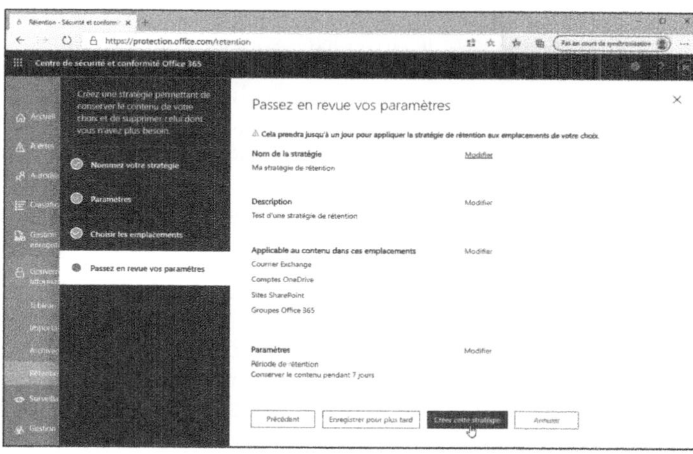

Une stratégie de rétention peut être utilisée pour adresser des exigences de conformité à la fois au niveau de l'entreprise et de la réglementation.

Vous pouvez aussi définir une stratégie de rétention pour supprimer automatiquement des données après l'expiration d'un certain délai.

Explorer les fonctions vocales de l'entreprise

Microsoft propose une offre appelée « Voix sur le cloud » qui présente des fonctionnalités d'entreprise destinées aux grandes organisations. Le service Voix sur le cloud comprend des options pour connecter vos systèmes téléphoniques internes au réseau téléphonique public commuté (RTPC), en utilisant vos capacités Private Branch eXchange (PBX). Bien que ces sujets dépassent le cadre de ce livre, il est important de savoir qu'ils existent. Malgré le fait que Microsoft ait modifié l'image de marque de certaines de ces offres, leurs possibilités restent globalement les mêmes. J'ai constaté que les organisations qui existaient depuis longtemps disposaient déjà de matériel spécialisé. Il en est ainsi des systèmes PBX sur site, chose qui ravit les ingénieurs en télécommunications.

Les grandes entreprises seront heureuses d'apprendre que Microsoft propose plusieurs offres qui permettent l'intégration avec les équipements de réseau téléphonique et les connexions réseau existantes. Comme les scénarios avancés sont assez courants dans les entreprises, Microsoft a fait tout son possible pour que Teams puisse fonctionner dans presque toutes les situations.

Quand votre organisation a installé localement des produits qui sont interfacés avec Microsoft Teams qui, comme nous le savons, est hébergé par Microsoft, ces produits sont identifiés par le terme hybride. Cela tient au fait que Teams utilise une approche hybride qui inclut des ressources de votre organisation et des ressources hébergées chez Microsoft. J'ai également entendu dire que Microsoft utilisait le terme hybride pour identifier des personnes de votre organisation qui utilisent encore Skype Entreprise, et celles qui utilisent Teams. Cette approche est expliquée dans la documentation de Microsoft, mais je conseille d'envisager un environnement hybride comme étant celui où des produits sont hébergés et gérés pour vos services informatiques internes, et ceux hébergés et gérés par Microsoft dans son *datacenter*.

Rapports et analyses

Dans le Chapitre 13, j'ai parcouru le centre d'administration Microsoft Teams, et effleuré la notion de rapport. Les rapports et les analyses sont des éléments sensibles pour les grandes organisations dans le but d'obtenir des données qui permettent de savoir comment les personnes utilisent Teams, et des sections qui auraient peut-être besoin d'être améliorées.

Vous pouvez utiliser des rapports d'utilisation pour voir qui sont les utilisateurs actifs et dans quels canaux et conversations ils interagissent. Vous obtiendrez également des informations sur le nombre d'invités dans une équipe, et leurs paramètres de confidentialité. Le rapport d'activité permet aussi de dénombrer les appels privés auxquels un utilisateur a participé, ou de connaître l'activité d'un utilisateur dans un canal ou une conversation. Vous trouverez aussi des rapports sur les périphériques utilisés par les membres de l'organisation, et combien d'entre eux les ont effectivement utilisés. Enfin, vous découvrirez des rapports sur les événements en direct et plusieurs rapports sur l'utilisation des réseaux RTPC.

Familiarisez-vous avec tous ces rapports et consultez-les fréquemment dans le cadre d'une routine de production. Les rapports sont utiles à tous les membres d'une organisation, y compris les équipes informatiques, les équipes réseau, les équipes de développement, et j'en passe.

Les rapports sont consultables dans le centre d'administration Microsoft Teams. Dans le panneau de navigation de gauche, choisissez Analyse et rapport, puis sélectionnez le rapport que vous souhaitez consulter.

Plus haut dans ce chapitre, je vous ai expliqué comment visualiser et gérer toutes vos équipes dans une grille. Vous pouvez utiliser une vue similaire pour voir des informations analytiques concernant vos équipes. Pour consulter les analyses de toutes vos équipes, conformez-vous aux étapes suivantes :

1. **Dans Teams, cliquez sur l'icône de l'engrenage en bas à droite du panneau de navigation.**

   Cette action ouvre l'écran Gérer les équipes.

2. **Dans l'écran Gérer les équipes, cliquez sur l'onglet Analyse, comme sur la Figure 16.13.**

   L'onglet Analyse affiche les noms des équipes, le nombre d'utilisateurs actifs, les invités, les messages, et le type des équipes.

Cliquez sur le nom d'une équipe pour afficher l'ensemble de ses données analytiques.

Figure 16.13

Les analyses de Teams.

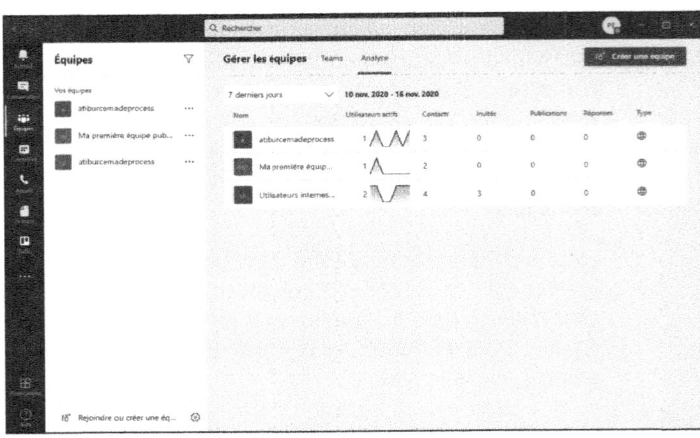

Passer de Skype Entreprise à Teams

L'effort de cette migration dépend de la version de Skype Entreprise qui a été déployée dans votre organisation : la version On-Premises ou la version Online. Si vous utilisez On-Premises, vous migrerez à partir d'une solution gérée en interne vers une solution basée sur le cloud et gérée par Microsoft. J'ai pu constater que cette migration pouvait être sensible lorsque l'équipe informatique interne était une équipe qui avait toujours été responsable du système de communication qu'elle va devoir abandonner à Microsoft.

Si vous passez de Skype Entreprise Online à Teams, vous utilisez déjà une solution gérée par Microsoft. La procédure est alors plus directe. Pour faciliter cette migration vers Teams, Microsoft a mis en ligne une documentation consultable à cette adresse : `https://docs.microsoft.com/fr-fr/microsoftteams/upgrade-and-coexistence-of-skypeforbusiness-and-teams`.

Si votre organisation utilise Skype Entreprise, vous devez migrer vers Teams dès que possible. En effet, Microsoft a annoncé l'abandon définitif de Skype Entreprise en 2021.

Obtenir l'aide d'un expert

Le conseil le plus important que je puisse vous donner, quelle que soit la taille de votre organisation, est de trouver un expert de Microsoft Teams. Microsoft n'attribue pas facilement la certification Most Valuable Professional (MVP). Les MVP de Microsoft sont souvent des consultants qui travaillent avec de nombreuses entreprises. Ils ont été confrontés à la majorité des problèmes imaginables, et leurs connaissances et leur perspicacité justifient que vous investissiez un peu d'argent pour recourir à leurs services.

Vous trouverez une liste de ces MVP à l'adresse `https://mvp.microsoft.com`. Cliquez dans le champ Trouver un MVP en haut à droite, et saisissez Applications et services Office. Vous pouvez aussi limiter le résultat des recherches à votre zone géographique.

DANS CE CHAPITRE

Étudier l'utilisation de Teams dans des secteurs spécifiques

Découvrir Teams dans le secteur éducatif

Exploiter Teams pour le travail en rotation

Utiliser Teams dans les soins de santé et les organismes publics

Chapitre 17
Utiliser Teams dans des secteurs spécifiques

Différentes industries présentent logiquement différents besoins, notamment en matière de logiciels et de systèmes de communication. En effet, un hôpital ou un bureau d'études n'utilise pas Teams de la même manière.

Dans ce chapitre, vous apprendrez comment tirer le meilleur parti de Teams dans différentes activités industrielles et commerciales. Vous verrez l'utilisation de Teams dans le secteur éducatif, de la santé, et gouvernemental. Enfin, vous découvrirez comment adapter Teams aux besoins spécifiques de votre organisation.

Tirer le meilleur parti de Teams dans le monde de l'éducation

Microsoft propose des abonnements Office 365 spéciaux à un prix réduit pour le monde de l'éducation. Il s'agit de versions spécifiquement adaptées aux étudiants et aux enseignants. Au Chapitre 1, vous avez vu comment souscrire un nouvel abonnement. Si vous êtes formateur, vous pouvez souscrire un abonnement éducation.

Comparez les différentes versions éducation à l'adresse `https://www.microsoft.com/fr-fr/microsoft-365/academic/compare-office-365-education-plans?activetab=tab%3aprimaryr1`. Avec les versions A1, A3, ou A5, vous créerez une équipe de classe. Je rappelle que la création d'une nouvelle équipe est traitée au Chapitre 3. L'équipe de classe est un type d'équipe que vous pouvez sélectionner lorsque vous créez une nouvelle équipe dans le cadre d'un abonnement éducation. Une équipe de classe est destinée aux interactions entre un enseignant et des étudiants. L'enseignant crée l'équipe et y ajoute des étudiants et des collègues. Les enseignants peuvent guider les étudiants dans la collaboration et le travail au sein des canaux, des fichiers partagés, et de missions très variées.

Une équipe de classe ne peut être créée que si vous avez souscrit à un abonnement à la version Office 365 destinée au monde de l'éducation. Ces abonnements sont A1, A3 et A5. Bien entendu, Teams est fourni dans tous ces abonnements, et n'oubliez pas que la version A1 est gratuite.

Microsoft propose une vidéo interactive qui explique aux enseignants comment utiliser Teams dans leurs classes. La vidéo donne des exemples sur la gestion d'une classe d'étudiants en biologie, et la manière dont il est possible de collaborer en fonction des travaux à accomplir. Consultez cette vidéo à l'adresse `https://discover.microsoft.com/digital-education-demo`.

Microsoft Teams n'est qu'un aspect des abonnements Office 365 pour le monde de l'éducation. Vous obtiendrez des licences pour Word, Excel, PowerPoint, OneNote, et Outlook. Mais, à mon avis, Teams est l'une des parties les plus importantes de l'abonnement, car il fournit un outil de communication et de collaboration aux professeurs et aux étudiants. Cependant, d'autres aspects utiles de l'abonnement comprennent les ordinateurs portables des classes et du personnel, les scénarios numériques, les groupes communautaires d'apprentissage professionnel, et l'utilisation de formulaires Microsoft pour noter les devoirs.

Utiliser Teams avec FlipGrid

FlipGrid est une plateforme d'apprentissage social dont l'utilisation va des classes de maternelle aux programmes de doctorat. Vous trouverez cette application à l'adresse https://flipgrid.com. FlipGrid fournit une plateforme pour les enseignants qui leur permet de créer des lieux de réunion en ligne, appelés Grids, auxquels ils ajouteront des sujets. Les étudiants se réunissent ensuite pour discuter autour des sujets en question, et apprennent évidemment de leurs enseignants. Microsoft a tellement été impressionné par FlipGrid qu'il a racheté cette société afin d'intégrer l'application dans ses services.

L'application FlipGrid a merveilleusement été ajoutée à Teams, permettant ainsi de l'utiliser sans sortir du produit Microsoft. L'ajout des applications à Teams est traité au Chapitre 5. Vous trouverez l'application FlipGrid dans la catégorie Éducation des applications de Teams, comme le montre la Figure 17.1.

Figure 17.1

Pour ajouter FlipGrid à une équipe de Teams.

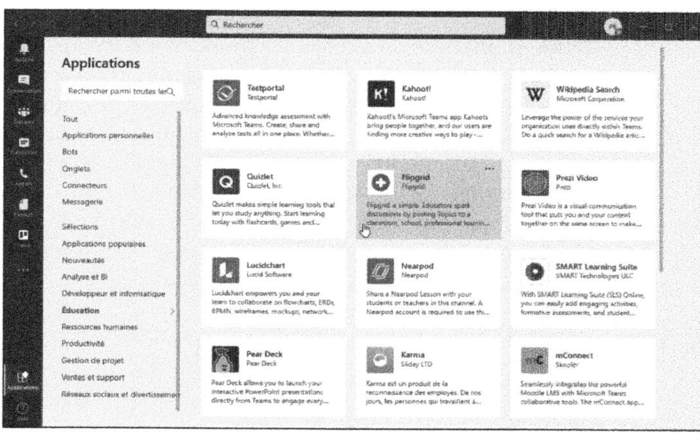

Vous serez amené à configurer FlipGrid au moment de son ajout dans Teams. Si vous n'avez pas de code d'accès, vous devrez créer un compte FlipGrid. Suivez la procédure et collez le lien vers le sujet FlipGrid directement dans l'application de Teams. Un certain nombre d'autorisations vous seront demandées par l'application.

Exploiter les équipes pour les sociétés de conseil et de services

Au Chapitre 15, je traite de l'utilisation de Teams dans les petites et moyennes organisations ; les informations données s'appliquent évidemment aux sociétés de services et de consulting. J'ai constaté que ces structures utilisaient massivement les utilisateurs invités et les conférences. Si vous organisez de nombreuses conférences téléphoniques, consultez les Chapitres 9 et 11. Pour plus d'informations sur le travail avec des utilisateurs invités, reportez-vous au Chapitre 7.

Un esprit sain dans un corps sain

Les hôpitaux et les prestataires de santé ont des besoins spécifiques en matière de protection de la vie privée des patients et le traitement des données. En bref, il s'agit de préserver le secret médical. Microsoft a travaillé avec les diverses réglementations des états afin de s'assurer que Teams est conforme à tous les scénarios médicaux. Avec Teams, les praticiens peuvent envoyer des messages aux patients en toute sécurité, coordonner des procédures et y collaborer, fournir des soins de santé à distance (télésanté), et gérer les dossiers des malades en utilisant le format standard du dossier de santé médical partagé (DMP).

Microsoft a récemment abandonné son application Patients intégrée à Teams.

L'application Patients n'existant plus, elle a été remplacée par l'application Listes. Toutefois, si vous utilisiez Patients, sachez que toutes les données qui lui ont été associées sont conservées dans ce groupe. Cependant, vous ne pouvez plus y accéder par le biais de l'interface utilisateur. Les praticiens peuvent recréer leurs listes de patients à l'aide de l'application Listes.

Moderniser le commerce de détail avec Teams

Microsoft propose deux modèles Teams destinés aux commerces de détail : un modèle store et un modèle de collaboration avec les responsables commerciaux. Lorsque vous créez une équipe à partir de l'un de ces deux modèles, elle contiendra des canaux, des applications, et des paramètres spécialement définis par Microsoft.

Le modèle store crée automatiquement deux canaux (en plus de Général), c'est-à-dire Remise du Shift et LMS. Le modèle configure également l'équipe avec des réglages conçus pour les commerces de détail. Par exemple, l'équipe est configurée en publique, de telle sorte qu'elle puisse être vue par tous les membres de l'organisation. Comme les autorisations sont verrouillées, les membres ne sont pas habilités à créer ou à gérer des canaux, à ajouter ou supprimer des applications ou des connecteurs, ou bien encore à ajouter ou mettre à jour des onglets. (Consultez le Chapitre 4 pour plus d'informations sur le fonctionnement des canaux.)

L'utilisation des modèles Teams doit être faite par un développeur. Ils sont destinés aux organisations qui manifestent un besoin évident de créer de nombreuses équipes avec les mêmes paramètres et la même configuration. Un modèle s'appuie sur l'interface de programmation (API) Microsoft Graph. Elle utilise une technologie Web connue sous le nom de Representational State Transfer (REST). Un exemple de demande et de réponse est illustré sur la Figure 17.2.

Figure 17.2

Utiliser l'API Microsoft Graph pour créer une équipe basée sur un modèle.

Request

HTTP Copy

```
POST https://graph.microsoft.com/beta/teams
Content-Type: application/json
{
  "template@odata.bind": "https://graph.microsoft.com/beta/teamsTemplates('standard')",
  "displayName": "My Sample Team",
  "description": "My Sample Team's Description",
  "owners@odata.bind": [
    "https://graph.microsoft.com/beta/users('userId')"
  ]
}
```

Response

HTTP Copy

```
HTTP/1.1 202 Accepted
Content-Type: application/json
Location: /teams/{teamId}/operations/{operationId}
Content-Location: /teams/{teamId}
{
}
```

Exploiter Teams pour les travailleurs en première ligne

Les travailleurs dits *en première ligne* existent dans presque tous les secteurs d'activité. Cette dénomination identifie une personne qui se trouve directement en contact avec des clients. Nous avons beaucoup parlé lors de la crise de la Covid-19, car ces travailleurs se retrouvaient potentiellement au contact direct de personnes contaminées. Appartiennent donc à cette catégorie des hôtesses de caisse, des agents d'hôtels, des équipes de vol, le personnel hospitalier, des vendeurs, des serveurs, des petits commerçants, et des travailleurs de terrain. Ces personnes ne travaillent généralement pas derrière un écran d'ordinateur. Elles sont mobiles et interagissent directement avec les clients. Teams propose plusieurs fonctionnalités qui répondent aux besoins des travailleurs en première ligne.

L'application Shifts de Teams est conçue pour des travailleurs tels que ceux de première ligne qui fonctionnent beaucoup en rotation, c'est-à-dire dont les équipes se succèdent selon un agenda quotidien prédéfini semaine après semaine.

Vous trouverez l'application Shifts dans le menu local Autres applications de Teams, comme le montre la Figure 17.3. Si vous n'y voyez pas Shifts, cliquez sur Autres Applications en bas de ce menu local. Les applications de Teams sont traitées au Chapitre 5.

Figure 17.3

Pour ajouter Shifts au panneau de navigation.

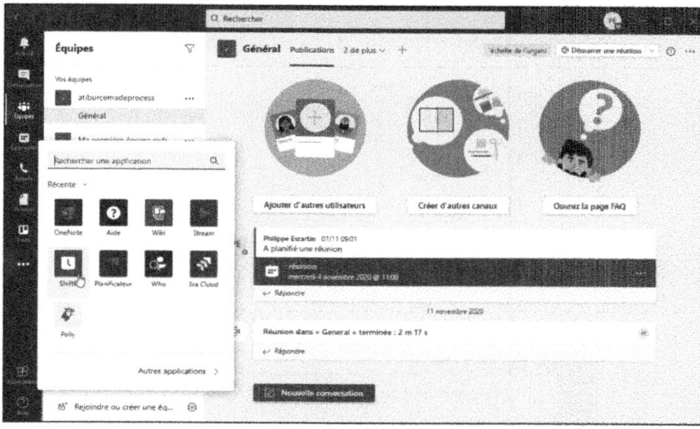

Lorsque vous ouvrez Shifts pour la première fois, la liste de toutes vos équipes apparaît avec, à droite de chacune d'elles, un bouton Créer qui permet de créer un planning d'équipe. Une fois que vous lancez la création d'un planning, vous devez confirmer votre zone géographique comme sur la Figure 17.4. Une fois votre choix effectué, cliquez sur Confirmer. Shifts vous propose alors une visite guidée. Suivez-la ou bien ignorez-la à votre convenance. Dans les deux cas, vous finirez par vous retrouver face à un planificateur illustré sur la Figure 17.5. Vous pouvez ajouter des groupes et des shifts exactement comme vous le feriez dans votre calendrier.

Vous pouvez gérer des demandes par un clic sur l'onglet Demandes situé en haut de l'écran. Vous pouvez alors faire des demandes de congé, d'échange de shifts et même faire des propositions de shift, comme le montre la Figure 17.6.

Figure 17.4

Définir votre zone géographique dans l'application Shifts.

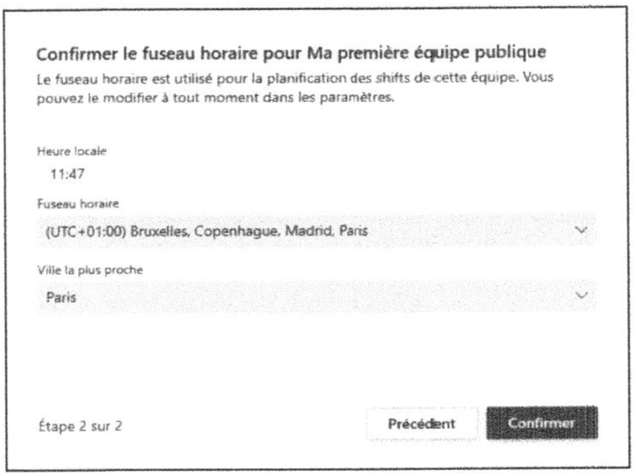

Figure 17.5

Afficher les plannings et les shifts dans l'application Shifts de Teams.

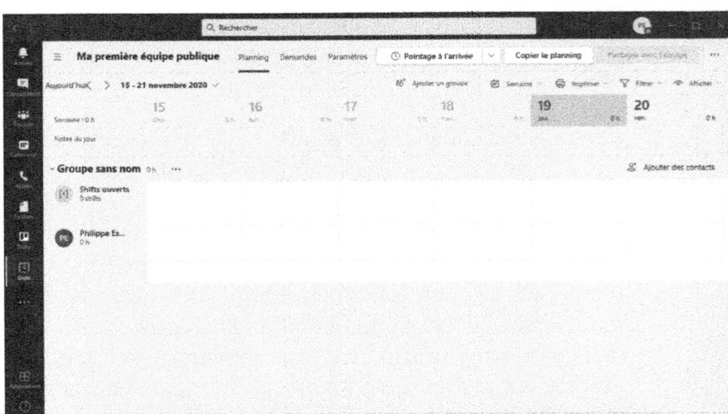

L'application Shifts inclut de nombreux paramètres auxquels vous accédez par l'onglet éponyme. Vous y trouverez des options pour les plannings, les shifts, les demandes, et la pointeuse, comme sur la Figure 17.7.

L'application Shifts a été créée après la mise en œuvre dans Teams d'un service autonome appelé StaffHub. Mais force est de constater que Microsoft cherche à faire de Teams l'application centrale de tous ses autres services, Shifts témoignant de la politique de Microsoft dans ce domaine.

Figure 17.6

Faire une demande de shift dans l'application Shifts de Teams.

Figure 17.7

Paramétrer l'application Shifts.

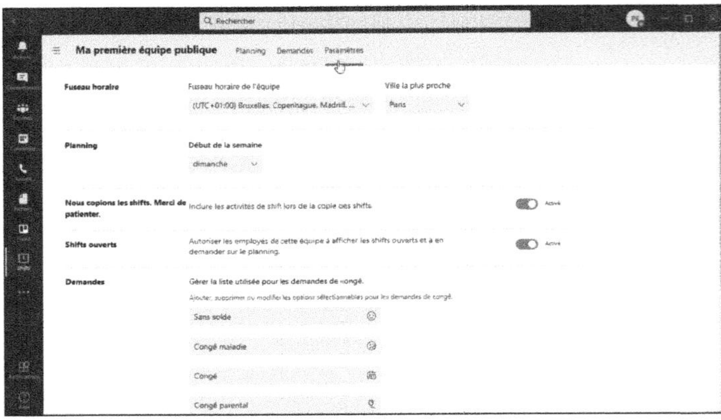

Index

A

U

V

W